第12辑

中译外研究

Research on Translations from Chinese

主编 王铭玉

主办 中央文献翻译研究基地

北京航空航天大学出版社
BEIHANG UNIVERSITY PRESS

图书在版编目（CIP）数据

中译外研究. 第12辑 / 王铭玉主编. -- 北京：北京航空航天大学出版社，2022. 12

ISBN 978-7-5124-3976-4

Ⅰ. ①中… Ⅱ. ①王… Ⅲ. ①汉语－翻译－文集 Ⅳ. ①H159－53

中国版本图书馆CIP数据核字（2022）第251406号

中译外研究. 第12辑

责任编辑：王　素
责任印制：秦　赟
出版发行：北京航空航天大学出版社
地　　址：北京市海淀区学院路37号（100191）
电　　话：010－82317023（编辑部）　　010－82317024（发行部）
010－82316936（邮购部）
网　　址：http：//www. buaapress. com. cn
读者信箱：bhxszx@163. com
印　　刷：北京九州迅驰传媒文化有限公司
开　　本：710mm×1000mm　1/16
印　　张：15
字　　数：238千字
版　　次：2022年12月第1版
印　　次：2022年12月第1次印刷
定　　价：58.00元

如有印装质量问题，请与本社发行部联系调换
联系电话：010－82317024

《中译外研究》编委会及编辑部成员

目 录

翻译研究大家谈

知人论世谈严译

潘文国*

“知人论世”是孟子提出的“与古人为友”的方法，原文见《孟子·万章下》：“颂其诗，读其书，不知其人可乎？是以论其世也。”意思是读古人的书必须知其人，要知其人更必须论其世，即他所处的时代。现代引用这句话的往往是文学批评家。其实这句话同样适用、甚至更适用于理论研究。对于古代和外国提出的各种理论和思想，必须要知其人论其世。因为人不可能脱离时代而存在，一切理论、思想，说到底都是时代和文化的产物。不知其人、不论其世，或者误知其人、误论其世，都会对认识带来偏差。对严复的翻译思想，特别是他提出的“信达雅”，必须要放在时代的背景下，放在严复这个人的背景下去理解。“知人论世”是一个大框架，借用西方传媒学的“5W 理论”，我们还可以论得更细一些。我们把严复译论的内容叫作 What 的话，则这个 What 要通过另外 6 个 W 来“知”和“论”。这 6 个 W 是 Who，When，Whence，Whom，Why 和 Where，而论的办法是区别 Who 和“非 Who”、When 和“非 When”等等。

---

* 潘文国，男，1944 年 9 月生。华东师范大学终身教授、博士生导师。中国英汉语比较研究会前会长、著名语言学家、中英双语专家，在汉英对比研究、汉语字本位理论、汉语等韵理论、汉语构词法史、中外命名艺术、西方翻译理论、哲学语言学、对外汉语学等方面均具重要影响。其研究以“博通古今”“兼赅中外”为特色，在学界独树一帜。出版有《中籍英译通论》《韵图考》《汉语的构词法研究》《汉英语对比纲要》《字本位与话语研究》《中西对比语言学》《危机下的中文》《中外命名艺术》《潘文国学术研究文集》《汉语字本位研究丛书》《中文读写教程》《朱熹的自然哲学》《赫兹列散文精选》《汉语篇章语法》《潘文国语言论集》《潘文国汉语论集》等专著 15 部、译著 8 部、编著 40 余部，发表论文 320 余篇。

一、Who 和“非 Who”

严复是谁？或者说严复是什么人？“非严复”是什么人？讨论信达雅的人无一例外是把严复看作翻译家。严复诚然是个翻译家，但这句话最好放到1903年之后的严复，在1903年之前，也就是在严复译论产生的时候，严复首先不是个翻译家，而是思想家、政治家。为什么是1903年？因为这一年跟严复相关的有两件事。一件是严复有两部文集出版，徐锡麟校订的《严侯官文集》，和陈蔚文编的《严侯官先生全集》。前一部书的校订者是著名革命党人，因刺杀安徽巡抚恩铭而牺牲的先烈。《文集》选了严复7篇文章，第一篇《拟上皇帝书》写于1898年百日维新前夕，中间5篇《原强》《论世变之亟》《救亡决论》《辟韩》等写于1895年。而最后一篇《译赫胥黎天演论序》写于1896年。这些文章几乎全部是政论文，忧世之深、言辞之激烈，丝毫不亚于比他年轻20岁的维新派干将梁启超。可见严复自己以及当时社会都是把他的翻译当作政论文看的。陈蔚文编的全集共两册，第一册与文集全同，第二册则收了5种严译全文（《密克支那教案论》《天演论》《原富》《穆勒名学》《群学肄言》）。值得注意的是陈蔚文书的全名是《开通中国第一哲学大家严侯官先生全集》，他还写了另外两句话，一句是：“问尔忘国家甲午、庚子之耻乎？”另一句是：“读是集者以合群共济、四海永清为宗旨”。可见他编此书的态度以及对严译的评价。“哲学”一词的意义与今天不同，实际就是思想家。年长严复十多岁的吴汝纶在为《天演论》作序时尊称严复为“严子”，说赫胥黎的书经“严子一文之，而其书乃骎骎与晚周诸子相上下”，实际上是把它看成“子部书”，所谓子部书也就是思想家的书。这是第一件事，第二件事是这一年严复在商务印书馆出版了三本译著，打了好几场官司维护版权，并且开始使用自制的版权印花。实际上此后翻译成了严复的重要收入来源，也就是说，在某种程度上他成了真正意义上的职业翻译家。而我们现在所论的严复翻译思想，主要见于1903年之前的各种译者序，以及他与吴汝纶、梁启超、张元济等人的通信，那时的严复，是思想家、政治家的严复，不是翻译家的严复。而1903年以后参与评论、批评信达雅的，几乎都是翻译家或者文学家，很少例外。因此严复译论的 who 与非 who，实际上就是政治家与非政治家的区别。这个区别，简单地讲，就是后者只是就事论事，就翻译论翻译，而严复的译学思想只是他整体政治思想的一部分。两者境界不可同日而语。

二、When 和 "非 When"

"论世" 就是时代，也就是 When。严复所处时代有什么特色？有两个特色，可以说一个是大时代，一个是小时代。大时代是整个社会背景，当时正处在李鸿章所说的 "三千年未有之变局"，鸦片战争以后，三千年以来，中国第一次真正感受到了来自外部的高于自己的文明，在列强的欺压下，中国文明受到了前所未有的挑战。甲午战败，更把中国推向了危急存亡的关头。严复喊出了中国历史上第一个 "救亡" 的口号，提出了 "保种" "保教"。他的翻译实际是他的救亡保种的一个组成部分。这是大时代。小时代呢？就是严复译论的时代（1895—1903），西方式的 "文学" 概念，也就是诗歌、散文、戏剧、小说四分的文学概念，在中国刚刚形成。具体来说，中国对新的文学概念的认识始于 1901 年 Herbert Giles 的《中国文学史》。有人辩说在 Giles 之前，早有日本人、俄国人、德国人编的中国文学史，但其实那些书对中国没有产生什么影响，而且从内容来看，其分类还是中国传统的经史子集。最早产生重要影响的文学翻译始于 1899 年林纾的《巴黎茶花女佚事》，而且林纾把它看作类似传统的 "说部"，是在不正统文人眼里的。一个大时代、一个小时代，说明严复译论的政治性要大大强于文学性。而 "非 When"，也就是 20 年代以后讨论和批评严复译论的那些人，所处的大时代已不是救亡，而是 "全盘西化"，要引进西方的文化来全面改造中国的文化甚至语言，一切唯西方马首是瞻；所处的小时代是 "文学" 的口号叫得震天响。因此明明与文学无关的严复译论要被放在文学的翻译的框架里来认识，来论其是非。

三、Whence 和“非 Whence”

Whence，从哪里来，就是严复译论的来源。许多人想当然地认为来自英国泰特勒的翻译三原则。这个见解经过了三部曲：最早将泰特勒“翻译三原则”介绍到中国的是郑振铎，见他发表于 1921 年的《译文学书的三个问题》；最早将严复“三难”解释成“忠实、通顺、美”的是林语堂，见于他 1933 年的《论翻译》；而最早把“三难”比附于泰特勒“三原则”的是李培恩，见于他 1935 年发表的《论翻译》一文。自此就被视为当然，其实毫无根据。因为以严复及其所处时代，他在留英的两年中根本没有时间也不会去关注翻译，严译八种，虽然不排除他在英国时有所涉猎，但主体是在他回国后才读到的，包括八种之首的《天演论》，此书原著出版于 1893 年，“导言”即严复实际翻译的部分发表于 1894 年，其时严复已回国十多年。严复在英国时连社会政治典章制度的大书尚且无暇顾及，怎会注意到当时根本不成气候的翻译学？直到我 20 世纪 80 年代末去英国，书架上关于翻译的书也只有寥寥几本。严复译论的来源只能是本土的，一是在儒家思想基础上的传统文章学，二是佛经翻译。恐怕主要是前者，也就是严复自己说的，“三者乃文章正轨，亦即为译事楷模”，信达雅完全从文章学脱胎而来。我考证的结果归结为两句话：“刘熙载的路子，刘知几的句子”。就是说，内容甚至引用的经典都来自刘熙载的《艺概·文概》，而行文句式则来自唐代刘知几的“史有三长：才、学、识”。儒家的文论与英国翻译家的译论是完全不同的来源，这就是 Whence 与“非 Whence”之别。

四、Whom 和“非 Whom”

Whom 和“非 Whom”指的是为谁译，不为谁译。这里面有两个问题。一个是翻译的根本性质。这一点西方和 20 世纪以前的中国是不同的。据西方学者勒弗维尔发现，19 世纪以前的欧洲一直是个双语社会（我认为 19 世纪也是），双语社会翻译的特点是原文始终存在而且是最高的评判标准，翻译者、读者、评论者多数懂双语。而我发现，20 世纪以前的中国一直是个单语社会，单语社会翻译的特点是翻译是做给不懂原文的人看的，译文一旦产生就代表而且可能取代原文。严复所处的时代还是单语社会，而 20 年代后批评他的人主体是归国留学生，他们实际已处在某种程度的双语社会中。另一个是对翻译读者的假设。这一点上实际有三种情况。严复及吴汝纶是一种，目标是“多读中国古书之人”，实则是中上层的官僚及知识分子，也是心目中维新变法的主力，希望他们看到西方的先进政治思想理念，并用之于中国，实现自上而下的改革。梁启超是第二种，他心中的读者对象等于他办报的读者对象，即更广泛范围的知识分子，用西方先进思想唤醒民众。20 年代后的批评家是第三种，心目中的对象等同于他们自己创作、翻译小说的对象。这三种不同体现在对语言的要求上。严复和吴汝纶主张产用“汉以前字法句法”，梁启超主张用“流畅锐达”实则是他自己使用的“报馆文字”，而 20 年代以后的文学家和翻译家主张用现代白话文。我们可以批评严复有不相信民众的问题，但也要理解在当时广大民众尚未觉醒的背景下，要尽快实行变革，眼睛向上，也是个不得已的选择。此外，还有一个很现实的问题。就是严复时代，白话文既未产生，也未成熟。白话文是胡适等人鼓吹起来的，第一篇“白话文典范著作”、鲁迅的《狂人日记》（1917）要到《天演论》出版 20 年之后才问世，梁启超“报馆文字”所用的“新文体”，实际是文白杂合的夹生饭，严复不愿采用，当然情有可原。其实不仅是他，鲁迅翻译的凡尔纳的小说《月界旅行》（1903）、与周作人合译的《域外小说集》（1909）等，用的也都是文言。要求严复用一种当时并不存在的语言来从事翻译，这是不切实际的。

五、Why?

为谁译的问题其实还涉及为什么译。严复把翻译看作救亡保种的工作，一种为国为民尽力的社会责任，这与后来有的人为翻译而翻译（20 年代后不少翻译作品是在校大学生或刚进入大城市的文学青年为挣点糊口费而做的，只能是拿到什么翻什么）不可同日而语。与鲁迅等人主张通过翻译改造中国语言等也不同。这些翻译实践势必影响到翻译理论。为什么译的问题说到底涉及对翻译的根本认识，翻译到底是一种“跨文化的语言行为”？还是一种“跨语言的文化行为”？理解不同，理论也不同。把“信达雅”理解为“忠实、通顺、美”，就是把翻译看作是一种语言行为；而把它理解为“德、学（识）、才”，就是把翻译看作是一种文化行为。这是读懂严复的起点。

六、Where与“非Where”

这个Where的问题牵涉到翻译理论的本土化问题。严复理论产生在中国，那么这是一个本土化理论、中国式理论，还是引进式理论、西化的理论？在这个问题上不能有先入之见。要平心静气地观察，平心静气地思考。这是一个基本的文化自信问题。而在20世纪很长时间里正是国人所缺乏的。

我想，只有在对这几个W作出充分的团思考和解释之后，才能真正理解严复的译论，特别是他的“信达雅”的价值。具体的分析，我在2004年的文章《严复及其译论》里已详述了，这里不再赘述。

“儿童文学翻译研究”专栏

主持人语

徐德荣

法国著名学者保罗·阿扎尔曾言："儿童文学塑造民族之魂，并维系其特质。"诚哉斯言！欲了解乃至深谙一个国家的民族之魂，阅读该国经典的儿童文学作品可谓捷径。儿童文学的翻译自然就具有了了解不同国家思想和精神特质、促进心灵相通的社会历史功用。无论是从历史还是从当下来看，其意义都不容小觑。

正是对儿童文学翻译的功用有着深刻的认识，中国诸多近现代思想家不约而同地重视儿童文学，重视儿童文学翻译，并躬身实践，以启国民之智，以树立国之本。梁启超、孙毓修、茅盾、郑振铎、鲁迅、周作人、赵景深等人都在儿童文学翻译史上留下了里程碑式的印记。一方面，他们用穿透时空的深刻思想，大力宣扬儿童文学之用，引起国民对儿童文学的重视；另一方面，他们不遗余力地放眼全球，选择最优质的儿童文学资源，急中国儿童之所需，孜孜不倦地译介，才使得《安徒生童话》《爱丽丝漫游奇境记》《杨柳风》等世界儿童文学经典进入中国儿童的阅读视野，滋养了一代又一代国人的心灵世界。

当今世界，面对百年未有之大变局，儿童文学的跨国界传播与阅读对于促进世界的和平与发展更有了鲜明的时代意义。促进心灵相通，彼此理解，相互珍惜，儿童文学翻译义不容辞地承担了如此重大的历史使命。鉴于儿童文学翻译的重要意义，儿童文学翻译研究理应也必然获得应有的重视。思考并解决儿童文学翻译的核心问题，紧扣儿童文学翻译研究的时代命题，儿童文学翻译研究秉承"从问题出发"的理念，亟待凝聚学界共识，解决儿童文学翻译领域重大的理论和实践问题。

本着“从问题出发”的精神，本组稿件扣紧儿童文学翻译研究的核心问题，旨在提供能够促进儿童文学翻译实践发展的认识与思想。徐德荣和卓雅文的“外国儿童文学作品《杨柳风》经典化的译介要素研究”探究了外国儿童文学在中国经典化历程中的影响因素，从译介的角度分析了赞助行为、译者主体性、诗学观念和教育观念等要素在其经典化历程中的作用，旨在以史为鉴，反观当下，促进中国儿童文学翻译实践与研究的发展。李文娜的“童趣再现：对儿童文学翻译本质的思考”从题目来看，就充满了紧扣核心问题、探究问题本质的学术意识。探究儿童文学翻译的童趣再现，可谓抓住了儿童文学翻译研究的肯綮。针对童趣这一概念的多义性，作者做了抽丝剥茧地梳理，并从审美意义和哲学意义的角度丰富了童趣的概念内涵，使之更具学理性与研究空间，在此基础上阐发儿童文学翻译的独特性，可谓步步为营，具有理论概念建构之功。冯智强和赵汝宁的论文“儿童本位视阈下稚朴风格翻译的三元合一——以任溶溶《夏洛的网》译本为中心的考察”围绕儿童文学的一大内在属性“稚朴性”进行研究，探究稚朴性在儿童文学翻译中的再造，可谓抓住了儿童文学翻译研究的一大核心课题。儿童文学有其独特的美学特征，所谓“大巧若拙”“清丽脱俗”是其内在的审美倾向，具有典型的诗性特征。该研究从“思想、情感和审美”的研究框架出发，立体地揭示了稚朴性的实质与特征，并以任溶溶的翻译为典型案例，研究问题、研究方法与研究证据具有高度的适配性，有着内在的逻辑自洽，较好地结合了理论建构与实践评价，具有重要的参考价值。

本组稿件皆有紧扣问题、杜绝空谈、助推儿童文学翻译实践的价值取向，同时也有理论探索与建构的学术追求。虽用力甚笃，然必有不足之处。得失寸心知，也请学界同仁明鉴之。

外国儿童文学作品《杨柳风》经典化的译介要素研究*

徐德荣　卓雅文**

【摘要】外国儿童文学在中国的经典化是一个复杂的社会历史进程，影响因素众多。从译介的角度来看，赞助行为、译者主体性、诗学观念和教育观念等译介要素的共同作用，形成了外国儿童文学作品在中国的经典化地位。究其实质，儿童文学相关观念在译介要素推动下的确立及发展是实现《杨柳风》经典地位的根本原因。在这个过程中，各译介要素之间相互作用，持续对本国的意识形态和诗学观念进行启迪与发展，同时进行调整和适应，使以《杨柳风》为代表的外国儿童文学作品在译入语文化语境中形成并确立经典地位。

【关键词】经典化　赞助行为　译者主体性　诗学观念　教育观念

一、引言

外国儿童文学的经典化研究在中国具有重要的历史和现实意义，这关系到中国的儿童文学能否在吸收国外优秀儿童文学作品的基础上发展形成自己的儿童观、儿童文学观和儿童教育观，进而影响到国民素质的提升。然而现有研究鲜少揭示外国儿童文学经典化的内在动因和实质，相关研究亟待开展。

* 基金项目：本文为国家社科基金项目“百年中国儿童文学外译研究”（21BWW011）、教育部重大课题攻关项目“中国儿童文学跨学科拓展研究”（19JZD036）和中央高校基本科研业务费项目“儿童文学翻译的跨学科研究”（202042006）的阶段性成果。

** 徐德荣，中国海洋大学外国语学院教授，博士生导师，主要研究方向为儿童文学及其翻译。卓雅文，中国海洋大学外国语学院硕士研究生，主要研究方向为儿童文学及其翻译。

本文拟从探究《杨柳风》经典化建构的译介因素出发，分析以《杨柳风》为代表的外国儿童文学经典化的内在动因。

从本质上讲，所谓“经典化”是一种观念的建构物。朱国华教授将经典划分为两类，一类是本质主义的经典化理论；一类是建构主义的经典化理论（朱国华，2006：44），而《杨柳风》的经典化是在各种译介因素影响下建构起来的过程，因此本文将这种建构起来的经典化定义为：文学场中占据支配性位置的译介要素根据自身利益诉求，重新创造特定作品的文学价值，使该作品在特定时期的文化生产场中被视为经典并广为流传的动态过程。在《杨柳风》的经典化过程中，多种译介要素根据自身利益诉求，通过影响并生成儿童文学观念，共同促进了作品的经典建构。

二、赞助行为——经典化的外在推手

赞助行为是《杨柳风》经典化过程中重要的外在力量。勒菲弗尔在《翻译、改写以及对文学名声的制控》中，认为赞助行为的主体“赞助人”，是“文化大系统内各种操控因素之一，它在文学系统以外、却对文学系统内的翻译活动有操控作用，因其作用可以推动、亦可阻止文学作品的阅读、创作和改写”（Lefevere，2004：12）。本文认为，在《杨柳风》经典化过程中的赞助人是为作品的翻译活动提供支持和鼓励的重要文学家和批评家，其中最重要的赞助人是周作人。周作人通过为《杨柳风》写介绍文章等赞助行为，探索作品中的“儿童性”，提出并建构了“儿童本位”观念。同时，通过观念的建构，周作人推介《杨柳风》，开启作品的经典历程。

1908 年，格雷厄姆出版了儿童幻想小说《杨柳风》，此后的二十年，这个作品逐渐进入中国学者的视野。中国最早将它介绍给国人的，是周作人。周作人以其为证据，建构“儿童本位”观念，不断研究什么是儿童文学和儿童的文学，周作人借助《杨柳风》证明儿童文学应是“单指‘儿童的’文学”（周作人，2018：44），并通过探索作品中的“儿童性”特质来建构“儿童本位”观念，从而初步奠定了这部作品的经典地位。

周作人发现《杨柳风》的“儿童性”体现在其专为儿童所作的目的。在介绍这本小书时，周作人认为由开明书店出版的《杨柳风》译本的广告语“很是适切”（周作人，2018：153），广告语说“这是一本少年之书，所以因此或者专是给少年看，以及心里还有少年精神活着的人们看的”（周作人，2018：153）。作为一部从外国引入的儿童幻想小说，这部作品以专为儿童和少年而作的特质赢得了周作人的青睐，书中描写的是关于土獾、蟾蜍、耗子和土拨鼠四个小动物的故事。从内容上，作品着重表现四个小动物互帮互助，不断冒险，充满自由与幻想的精神，而这种向往自由与幻想的内容正是当时国内被束缚天性的儿童所欠缺的儿童性表现；从对象上，《杨柳风》是作者格雷厄姆专门写给自己年幼的儿子“小耗子”的，同时也是写给所有儿童的书。这部专为儿童创作的作品，满足了儿童对于幻想、自由、冒险精神的渴望，唤醒儿童幻想的天性，满足了儿童精神的需要，是对儿童天性的解放。这本书把儿童作为专门的读者群体进行创作，表现了其“儿童性”特质，论证了周作人的“儿童本位”观念。因此，周作人先后写过多次介绍宣传这部作品的文章并建构“儿童本位”观念，开启了《杨柳风》经典化历程。

中国文学批评家蔡雨村通过分析《杨柳风》，丰富发展了周作人的“儿童本位”观念，他认为“儿童本位”观念应体现在追寻儿童的世界，而蔡雨村在丰富“儿童本位”观念的同时，也客观上促进了《杨柳风》的经典化。蔡雨村认为“儿童本位”应体现在“承认儿童的世界”（1937：199）。他在文章“评杨柳风”（1937：199—200）中认为作者“格莱亨是一个了解儿童的心情，承认儿童的世界的人”（1937：200）。蔡雨村认为作者格莱亨是真正了解儿童的人，是具有儿童性的作家。《杨柳风》了解儿童的心情，承认儿童的世界，这是“儿童本位”观念的重要特质。同时蔡雨村在文章“评杨柳风”（1937：199—200）中认为儿童的文学作品应该给予儿童充分的尊重，关注儿童的内心世界，承认儿童的主体地位，这也构成了“儿童本位”观念中的重要内容。因此，以周作人和蔡雨村为代表的赞助人们为了发展“儿童本位”观念，对《杨柳风》不断进行宣传，客观上推动了作品在中国的经典化历程。

三、译者主体性——经典化的动力

译者主体性是《杨柳风》经典化的重要动力。译者尤炳圻和杨静远发挥译者主体性，探寻作品中的爱国主体性和童趣性，实践“儿童本位”观念。同时，尤炳圻和杨静远等译者在践行周作人提出的“儿童本位”观念过程中，通过译文进一步夯实了作品的经典地位。

译者在译文中充分发挥译者主体性，这种译者主体性是指“作为翻译主体的译者在尊重翻译对象的前提下，为实现翻译目的而在翻译活动中表现出的主观能动性，其基本特征是翻译主体自觉的文化意识、人文品格和文化、审美创造性”（查明建、田雨，2003：22）。译者尤炳圻和杨静远在自己所处的时代以独特的译者主体性推动《杨柳风》成为中国经典的儿童翻译文学。处在列强侵略，国家危亡时代下的尤炳圻在译作中表达了反抗侵略、斗争图强的译者主体性；处于改革开放新时代影响下的杨静远在译作体现出的则是生动活泼、人与自然和谐共生的童趣与温情。尤炳圻和杨静远赋予了作品不同时代底色，但本质上都践行了“儿童本位”的文学观念，他们在周作人“儿童本位”观的指导下充分发挥译者主体性，并丰富了“儿童本位”观念。译者在践行“儿童本位”观念的同时也进一步巩固夯实了《杨柳风》的经典地位。

（一）尤译对爱国主体性的追求

1936 年开明书店出版了尤炳圻翻译的《杨柳风》，这是第一部中译本，在当时有广泛影响。如中国近代教育家叶圣陶先生在《新少年》第二卷中刊登了尤炳圻译本《杨柳风》的自序，并为其作评注。叶圣陶认为尤炳圻的自序“诚实地表达了作序者的态度。原作者并没有告诉作序者，才见得这样分析只是作序者的见解而已。但是他的见解有助于读者的领会，所以值得写在学序文之中”（叶圣陶，1936：64）。叶圣陶认为尤炳圻的序是“作序者的见解”，而这种独创性的见解则表现出了尤炳圻的译者主体性。

首先，尤炳圻在序言中对不受拘束、自由烂漫的癞施评价很高，赞扬癞施追求自由，反抗施暴者的品质。他认为“癞施，这是最能吸引读者的一位。能够毅然摆脱一切，去追求每一种新的官能的刺激，是一个个人主义的象征”（1936：59）。尤炳圻赞扬了癞施追求自由、表达自我的精神。对自由的向往，使癞施摆脱一切，追求冒险和刺激，而当自己的家园为黄鼠狼所侵占时，癞施也能够抛下一切顾虑，奋不顾身地为夺回蟾宫做斗争。癞施在尤炳圻笔下具有反抗侵略、不断斗争的品质。译者也赞扬癞施为打破封建守旧传统而敢于做出牺牲的高尚行为，“他在收回故居，逐出敌人的欢欣之余，本可以对来宾唱歌赋诗，然而跳出了绅士制度和传统习惯。结果，他不能不长叹一声‘冷酷’，而伏倒在那些重缠叠架的铁链锁之下了”（1936：60）。癞施反抗“铁链锁”的过程在译者的笔下也象征着他反抗侵略和旧时代的束缚，最终做出牺牲的行为。因此，这种反抗侵略的思想，成为尤炳圻译文中独特的价值，践行并丰富了“儿童本位”的文学观念。这种爱国主体性的独特思想，在中国近代内忧外患的特殊背景下，赢得了读者的青睐，越来越多的中国读者通过尤炳圻的翻译接触到这本风格独特的幻想小说。在这个过程中，尤炳圻通过再造爱国主体性特质，践行“儿童本位”的文学观念，客观上提高了《杨柳风》的经典地位。

其次，20 世纪 30 年代的中国社会正处于内忧外患的困境，尤炳圻面对家国破碎的痛苦，将内心的爱国情怀、对祖国山河的眷恋和对故土的热忱深刻地表现在他的译文中。《杨柳风》原文第十二章的题目是“The Return of Ulysses”，尤炳圻译为“还我河山”（1936：266），通过对原文进行创造性地意译，使译文带有对故土的眷恋之情，译者融入爱国主义和民族情怀的独特感情，因此尤炳圻译本的《杨柳风》成为独特的中国儿童翻译文学，在践行“儿童本位”的文学观念的同时也增添反抗侵略、爱国图强的特质。这种特质在译文中几乎随处可见，如尤炳圻在译文的第十二章中，黄鼠狼们抢占癞施的家园“蟾宫”，并发表“胜利演讲”，同时讽刺癞施时，原文写到“‘GOOD Toad，MODEST Toad，HONEST Toad！’（shrieks of merriment）”. 尤炳圻译为：“好癞施！谦让的癞施！雍容信义的大国态度的癞施！（全体尖声而笑）”（1936：270）。译者通过讽刺“雍容信义的大国态度”来表达对故步自封的国人的讽刺，他通过借黄鼠狼之口讽刺国人封闭守旧，任人欺凌却仍然自以为是，暗示在半殖民地半封建社会的近代中国，如果一直处于骄傲自满且封闭停滞的状态，面临的只有任人宰割的惨痛命运。尤炳圻在译文中表达对当时中国积贫积弱现实的愤怒与悲哀，译者将忧国忧民的爱国情怀深深植根于这部独特的儿童幻想小说中，发挥了译者主体性，践行并解读出“儿童本位”

观念的独特意蕴，进一步推动作品的经典化历程。

（二）杨译对童趣性再造

杨静远在《柳林风声》中的译者主体性体现在译文语言的俏皮活泼，通过运用叠词和亲昵称呼营造出活泼灵动的童趣性。译文表现出原作中的童趣特质，充分践行了“儿童本位”的文学观念，巩固作品的经典化地位。

首先，杨译在《柳林风声》中通过小动物之间亲昵的称呼，表现亲密的关系，使译文更加富有游戏精神和趣味性。在译文中，杨静远将四个小动物彼此之间的称呼，巧妙地译为“鼹儿”“鼠儿”“老蟾”等，而任溶溶和乔向东等男性译者，却没有这么生动有趣，仅将其译为“鼹鼠”“河鼠”“癞蛤蟆”，缺少诗意和浪漫。浪漫化的称呼也体现出四个小动物之间和谐的关系，体现了译者思想中人与动物、动物与自然和谐相处的思想。“鼹儿”“鼠儿”这种亲昵化的语言，表现出小动物之间亲密的关系和生动活泼的个性，也在语言形式上为作品增添了动态美和童趣性。这种生动的语言符合小读者的喜爱，营造出人们彼此之间和谐交往的氛围，表达了译者童趣性的思想，因而践行了童趣性的“儿童本位”观念，塑造出独具匠心的儿童翻译文学，夯实了作品的经典地位。

其次，杨译中运用许多具有动态美和音乐美的叠词，增添了译文中的音乐感和韵律感，激发儿童阅读的兴趣，创造独特的童趣性。在译文第五章“重返家园”中，河鼠安慰鼹鼠时，杨静远通过叠词来表现河鼠形象的灵动与性格的体贴乐观，“真是一所顶呱呱的小屋”“你这个人哪，怎么这样灰溜溜”（杨静远，2019：71）。“顶呱呱”和“灰溜溜”等语言音乐美的运用体现了河鼠生动活泼的个性，同时，语言形式的韵律美反映了杨静远思想中的童趣性，使小读者读来更有趣味。在译文第一章“河岸”中，译者描写河流时，写到“这只光光滑滑、蜿蜿蜒蜒、身躯庞大的动物，不停地追逐……它每抓住什么，就咯咯地笑……它浑身颤动，晶光闪闪，沸沸扬扬”（2019：4）。叠词的运用也将河流的活泼个性与自然的生命力量展现在读者的眼前，使译文更具有韵律美和律动性。这种具有音乐美和生命力的文字吸引小读者的喜爱，体现了杨静远为儿童的思想，表现了译者不断践行并丰富“儿童本位”的文学观念，进一步巩固了作品的经典地位。

杨静远在译本中通过小动物的亲昵称呼、生动趣味的语言和充满音乐感的叠词来表达译者灵动的童趣思想，践行“儿童本位”的文学观念，进一步推动了作品的经典地位，使其经典化成为必然结果。

四、诗学观念——经典化的内在质核

外国儿童文学作品《杨柳风》在中国成为经典的过程中，在赞助行为和译者主体性作为译介要素发挥作用的同时，许多文学家、批评家和译者关注作品内在的文学性和审美性特质，通过对其进行探究，形成以审美性和文学性建构为主体的儿童文学观念和诗学观念，发展推动作品经典化的进程。

在亚里士多德的《诗学》中，诗学观念最早指人们对诗歌的看法和观点，而随着各种文学体裁的不断发展，诗学观渐渐超越诗歌领域，发展为对各种文学形式的看法和观点。在经典化的研究中，勒菲弗尔认为“诗学可以说由两个部分组成：一个是文学手段、体裁、母题、原型人物和情景以及符号的清单；另一个概念是文学在整个社会系统中的角色是什么，或者应该是什么。后一个概念对主题的选择有影响，如果文学作品要引起注意，主题必须与社会制度相关”（Lefevere，2004：26）。外国儿童文学作品《杨柳风》被介绍到中国后，文学家和批评家对其内在特质进行探索和研究的过程中，逐步形成了以审美性和文学性建构为主体的诗学观念，而这种诗学观念也不断推动儿童文学观念的进步，夯实了《杨柳风》的经典化地位。

（一）文学家推崇作品的审美特质

《杨柳风》被介绍到中国后，文学家和批评家逐渐发现其中语言和风格的独特审美内涵，并对其审美特质进行探究，逐步形成了以审美为主的诗学观念，巩固了作品的经典化地位。

第一，1936 年开明书店出版了《杨柳风》中译本，在书页的宣传语中介绍这本书“是生命，日光，流水，树林，尘土飞扬的路，和冬天的炉边之书。这与《爱丽丝漫游奇境记》相并，或成为一种古典”（周作人，2018：153）。

开明书店敏锐地看到了作品的审美性特质，原文中蕴含着日光、流水、树林的生命之美，这种生命之美推动了重视“审美性”的儿童文学观念的进步。同时周作人在推荐这部作品时也看到其中所蕴含的诗趣和灵美，甚至认为它过于玄美，“如《杨柳风》第七章《黎明门前之吹箫者》，写得很美，却也就太玄了一点，这个我怀疑是否是西方文人的通病”（周作人，2018：155）。在周作人眼中，《杨柳风》的内容有时过于“玄”，但是值得肯定的是原作中蕴藏的诗意和美感，而这种美的特质激励着不同时代的文学家和批评家对其探索，优秀的译者们不断对其重译，不断挖掘作品中蕴含的美感，发展了重视审美的诗学观念，巩固了作品的经典地位。

第二，译者对《杨柳风》的看法以及他们在译文中再创的美感，也表现出注重审美性的儿童文学观念的进步，推动了作品的儿童文学经典进程。译者尤炳圻在翻译《杨柳风》时，认为“这是篇极美丽的散文，尤其因为他是一首最和谐的长诗。古河，水闸，杨，柳堤这一些是不待说了，即使一片荒枝旷野，半弯残月梳星，也写得那么绮丽动人”（1936：61—62）。尤炳圻看到了作品中蕴含的绝美世界，希望通过翻译将这种审美感受传递给读者，让中国的读者们也能看到儿童的世界是如此美妙绝伦，发展了重视审美特质的诗学观念，使读者认识到作品的审美特质，提高了人们对作品的重视，从而进一步巩固《杨柳风》的经典地位。

（二）批评家揭示作品的诗性文学特质

《杨柳风》作为一本独特的儿童幻想小说，蕴藏了丰富的文学性和艺术价值。进入中国后，文学家、批评家和译者逐渐发现其中文学性的语言和诗化的世界，不断揭示作品中的诗意和文学性特质来丰富诗学观念，促进以文学性建构为主体的诗学观念的进步。同时，诗学观念的发展也夯实了作品的经典地位。

第一，中国文学批评家蔡雨村在评论《杨柳风》时，突出了作品中的“自然”色彩，蔡雨村认为这部作品“是写实而不是写实，是讽刺而不是讽刺，是幽默而不是幽默，总之它是不加雕琢很近自然的作品”（1937：200）。这部作品之所以具有这种“不加雕琢很近自然”的特质，“自然是靠了它美丽和谐的笔调和曲折有趣的情节”（1937：200）。这部作品的故事情节婉转曲折，小动物们相互扶持冒险探索，在探索的过程中，作者也通过灵动诗意的文字将和谐美好的自然世界展现给中国的读者，让中国的读者们领略了徐缓诗意的文字和奇妙幻想的世界，从而推动其在读者心中，成为一部具有特殊地位的儿童幻想文学经典。此外，蔡雨村在强调作品文学性的同时，也不断强调译者尤炳圻在再创作品文学性中所做出的贡献。“译者为了要使我们小读者易于明白和引起兴味起见，他的译文是很讲求‘雅’和‘达’的，至于‘信’，据译者说，那是很难关顾到，有若干地方不能不废译为述了”（1937：200）。在蔡雨村看来，译者尤炳圻为了实现作品原文中独特的文学性色彩，通过“废译为述”的手段实现原文中的“雅”和“达”，而并没有用僵直的译文达到“信”的目的。这种创造性翻译的方式在蔡雨村看来是值得称赞的，通过变译的手段，取其精华，去其糟粕，将作品中最有文学特色的内容保留下来，并辅之独到的译者主体性思想，从而再造作品的文学性特质，促进了以文学性建构为主体的儿童文学观念的发展，巩固了《杨柳风》的经典地位。

第二，译者尤炳圻在翻译《杨柳风》的过程中，对原文形成了独特的看法，总结于序，向读者探究了原作文字的精深和思想的深邃，充分表达了原文中蕴含的文学性底色。尤炳圻认为这本书魅力巨大，“古河、水闸、杨柳堤这一些是不待说了……甚至于一杆烟袋，一盏牛角灯，也都带了抒情的趣致。童心本来是诗国，童话本应似诗境。然而真正将童话化成诗境者，除格莱亨以外能有几人呢？……”（尤炳圻，1936：61—62）。作者格雷厄姆在《杨柳风》中创造的诗国，通过译者的推介，吸引读者阅读思考，译者不断挖掘作品中的文学性和诗性特征，促进了重视文学性和审美性的儿童文学观念和诗学观念的发展，同时为巩固作品经典地位的建构起到重要的作用。

第三，进入 21 世纪后，《杨柳风》蕴含的文学色彩并未随历史的洪流烟消云散，反而在新的时代焕发出新的生命力，在新的时代被解读出新的内容。改革开放后，文学家和批评家对作品文学性特质的探索超越了语言和风格的限制，不断关注《杨柳风》多重意义的哲理思辨和诗性探究。在语言上，杨静远继承先前学者的观点，看到作者在语言文学性上的巧妙设计，“作者对文字十分讲究。它的文体比一般儿童文学‘密度’（density）大、变化多。有快速的戏剧性叙事，有徐缓而诗意的抒情写景，有机智俏皮的对话，有讽刺幽默，有鲜明的性格刻画；既有文人腔的高雅，又有民间口语的俚俗和儿语的稚气，既有严谨的语法，也有故意打破语法规范的游戏文字”（杨静远，2019：7）。作者在形式上运用了独具匠心的语言，同时在内容上表达了多种深刻的思想，将作品的文学性特质在思想上进行分析。1996 年杨静远在《柳林风声》译者序中，称赞原作“像一个玲珑剔透的象牙球。最表层是《奥德赛》或《吉尔·布拉斯》式的流浪汉历险生活；往里，可以看到生动的人物性格刻画，机敏的戏剧性对话，如诗如画的风物描绘；最里层，可以隐隐触摸到涉及人与大自然、人与动物、人与社会之间多重关系的哲理思辨”（杨静远，2019：4）。因此在现代社会，文学家、批评家和译者们对《柳林风声》的思考从关注儿童的世界扩展到对人生的思辨、对人与自然和谐共生的探究以及对自然风物的文学性表现上。杨静远在翻译的过程中，也发现了作品蕴含的人与自然和谐相处的诗性和自然审美的特质，这种独特的气质通过作者诗化的语言和文学性的风格塑造出来，为新时代的译者解读出多种意义。因此，这部作品以文学性的语言和深刻的思想形成了独特气质，丰富了诗学观念，促进了儿童文学观念的进步，在新的时代赋予了新的内容。而重视文学性和审美性的诗学观念也极大地巩固了作品的经典地位，推动其在新的时代成为新的经典。

五、教育观念——经典化的时代诉求

随着时代的发展，教育观念的发展进一步巩固了《杨柳风》的经典地位，这种教育观念是意识形态的一部分。英国文艺理论家伊格尔顿认为这种以教育观念为主的意识形态是具有某种社会功用的观念，他将这种以教育观念为主的意识形态定义为“象征着特定社会群体或阶级的状况和生活体验的一整套观念和信仰。是用来促进特定群体自身利益的一整套集体性观念和信仰，表现为‘行动取向’的话语”（Terry Eagleton，1991：5—6）。《杨柳风》经典地位的形成与不同时代的教育观念有很大关系，在教育观念的影响下，各种教育活动和读书运动发挥作用，使儿童在接受教育的过程中阅读、接受并喜爱这部作品，因此不同时代教育观念的发展促进了作品的经典化。

（一）挣脱旧式教训的束缚

中国的20世纪30年代是五四新文化运动高潮褪去、封建思想卷土重来的时期，在面向儿童教育方面，社会面临旧式教训的桎梏。这一时期，文学界和教育界强调挣脱旧式教训的束缚，摆脱“读经”的传统思维，促进儿童教育观念的现代化发展。而《杨柳风》的译介，迎合了中国亟待转型的教育观念，得到了社会主流意识形态和教育观念的认同和宣传，夯实了作品的经典地位。

首先，在五四运动后期，《杨柳风》进入中国，打破了强调“读经”的旧式教育观念的束缚。旧式教育观念推崇“尊孔复古”，认为儿童的教育仍应以“四书五经”为正统，在教育上则体现为训导儿童“读经”。而以周作人为首的中国思想家强调树立新式教育观念，认为新式教育观念应摒弃“读经”思维，培养有独立人格的现代儿童。周作人看到处于萌芽时期的新式儿童教育将要“毕命”（周作人，2018：155）的惨淡结局，同时苦于中国的儿童教育观念始终不能跳出“读经”的怪圈，而此时《杨柳风》的出现像一场革命新风，为他苦于空谈的儿童教育观送来有力证据。通过《杨柳风》，周作人发展新式的儿童教育思想，将为儿童的“儿童本位”教育观念与中国传统“读经”的教育观念形成了鲜明对比，驳斥了中国传统的“读经”思想和教训主义。在面对传统“读经”思想卷土重来的30年代，周作人也通过这部小书，表达了对中国的儿童教育观念无法进步，儿童文学深陷囹圄的担忧，“中国的儿童教育法恐怕始终不能跳出‘读经’，民国以来实在不读经的日子没有多少。我介绍这两种小书，也只好给有闲的朋友随便读了消遣长夏吧”（周作人，2018：155）。在教训主义的控制下，中国社会的儿童被迫“读经”，压抑自己的天性，而不能阅读真正有益又有趣的文学作品。而《杨柳风》的出现突破了教训主义的桎梏，给予儿童教育观更加新颖深刻的观点，促进了儿童教育观念的发展，这部作品也成为周作人拿来对抗“读经”教育观念的强大武器。以周作人为首的中国新式知识分子强调儿童需要阅读有营养的，能够培养独立品格的优秀儿童文学作品，《杨柳风》在这一时期的出现顺势而为，成为时代新风，为中国的儿童教育观送来现代化的内容，丰富了新式教育观念的内涵；同时，新式教育观念的形成反过来作用于作品的经典化过程，夯实了其经典地位。

其次，五四运动后期，许多文学评论家也纷纷对中国的旧式教育进行鞭笞，发展挣脱教训束缚的新式教育观念，客观上推动了《杨柳风》的经典历程。中国近代文学评论家蔡雨村在继承周作人思想的基础上，进一步对这部作品中的反教训主义的观点进行阐释，丰富儿童教育观念。他认为只有在潜移默化中影响到儿童，对儿童的成长实现自发性教育效果的作品才是有价值的作品，只有“没有教训的意思，却能够带来教训作用”（蔡雨村，1937：199）的作品才是值得儿童阅读的作品。而那些只侧重教训手段，认为教训需要无时无刻地反映在儿童作品中的观点是对儿童天性的一种泯灭和戕害。蔡雨村看到“中国的儿童文学的园地，一向就很荒芜”（蔡雨村，1937：199），遍地都是四书五经，《论语》《中庸》，这是训教孩子应该成为什么样的成人，却没有为儿童着想的意识和观念。因此，蔡雨村借助《杨柳风》的帮助，强调中国的教育观念应该挣脱教训束缚，促进儿童自发性成长。然而蔡雨村发现“假如我们真的要在杨柳中之风里去寻找教训，却也未尝不能”（蔡雨村，1937：200），从这种儿童幻想小说中找寻教训，本质上反映了国人的儿童教育观念没有发生改变，仍然停滞于封建传统的教训主义儿童教育观。只有摆脱这种教训桎梏的束缚，树立为儿童进行创作的观念，才能创造出在潜移默化中实现教育效果的儿童文学作品，这种作品才是有意义的作品。因此蔡雨村在对教训主义进行批判的同时，推动中国的儿童教育观念朝着革新的方向发展。儿童教育观念只有发生变革，儿童文学作品中才会抛弃教训主义的内容，实现新的发展。《杨柳风》的出现，吸引了以周作人和蔡雨村等批评家对儿童教育观念的革新，推动现代化的教育观念和意识形态不断发展，丰富了新式儿童教育观念的内涵，儿童教育观念的进步也极大地促进了作品经典地位的发展，新式的教育观念成了经典化的时代诉求。因此，五四运动后期，亟待转型的儿童教育观念吸收了“有益有味而又适合现时代的儿童”发展的内容，形成摆脱教训的儿童教育观念，这种教育观念借助《杨柳风》得到发展，而作品的经典地位也在这个过程中得到进一步巩固。

（二）实现现代教育诉求

改革开放后随着时代的发展，现代教育观念重视儿童的身心发展，对新时代的儿童教育不断创新，这一时期，教育观念的新变化，也在客观上促进了《杨柳风》的经典化进程。如教育部将格雷厄姆著、任溶溶译本的《柳树间的风》选入“中国小学生基础阅读书目”推荐书目表中“小学中段（3—4年级）”应该阅读的25本书之一。《柳树间的风》被选入国家现代化基础教育的阶段，证明这部作品顺应了新时代中国主流的教育观念和意识形态，符合国家的权力话语，能够在新的时代焕发出新的生命力，同时在作品的帮助下，新时代的教育观念内涵不断丰富。此外，2019年11月12日教育部发表《2019年全国中小学图书馆（室）推荐书目》也将《柳林风声》选入小学5—6年级及初中生推荐阅读的书目中，同样体现出国家和教育部等主流意识形态通过推荐这部作品，丰富发展现代化的教育观念，同时在这个过程中，作品的经典地位得到巩固。因此，新时代开放包容的教育观念和意识形态在《杨柳风》经典化的过程中起到重要作用，使其不断为中国读者所熟知，推动作品成为中国儿童成长过程中不可忽视的优秀儿童文学经典作品，在这种教育观念和意识形态的推动下，《杨柳风》的经典地位得到持续发展。

六、结语

外国儿童文学作品在中国的经典化是一个复杂的历史进程。从译介历程来看，是赞助行为、译者主体性、诗学观念和教育观念等译介要素的共同作用，形成并发展了作品的经典化地位。在这个过程中，赞助行为和译者主体性发挥作用，使作品在译入语语境中生成了经典性；而诗学观念和教育观念作为作品经典化的内在质核与社会诉求，不断确认并巩固了作品的经典地位。因此，外国儿童文学作品的中国经典化历程在本质上是意义生产和价值建构的过程，是相关文学观念生成并确立的过程。其中，各种译介要素之间相互作用，持续对本国的意识形态和诗学观念进行启迪、发展和适应，使外国儿童文学作品得以在译入语文化语境中形成并发展其经典地位。外国儿童文学在中国的经典化历程是在以译本生成和相关评价为主线的意义生产和价值建构的过程，这个历程关涉更多复杂的观念运动，值得继续深入探索和研究。

参考文献

［1］鲍晓英．“中学西传”之译介模式研究——以寒山诗在美国的成功译介为例［J］．外国语（上海外国语大学学报），2014，37（01）：65－71．

［2］查明建．文化操纵与利用：意识形态与翻译文学经典的建构——以20世纪五六十年代中国的翻译文学为研究中心［J］．中国比较文学，2004（02）：89－105．

［3］丁帆．关于当代文学经典化过程的几点思考［J］．文艺争鸣，2021（02）：30－33．

［4］方忠．论文学的经典化与中国现代文学史的重构［J］．江海学刊，2005（03）：189－193．

［5］胡安江．翻译文本的经典建构研究［J］．外语学刊，2008（05）：93－96．

［6］黄曼君．回到经典重释经典——关于20世纪中国新文学经典化问题［J］．文学评论，2004（04）：108－114．

［7］肯尼斯·格雷厄姆．柳林风声［M］．杨静远译．北京：中央编译出版社，2010．

［8］肯尼斯·格雷厄姆．杨柳风［M］．尤炳圻译．上海：开明书店，1936．

［9］李宏顺．国内外儿童文学翻译研究及展望［J］．外国语（上海外国语大学学报），2014，37（05）：64－72．

［10］聂爱萍．20世纪以来中国儿童幻想小说出版与发展［J］．中国出版，2021（07）：57－61．

［11］区鉷，胡安江．文本旅行与经典建构——寒山诗在美国翻译文学中的经典化［J］．中国翻译，2008（03）：20－25＋95．

［12］圣陶．尤炳圻的《杨柳风序》［N］．新少年，1936：67－72．

［13］舒伟．重访爱丽丝的奇境世界：儿童文学经典的启示［J］．理论与创作，2010（03）：48－52．

［14］宋海粟，杨东英．接受美学视角下的儿童文学翻译——以《柳林风声》两个汉译本为例［J］．华北理工大学学报（社会科学版），2019，19（03）：118－122．

［15］陶东风．文学经典与文化权力（上）——文化研究视野中的文学经典问题［J］．中国比较文学，2004（03）：61－77．

［16］童庆炳．文学经典建构诸因素及其关系［J］．北京大学学报（哲学社会科学

版），2005（05）：71－78.

［17］吴笛．翻译在外国文学经典生成与传播中的历史使命［N］．中国社会科学报，2019－09－10（004）．DOI：10. 28131/n. cnki. ncshk. 2019. 004530.

［18］吴笛．外国文学经典研究的转向与拓展［N］．中国社会科学报，2011－11－10（007）．DOI：10. 28131/n. cnki. ncshk. 2011. 004366.

［19］吴笛．海亚姆《鲁拜集》的生成与传播［J］．外国文学研究，2016，38（05）：9－15. DOI：10. 19915/j. cnki. fls. 2016. 05. 002.

［20］吴笛．文学经典再发现：契诃夫小说与戏剧的认知价值新探［J］．浙江工商大学学报，2016（03）：12. DOI：10. 14134/j. cnki. cn33－1337/c. 2016. 03. 002.

［21］许军娥．文学审美：儿童文学经典生成的主要因素［J］．理论月刊，2010（10）：141－143＋166.

［22］杨静远．独具一格的动物童话——《杨柳风》［J］．博览群书，1996（10）：47－48.

［23］尤炳圻．杨柳风译序［N］．益世报（天津版），1935.

［24］于辉．翻译文学经典研究［D］．南京师范大学，2015.

［25］周作人．儿童文学小论［M］．北京：商务印书馆，2018.

［26］朱国华．文学“经典化”的可能性［J］．文艺理论研究，2006（02）：44－51.

［27］Eagleton，T. *Ideology*：*Introduction*［M］．London：Verso. 1991.

［28］Grahame，K. *The Wind in the Willows*［M］．Ox-ford：Oxford University Press，1983.

［29］Lefevere，A. *Translation*，*Rewriting and the Manipulation of Literary Fame*［M］．London：Routledge，1992a.

童趣再现：对儿童文学翻译本质的思考*

李文娜**

【摘要】 童趣再现是国内儿童文学翻译研究者对儿童文学翻译本质的基本描述。鉴于“童趣”这一语词的多义性，本文通过梳理这一概念在不同讨论范畴中的内涵所指，指出其审美意义和哲学意义是认识儿童文学童趣概念的基础，同时对其释义提出解释性框架，即童趣概念具有历史性，同时指涉儿童和成人两类审美主体。在此基础上，围绕童趣概念内涵展开的讨论反映了儿童文学翻译对象的独特性，即以儿童观为原点的童趣观制约与影响文本的生成与接受，由此以探究“译什么”、“为谁译”和“如何译”等关乎儿童文学翻译本质的基本问题。

【关键词】 童趣　儿童文学　再现　儿童文学翻译

一、引言

儿童文学翻译具有文学翻译的普遍性，但因翻译对象的特殊性，儿童文学翻译又具有迥异于一般文学翻译的特有属性。因此，认识和把握儿童文学翻译特有属性（即本质）是理解儿童文学翻译活动的基础。“童趣”是中国传统美学已有的概念，它被国内儿童文学研究者用以概括儿童文学区别于一

---

* 基金项目：教育部人文社科基金项目“童趣再现：儿童文学翻译研究”（18YJC740040）和西南民族大学中央高校基金项目“儿童文学翻译本质研究”（2019SQN18）阶段性成果。

** 李文娜，女，西南民族大学外国语言文学学院讲师，博士在读，主要研究方向为翻译理论研究、儿童文学翻译研究。

般文学的特有属性，但学界对其内涵的认识与理解尚未达成理论共识，这影响对儿童文学翻译对象的全面把握。“童趣再现”是国内儿童文学翻译研究已有的主张，但其话题主要集中于翻译标准和策略的讨论，这导致对其学术价值与方法论意义的遮蔽。本文以“童趣再现”为论，厘清对童趣内涵和童趣再现价值的有限认识，探求该主张的学术价值与方法论意义，希冀有助于揭示儿童文学翻译本质。

二、童趣内涵探义：对儿童文学翻译对象的再认识

“童趣”是我们日常生活的常见语词。虽然语词是概念的语言形式，但两者也有质的差异。不同的语词可以表达同一概念，同一语词也可以表达不同概念，因此，在不同的讨论范畴中，“童趣”这一语词可以表达我们头脑里不同的概念，要明确该语词的意义所指，就需要明确概念表达的内涵与外延。

（一）“童趣”现有概念辨义

概念既反映事物的特有属性，也反映具有这些特有属性的事物，这就是概念的内涵与外延（金岳霖，2006：22）。概念的内涵通过定义这一逻辑方式加以明确，因此童趣这一概念的定义指明了它的内涵。关于“童趣”话题的讨论中，这一概念往往被讨论者作为既定事实加以接受，成为其判断、推理与论证的基础，鲜有涉及这一概念的具体界定。若将这些话题大致分类，可以发现“童趣”这一概念主要涉及以下三类讨论。

第一类集中于中国古代儿童诗讨论，以童趣诗为代表。童趣诗指“内容及技巧比较浅显直白（故体裁多为绝句）、构思与情感符合童稚心理、艺术审美赋予天真意趣、精神境界趋向天人合一的诗”（谢文君、马东瑶，2020），如骆宾王的《鹅》、白居易的《池上》、杨万里的《小池》等。这类诗词常以儿童为中心，诗人通过内容、体裁、表现技巧等描摹了儿童天性自然流露的状态，借以表达对这种自然天性的赞许以及对人类之本初自然状态的向往。在这类讨论中，“童趣”被界定为儿童天性的特有属性，即“人类童年的那种天真的自然状态”（孙亚敏，2007）。从表面上看，这一定义反映了我们对于

儿童天性的认识，实际上它也暗含了这种天真童性的审美意义，而这是由“趣”这一审美范畴所决定的。

趣，是与诗学有关的美学概念，其内涵主要有三个层面：一是主体层面，趣起初泛指人的各种生活感受，后来指个人的审美素养、审美追求和审美把握的独特方式。二是客体层面，趣是指审美主体从审美客体本然具有的某些属性、一定本质中体验到的活泼鲜明、生机内蕴的特殊意味。三是作品层面，趣首先是指作品中表现出来的意蕴、思想、主旨，后来主要作为构成艺术作品的审美要素而存在（傅璇琮等，1999：31）。准确地说，趣在艺术作品中所表现出来的意涵应属于趣这个概念的外延，因为趣通常存在于我们的主观意识中，当艺术家把它物化于艺术作品中，通过作品的意蕴、思想、主旨等表现出来，则成为审美属性被我们认识。由此可见，童趣是由“趣”这个审美范畴的词根所构成的审美概念，可进一步理解为“儿童情趣”或“儿童趣味”，但这个概念的复杂性体现在它涉及两类不同的审美主体。首先，童趣指成人对于儿童天真本性的审美把握，即成人从儿童的本然之性中体验到的生动灵机之趣。古代童趣诗的审美类型属于此类。其次，童趣指儿童的生活感受，尤其是儿童的审美体验，即他们在与对象物的交融体验中，内心生发出的美感。值得注意的是，这一概念的运用与成人的审美体验密切相关，其一成人对儿童天性的审美价值的发现促成这一概念的生成，其二它所指涉的儿童审美体验隐含成人对儿童审美的主观判断。因此，当我们用它来描述儿童的审美体验时，要认清它与现实中儿童的审美感受之间的联系与区别。现实中儿童的审美感受是我们的认识对象，我们通过观察与研究儿童的审美活动来认识和理解儿童的审美素养、审美追求及把握方式，从而形成关于儿童审美的概念，但两者不完全等同，最理想的是两者无限趋近。

正因为这样的复杂性，有学者将童趣划分为生活中的童趣和艺术中的童趣。前者指“儿童作为生命个体在生活中所感受到的人生趣味；成人对儿童形象、儿童思维、儿童行为的观察与赞赏；或是成人对童年生活的反顾与追忆，心灵中都会产生出童趣的感受。”后者包括上述生活中的童趣的真实表现，以及儿童文学作品本身呈现出迥异于成人作品的儿童趣味。（邓牛顿，2001）这两者实质上就是童趣的内涵与外延。正如上文指出的，这里“生活中的童趣”涵盖了两个不同层次，即儿童眼中的“童趣”和成人眼中的“童趣”，而“艺术中的童趣”通常是成人将自己眼中的“童趣”物化于艺术作品中呈现出来。

第二类涉及中国传统哲学思想讨论，揭示了童趣的价值根源。中国传统哲学的核心思想体现在“天人合一”这一主张。简单来说，所谓“天”，是指自然界；所谓“人”，是指人类自身；“天人合一”就是自然界与人类有一种统一或协调的关系（李存山，1994）。但这一主张具有多义性，中国古代不同的哲学家对其具体的特殊意义有不同的倚重。道家对自然的重视体现为“人法地，地法天，天法道，道法自然”（《老子·第二十五章》），强调“人”合于“天”，即人效法自然。老子将“婴儿”视作人的身心所体现的自然，“婴儿”代表了人性的本真状态，故而童心是自然之心、本真之心，显然这是道家思想将儿童的天真加以理想化。基于对儿童本性的肯定，老子提出“复归于婴儿”（《道德经·第二十八章》）的主张，将其视作对最圆满、最理想、最自然的生命状态的追求。儒家所主张的“天人合一”，其“天”是“自然之天”与“主宰之天”（或“义理之天”）合一，即被人格化、有道德意志的天，是人类性善的本源，心、性、天是一脉相通的。（李存山，1994）在孟子看来，“赤子之心”与生俱来，是人出生时即已内在于己的“心”，能发端出仁、义、礼、智等高尚德行的心性（黄克剑，2019）。孟子认为人得以成为德行高尚的“大人”，是因为能够持续不懈地滋养与生俱来的“赤子之心”，正所谓“大人者，不失其赤子之心”（《孟子·离娄下》）。

中国传统哲学思想关照下的童心论虽具有先验论的色彩，但其中蕴含的丰富哲学思想为我们理解童心与童趣提供了宝贵的认识论基础。晚明“公安派”代表袁宏道的趣论结合道家思想中的童心认识论，论证了童趣的意义与价值。在其趣论中，他强调“当其为童子也，不知有趣，然无往而非趣也”（袁宏道，2008：463），即“趣”的自然属性，儿童天性与童趣具有同一性；他强调“夫趣得之自然者深，得之学问者浅”（袁宏道，2008：463），即儿童的性灵是最自然的，童趣就是最高级的“趣”。这样的趣论观点有助于消弭成人在把握童趣时，由于审美距离而产生的自上而下的优越感，也消解了童趣价值于成人审美的依附关系。古代哲学所蕴含的童心思想从先秦老子、孟子，经由宋明心学，到泰州学派的罗汝芳，尤其到晚明李贽提出的“童心说”，逐渐形成童心主义哲学，这不啻为中国式的“发现儿童”（刘晓东，2015）。这场发现童心的思想之旅让我们看到童心、童年于人生的重要性，认清童趣的价值根源。

第三类直接参与儿童文学本质讨论，明确了童趣于儿童文学的价值。在儿童文学理论讨论中，童趣被认为是“区别于成人文学的一个显著标志”（郁炳隆、唐再兴，1990：24），是儿童文学作品产生魔力的“法宝”（刘绪源，2012：12），也是衡量儿童文学作品的“一个重要标准”，甚至是“唯一的标准”（朱自强，2009：39）。可见，童趣是儿童文学的特有属性，这已然得到普遍认同，其在儿童文学范畴中的概念界定通常采信于儿童文学研究辞典。《儿童文学辞典》对童趣的概念作了如下定义：“与儿童心理特点相适应的儿童语言、行为的情调趣味在文学作品中的艺术反映。通常是儿童文学中情感色调和趣味性的合称”（蒋风等，1991a：22），并继而对其中的“情感色调”和“趣味性”作了规定性说明，肯定了童趣的价值所在。

简言之，此处的“童趣”专门就文艺作品而言，特指儿童文学的审美属性，且强调符合儿童的审美素养，其“情感色调”规定为“纯正明朗”“快乐与爱”，其“趣味性”规定为“幽默、风趣、滑稽”，显然这里的定义是典型的规定性的语词定义，即规定“童趣”这一语词意义的定义。参照上文所论童趣的审美意义和哲学意义，此处“儿童文学”这个语词置于“童趣”这一语词之前，限制了童趣概念的原有内涵。如果缺乏上文论及的童趣价值根源的认识，这一规定旨意下的“童趣”主张就存在妥当与否的问题，其接受性也会受到质疑。

实际上，童趣在20世纪50年代成为中国儿童文学重要的美学概念。这个语词在当时有其特定内涵，即“儿童在当时社会环境中形成的思想觉悟与他们作为孩子的天真、幼稚的不和谐，这种不和谐导致儿童在具体行动中的许多喜剧性表现”（蒋风等，1991b：14）。柯岩在50年代创作的儿童诗就生动表现了这一情趣。她的儿童组诗《“小兵”的故事》首次发表于《人民文学》1956年第4期，包括《帽子的秘密》、《两个“将军”》和《军医和护士》等三首儿童诗，生动刻画了一群天真的孩子扮演“解放军”的游戏场景，他们热情投入地“搞侦查”“抓奸细”“当将军”“忙训练”（柯岩，1981：36—45），整组诗充满欢快的氛围，孩子们煞有介事地投入游戏，其远大的志向、天真的稚态与他们实际年龄的不和谐产生戏剧化的审美体验，成为那个时代所主张的童趣审美意涵。由此看来，童趣概念被引入儿童文学范畴之初，就确立了它对儿童文学审美属性的规定，这种审美属性带有时代特征，且以成人眼中的童趣为主旨。

（二）儿童文学的童趣概念特征

如前文所证，童趣概念的审美意义和价值根源是我们理解儿童文学的童趣审美属性的基础，也体现了儿童文学的童趣内涵的丰富性与复杂性。任何单一的定义都无法全面反映这一概念的多义性，笔者主张采用下述解释性框架，来说明这一复杂概念的特征。

其一，儿童文学概念认识具有历史性，童趣概念认识也具有历史性。儿童文学是现代社会的产物，以“发现儿童”的现代儿童观为前提。从传统基督徒的“原罪”论，到约翰·洛克的“白板”说，再到卢梭的“植物”之喻、英国浪漫派诗人的“成人之父”之喻以及20世纪60年代的“未完成品”之喻（朱自强，2009：5—10），最后到承认与尊重儿童生命特质的现代儿童观，西方儿童观历经多次演变，无不证明儿童观是社会历史变迁中被文化建构出来的意识形态，每种形态的童年都会受到某个历史时期的社会生活的严格制约。因此，儿童文学是人类社会发展到一定历史阶段的产物。儿童文学的童趣概念以中国童心主义哲学为基底，从老子的“复归于婴儿”、孟子的“大人者，不失其赤子之心”，经由宋明心学，到明末罗汝芳的赤子之心说和李贽的童心说，经历了不同历史时期的认识发展，而李贽的童心说之所以在晚明之后没有得到继承与发扬，也是因为受制于当时的社会历史境况与思想认识水平。到了20世纪50年代，童趣概念被引入儿童文学领域，也有当时特定的内涵所指，而当前我们所意指的“童趣”显然不同于六七十年前的理解，同时现阶段的童趣观也会随着认识的发展而继续变化。

其二，当前儿童文学的童趣概念更强调儿童的审美体验，即儿童眼中的“童趣”。现代儿童文学是以尊重儿童的独立人格为基础，儿童文学的本质就是“儿童本位的文学”（朱自强，2009：23—27），那么以儿童审美体验为立场的儿童文学，就是儿童本位的文学。儿童审美活动是一类独特的精神活动，儿童精神哲学为我们理解儿童的审美心理提供了理据，而儿童精神哲学所强调的游戏精神是童趣的本源。在西方游戏研究史上，从柏拉图、亚里士多德，到康德、席勒，都从美学的层面上对游戏的社会属性、精神内涵做了一番探究，伽达默尔（2004：107）更是从哲学阐释学的层面提出了“游戏就是艺术作品本身的存在方式”这一真理性认识。赫伊津哈（2014：247）从游戏的角度阐释文化的起源，最终得出结论：“文明是在游戏中产生并成为游戏，并且与游戏永不分离。”即是说，游戏是人类文明母体的本体存在，是人及其创造的文化的基本存在方式，因此游戏也成为儿童精神所在。儿童与游戏是一种同构关系，整个童年期就是游戏期，儿童生活的全部就是游戏，即童性就是游戏性。儿童的游戏是一种“自我表现”和“为游戏而游戏”的无功利性游戏，这就是袁宏道所言的童子“不知有趣”的本我状态，而这样一种本我状态下的审美体验，就是儿童眼中的“童趣”。可见，这是从儿童读者阅读儿童文学这一审美体验的角度来理解童趣内涵。

其三，当前儿童文学的童趣概念仍然隐含了成人眼中的“童趣”，成人对文本的操控显得更加隐蔽。儿童文学是成人创作的，成人是站在童年之外的场域来写作的，故而“儿童文学主要反映的是成人的童年观（adult views of childhood），并非儿童自身”（Nodelman，2008：149）。从这一创作现实来看，作品呈现出所谓与儿童心理特点相适应的儿童语言、行为的情调趣味都是成人的主观想象，文本塑造的是想象的童年，这样的童年只有成人或心智较为成熟的大孩子才能真正欣赏，因此仅仅从儿童读者接受文本的角度来认识童趣，就容易忽略成人的审美教育意图。当然，这并没有给儿童的审美体验抹上神秘主义色彩，毕竟成人对童年的想象来自自己的童年回忆和对现实儿童生活的观察。这里要强调的是，若我们主张童趣是儿童文学的特有属性，那么这种属性一定是关乎成人与儿童的双重审美主体，这是儿童文学区别于成人文学、一般儿童读物的显著特点，也是儿童文学本质的复杂性所在。

如上文所示，作为儿童文学本质属性的概括，童趣概念呈现出复杂的多义性。围绕童趣概念所展开的讨论，实际上是对儿童文学本质的深入探究。

作为中国文化意象的概念，现阶段的童趣观以儿童审美体验为本位，既是对儿童文学的美学审视与哲学反思，同时也隐含成人对儿童审美体验的操控，正是基于这样的双重性，童趣概念才反映了儿童文学不同于其他文学的特有属性。

三、童趣再现：对儿童文学翻译特有属性的再认识

就儿童文学翻译而言，对童趣概念的梳理与辨析，有利于更清楚地认识儿童文学翻译对象的特殊性与复杂性。翻译对象的特有属性是儿童文学翻译区别于一般文学翻译的根本所在，它影响我们对于儿童文学翻译对象、主体、目的和价值的认识与判断，而再现概念涉及儿童文学翻译过程、标准与策略的认识与判断。正如一些学者所主张的，童趣再现是“儿童文学的翻译标准”（徐家荣，1988），它是“儿童文学翻译的本质问题”（徐德荣，2004）。鉴于篇幅所限，本文就如下基本问题展开讨论。

首先，童趣再现论对儿童文学翻译过程的认识。“再现”容易使人产生“模仿”的印象，这源于它常常被置于“表现”的对立面。诚然，两者是主体对客体的不同反映，前者着重反映客观特征，后者着重反映主观特征，但两者既对立又统一。“倘若把再现理解为对于反映对象完全被动的机械的模仿或复制，它就不属于有创造性的艺术的反映”（王朝闻，2011：268）。实际上，儿童文学翻译研究中常出现“风格再现”“意象再现”“审美再现”等关键词，通常理解为原文和译文实现某种对应，即译文对原文的模仿，或者两者的完全对称，这种再现观反映了心理学认知特点，它强调外在刺激物的作用下，“经验过的事物又一次在头脑中重新出现或在行为上重新表现出来的过程”（林崇德等，2004：1644）。但是，在儿童文学翻译中，译者是不同于作者的认知主体，尽管作者基于自身的审美经验创造出的文本是译者的审美认知对象，但译者的童趣再现活动是在自身意识控制之下，运用逻辑思维、形象思维、灵感思维等，努力实现的审美再现，这一过程译者除了接受原文的刺激产生了审美体验之外，最重要的是发挥其主体性，将这种体验再造于译文中。再者，不同的译者具有不同的审美经验，则针对同一原文的审美体验也

不同，那么童趣再现的结果（即译文）自然有差别。因此，童趣再现不可能是对原文童趣被动的机械模仿或复制，其本质仍然是创造性的审美再现。在童趣再现过程中，文学文本的开放性给译者带来丰富的审美体验，为译文提供了多层次阐释空间，译者的主体地位与作用得以显现，这也是儿童文学翻译不同于一般儿童读物翻译的关键所在。因此，童趣再现论对于我们认识儿童文学翻译过程具有指导作用，通过对翻译过程的描述使译者的主体性显现，也有助于翻译标准的厘定，进而指导儿童文学翻译实践。

其次，童趣再现论对儿童文学翻译独特性的认识。根据哲学诠释学对翻译的解释，翻译就是“在跨文化的历史语境中，具有历史性的译者使自己的视域与源语文本视域互相发生融合而形成新视域，并用浸润着目的语文化的语言符号将新视域重新固定下来形成新文本的过程”（朱健平，2007：200—201）。对儿童文学翻译而言，童趣观融合了儿童观与儿童文学观，成为译者视域的重要组成部分。在翻译过程中，译者业已形成的儿童观、儿童文学观与原文携带的儿童观、儿童文学观发生碰撞融合，由此形成的童趣观是对已有观念的颠覆、调和或加强，进而将这种发生变异的童趣与译语文化相融合，又受到译语文化语言的制约，因此经过再次变异的童趣呈现于译文。译者视域中的儿童观、儿童文学观使其翻译活动区别于一般文学翻译，而这种视域融合的过程解释了儿童观、儿童文学观如何作用于同一时期的不同译者、不同时期的同一译者、不同时空的不同译者的翻译活动，揭示了儿童文学翻译的丰富性与复杂性。

再次，童趣再现论对儿童文学翻译双重读者的认识。童年想象引起成人作者的写作兴趣，它被充满童趣的文本表现出来，在满足作者创作需求的同时，又能满足儿童读者的审美需求，还能引起成人读者的审美兴致，而这些审美主体进行审美互动体验的共通感就是童心。对儿童文学翻译而言，译文的目标读者（尤其是儿童读者）从文本中获得的美感体验，连通原文作者、译者的共同感，故而他们对文本的阅读与接受就显得至关重要。对儿童文学而言，童心与童趣具有同一性，译文是否再现了原文童趣，是作者、译者与译文儿童读者之间是否产生共通感的依据，也是译文儿童读者是否接受文本的依据。译者通过译本与“素未谋面的读者们”进行“无声交流”（郭国良等，2015），其交流的有效性取决于是否再现童趣以及如何再现童趣。但在现实中，译者对译文读者的把握绝非易事。一方面，儿童天性犹如一个“黑盒子”，成人抑或通过科学实验观察或验证其特点，抑或通过文艺作品描摹对童年的想象（如儿童文学创作和翻译），两者都无法完全还原儿童真实的精神世界样貌。另一方面，文本的童趣风貌是作者发挥主体性进行艺术创造的结果，文本的隐含读者并非总指向现实中的儿童读者，这就造成文本读者的双重性，如 Salman Rushdie《哈伦与故事海》（*Haroun and the Sea of Stories* 1990），它既是给儿童读的童话故事又是给成人读的政治讽刺故事。如此一来，译者在译语文化语言规范制约下，如何选择翻译策略，如何协调译文与原文的关系，如何保证译文被接受，诸如此类问题是译者无法回避的挑战。可见，由童趣引发的关于“为谁译”的思考，加深了对“为何译”、“译什么”与“如何译”的认识，这些问题都关乎我们对儿童文学翻译本质的认识。

最后，童趣再现论对于儿童文学文本的童趣特征的把握。如前文所示，童趣观具有历史性而非恒定不变，故而儿童文学文本的童趣风貌会受到社会历史文化语境制约，文本在主题、题材、人物形象、叙事风格等方面会因时空差异呈现不同的风貌。现阶段我国儿童文学翻译主要以外译中为主，国内读者对西方儿童文学作品的接受远大于西方读者对中国儿童文学作品的接受。当然，造成这一现状的因素复杂，但其中不能忽视的是不同文化下童趣观的隔阂。例如，西方儿童小说中较为普遍的“在家—离家”情节模式，描述人物离开家经历一系列冒险，终归回到家，其中“家”这个概念代表一套价值体系，儿童离家意味着选择自我价值体系，回家意味着最终接受成人赋予的价值体系（Nodelman & Reimer，2003：197—203）。但中国传统文化中“家”涵盖了亲族血脉、社会经济成员、个体身份认同等多元内涵，因此中国当代儿童小说中以留守儿童或农民工子女为描写对象的作品（例如胡继风《鸟背上的故乡》，2011），就会给西方读者带来审美挑战。如何让西方读者理解此类主题，了解当代中国少年儿童多元形象，这就要求译者充分认识当代中国儿童文学的童趣风貌，选择适宜的翻译策略，为西方读者提供有别于西方传统的审美体验。可见，童趣再现论帮助我们理解中国儿童文学外译面临的挑战，也为译者审视并解决现有翻译困难提供理论依据，进而显现了儿童文学翻译的多元性和复杂性。

四、结语

童趣再现论是对儿童文学翻译特有属性的概括描述。作为中国传统美学概念，童趣的审美意义和哲学意义是我们认识儿童文学特有属性的基础。这个概念的历史性提醒我们对于儿童文学本质认识的局限性，其概念内涵所反映的成人主体和儿童主体的关系也让我们认识到儿童文学的复杂性。上述认识决定了译者对儿童文学翻译对象特殊性的判断与理解，其童趣观既具有历史性，又指涉双重审美主体（儿童与成人），这一特性制约其翻译过程的策略选择，也给予其参与审美再现的主体地位，从而影响译文童趣再现的生成与接受。由此，“译什么”这一问题关联起“为谁译”“如何译”等关乎儿童文学翻译本质的基本认识，有助于理解现阶段儿童文学翻译的复杂性与丰富性。

参考文献

[1] 邓牛顿．美学笔记：童趣论［J］．上海大学学报（社会科学版），2001（01）：29－33.

[2] 傅璇琮等．中国诗学大词典［Z］．杭州：浙江教育出版社，1999.

[3] 郭国良，许钧，薛倩，译．是历史的奇遇——关于文学翻译的对谈［J］．外国文学，2015（06）：146－154.

[4] 汉斯-格奥尔格·伽达默尔．真理与方法：哲学诠释学的基本特征（上卷）［M］．洪汉鼎译．上海：上海译文出版社，2004.

[5] 胡继风．鸟背上的故乡［M］．哈尔滨：黑龙江少年儿童出版社，2011.

[6] 黄克剑．儒、道“赤子”之喻辨略［J］．中北大学学报（社会科学版），2019（03）：1－7.

[7] 蒋风等．儿童文学辞典［Z］．成都：四川少年儿童出版社，1991a.

[8] 蒋风等．中国当代儿童文学史［C］．石家庄：河北少年儿童出版社，1991b.

[9] 金岳霖．形式逻辑（重版）［M］．北京：人民出版社，2006.

[10] 柯岩．柯岩儿童诗选［M］．北京：人民文学出版社，1981.

[11] 李存山．析“天人合一”［J］．传统文化与现代化，1994（04）：12－20.

[12] 林崇德等．心理学大辞典（下卷）［Z］．上海：上海教育出版社，2004.

[13] 刘晓东．童心哲学史论——古代中国人对儿童的发现［J］．南京师大学报（社会科学版），2015（06）：82－93.

[14] 刘绪源．儿童文学思辨录［M］．北京：海豚出版社，2012.

[15] 孙亚敏．杨万里的童趣诗及其儿童观［J］．上海师范大学学报（哲学社会科学版），2007.（03）：87－91.

[16] 王朝闻．审美基础（上卷）·审美谈［M］．北京：三联书店，2011.

[17] 谢文君，马东瑶．童趣的发现与内化：重审中国古代的儿童诗［J］．中国图书评论，2020.（06）：87－95.

[18] 徐德荣．儿童文学翻译刍议［J］．中国翻译，2004（06）：33－36.

[19] 徐家荣．儿童文学翻译对译文语言的特殊要求［J］．中国翻译，1988（05）：15－19.

[20] 郁炳隆，唐再兴．儿童文学理论基础［M］．南京：南京大学出版社，1990.

[21] 袁宏道．叙陈正甫会心集［A］//钱伯城笺校．袁宏道集笺校（上）［C］，上海：上海古籍出版社，2008.

[22] 约翰·赫伊津哈．游戏的人：文化的游戏因素研究［M］．傅存良译．北京：北京大学出版社，2014.

[23] 朱健平．翻译：跨文化解释［M］．长沙：湖南人民出版社，2007.

[24] 朱自强．儿童文学概论［M］．北京：高等教育出版社，2009.

[25] Nodelman, Perry & Mavis Reimer. *The Pleasures of Children's Literature* (Third Edition) [M]. Boston: Allyn and Bacon, 2003.

[26] Nodelman, Perry. *The Hidden Adult: Defining Children's Literature* [M]. Baltimore: The Johns. Hopkins University Press, 2008.

[27] Rushdie, Salman. *Haroun and the Sea of Stories* [M]. London: Granta, 1990.

儿童本位视阈下稚朴风格翻译的三元合一

——以任溶溶《夏洛的网》译本为中心的考察*

冯智强　赵汝宁**

【摘要】稚朴性作为儿童文学的固有属性，是儿童自由灵魂与纯真思想的体现与儿童文学文学性成功传达的关键，其成功再现是儿童文学翻译的重点。本文在儿童本位视阈下，在“思想、情感与审美”三元合一的文体风格分析框架下分析了任溶溶《夏洛的网》中稚朴风格翻译过程的再现问题。研究发现，译者主要通过运用口语、儿语和俗语等手段在思想层面实现了稚朴风格再现；通过灵活运用词语、句式与修辞等手段实现了情感层面的稚朴风格再现；通过使用双音词、骈偶句以及各种辞格等手段再现了审美层面的稚朴风格。在儿童文学翻译中，译者只有准确把握原作文体特征，充分还原其稚朴风格，才能再现儿童文学作品的审美价值。

【关键词】儿童本位　稚朴风格再现　《夏洛的网》　三元合一

一、引言

儿童文学氤氲着浓郁的稚朴风格，这与儿童主体的特殊性密切相关。由

* 基金项目：本文系2018年度教育部人文社会科学研究一般项目“林语堂对外话语建构模式研究”（项目编号：18YJA740012）、天津市高校“学科领军人才培养计划”及天津外国语大学科研创新团队的阶段性成果。

** 冯智强，天津外国语大学翻译与跨文化传播研究院研究员，教授，博士，研究方向为儿童文学翻译研究、中译外研究、林语堂研究、中央文献翻译研究。赵汝宁，天津外国语大学英语学院研究生，研究方向为翻译理论与实践。

于儿童文学既是以儿童为阅读对象的文学作品，也是作家与特定读者进行艺术对话的产物（何卫青，2017：70—74），故儿童文学的创作风格在很大程度上取决于儿童独特的性格特征。其中稚嫩天真是儿童与生俱来的性格特征，也是儿童文学区别于一般文学的标志性特征。因此，儿童文学稚朴风格的再现必然离不开儿童稚嫩天真特性的精确还原。另外，从世界范围内优秀的儿童文学作品来看，朴素性既是儿童文学的本质特征（朱自强，2009：26—39），又是儿童文学文体风格的共核（徐德荣，2020：6）。由此，儿童稚嫩朴素特性的准确再造对儿童文学的整个创作过程来说至关重要，二者相互渗透、相互包容，在动态的发展过程中逐步融为一体，进而形成了儿童文学所特有的稚朴表征，即纯真、天真、率真的朴素性。儿童文学的稚朴性是构成儿童文学必要的元素，其风格的再现具有重要的意义。稚朴性的实质即是通过运用最贴近儿童特点的语言，讲述最童稚朴实的故事，然后给予儿童生命成长的温情和感动。其中“稚”既体现在文字所构造的稚气的语言与行动中，亦体现在文字所承载的稚嫩的思维方式上。而“朴”是一个具有整合意义的概念，不仅指儿童文学的“自然”、“本色”、“简约”、“单纯”与“率真”等艺术风格（朱自强，2009：42），亦指不用华丽辞藻、力避晦涩句式，通过运用儿童读者最为熟悉的词句，来简洁准确地传达思想的创作方式（朱自强，1997：305），这是一种不同于其他文学门类的纯真类朴素。因此，译者只有深刻把握稚朴特质的内涵，才能成功再现儿童文学天然去雕饰的本真美。

同时，儿童文学稚朴性的再现也离不开“儿童本位论”的观照。儿童文学作品与成人文学作品在创作构思与布局上截然不同，所以在儿童文学翻译时，译者必须要具有儿童读者意识，译文要符合小读者的理解和欣赏能力（Nida，1982：51），要本着向孩子学习语言的原则进行创作（洪汛涛，2014：21），最大限度地还原儿童的稚朴特质。本文在儿童本位视域下，并与康馨译本对比，在思想、情感与审美三个层面全面考究了任溶溶《夏洛的网》译本中稚朴风格再现的问题。

二、任溶溶《夏洛的网》中三元合一的稚朴风格再现

《夏洛的网》是由美国著名散文家、评论家 E. B. 怀特于 1952 年创作的一

部经典的儿童文学作品。纯真朴素是怀特《夏洛的网》重要的叙事风格。在内容方面，主要表现为儿童稚嫩的心理感受与天真朴素的情态；在形式方面，主要体现在特殊的语言组合、叙述方式以及情节构成方式上；在语言方面，主要表现为语言的简单浅白。另外，怀特对人物动作、语言以及心理的描写都十分切合儿童稚嫩的生理与心理特征。例如威尔伯送费恩上学、陪费恩等校车以及费恩把威尔伯放在婴儿车上，让其躺在洋娃娃身边等，这些童真有趣的小故事均体现了儿童纯真朴素的特质。因此，如何实现《夏洛的网》稚朴风格的成功再现是译者极其重视的问题。关于风格再现的问题，徐德荣对其进行了全面而深入的总结，他将风格界定为“以语言选择为手段，体现作者或人物思想、情感和审美倾向的区别性特质”（徐德荣，2020：1）。他强调译者要在思想、情感与审美三个层面对风格进行精确把握，力图使抽象风格具象化。徐德荣对风格性质的分析为译者提供了具象的风格分析依据，使译者对风格的把握有理可循，从而避免风格的泛化漫谈现象。任溶溶在儿童文学翻译的过程中，在思想、情感与审美层面对原作稚朴特征进行了深入把握，充分再现了原作的稚朴风格，进而提高儿童文学译作的文学性。

（一）任译本中稚朴的思维风格再现

思维风格是指对个体心理的独特语言体现（Roger，1997：103），而文本的语言特征往往能够折射出人物的思想特征以及他们对客观世界的认知程度。因此，作品思想特质的准确呈现取决于作者与作品人物思维风格的充分还原。《夏洛的网》是一部率真朴素的儿童文学作品。这部童话塑造了个性鲜明的童话人物形象，有充满爱心，热情善良的小女孩弗恩，有单纯可爱又不认命的小猪威尔伯，还有充满智慧，懂得感恩的蜘蛛夏洛等。这是一部蕴含着生命、爱与友谊的儿童文学作品。该作品的稚朴性不仅展现了儿童稚气朴素的情感，也使儿童对生命有了更加深刻的思考与感悟。任溶溶从儿童视角去把握儿童文学作品的文体特征，努力使原作思想内涵、情感特质与艺术意境得以再现。《夏洛的网》任译本中思想层面的稚朴风格主要通过儿语、口语以及俗语等再现。

1. 口语的运用

口语是口头交际中使用的语言。相比书面语，口语灵活多变、生动有趣，能够真实地还原作者或作品人物的思想特质。口语化语言是儿童语言的重要特征，考虑到儿童读者认知水平的局限性，任溶溶在译文中努力运用口语化语言以真正贴近儿童语言特点，为儿童读者呈现自然朴素的文学读物。

原文：Fern's sneakers were sopping by the time she caught up with her **father**.（p. 1）

任译：等到追上**爸爸**，弗恩的帆布鞋都湿了。（p. 2）

康译：芬赶上她**父亲**时，她的网球鞋都已湿透了。（p. 1）

本例是弗恩听闻爸爸要杀死小猪，焦急去追问爸爸的情景。原文中的“father”任译为“爸爸”，偏向口语化。称谓的口语化既能拉近父母与孩子的距离，又能展现孩子稚嫩的气质，再现了人物的纯真朴素的思维风格；而康译为“父亲”，用词过于正式。“父亲”一般是说给别人听的较为文雅的表达，不符合弗恩的儿童的形象，不能体现人物稚气朴素的思维特征。

原文中还有许多类似的例子。例如“I won't break it,” snarled Templeton. “I know What I'm doing. I handle stuff like this all the time.”。本例是坦普尔顿搬运臭蛋的情景。原文中“snarl”，康译为“狺狺”。“狺”字读“yín”，常见于古汉语；而任译为“叫道”，口语色彩浓重。任译本通过运用非正式的偏向口语的词汇，将坦普尔顿幼稚与滑稽的形象生动地再现出来；而康译本用词晦涩，给儿童读者造成阅读障碍，不利于稚朴思想特质的再现。

2. 儿语的运用

儿语中的儿化现象指的是字音韵母因卷舌现象而发生音变，同时也指在词根后加上“儿”尾来构成新词（唐钟情，2019：239—240）。儿语的使用一方面能表现出儿童率真的思维特征，另一方面也能将儿童的稚嫩朴素特征还原出来。

原文：“Go play by **yourself**! I don't play with pigs.”（p. 28）

任译：小羊羔说，“你**自个儿**去玩吧！反正我不跟猪玩。”（p. 22）

康译：小羊说，“你**自己**去玩吧！我不跟猪玩。”（p. 15）

本例为威尔伯欲与小羊羔交友惨遭拒绝的情景。原文中反身代词“yourself”，任溶溶译为儿语“自个儿”，而康馨则译为书面语“自己”。相比之下，任译本的语言更符合儿童直白率真的语言特点。因为儿童的拒绝方式干脆径直，没有成年人的婉约含蓄。任译的“自个儿”符合小羊羔率真朴素的形象，使原文人物的稚朴风格再现；而康译本的“自己”，过于庄重，不符合小羊羔的儿童形象，也没有将儿童率真的思想传达给儿童读者，造成思维风格再造的缺失。

原文中儿语现象比比皆是，例如“Wherever the wind takes us. High, low. Near, far. East, west. North, south. We take to the breeze, we go as we please.”。该句描绘的是夏洛的孩子乘风飞走的情形。任溶溶将“Wherever the wind takes us”与“we go as we please”翻译为“风把我们吹到哪儿就到哪儿”与“要上哪儿就上哪儿。”通过重复运用儿语将小蜘蛛的天真朴素与可爱的特性还原出来；而康馨采用“只要是顺风的地方”与“随意来去”这种较为正式的表达，不符合小蜘蛛幼嫩的性格，使文本的稚性特征丧失全无，进而无法再现原作人物稚朴的思维特质。

3. 俗语的运用

俗语是简练通俗并广泛流行而定型的语句，能够反映人们的生活经验与智慧。在文学作品中恰当地运用俗语，不仅可以使文章表述生动易懂，还可以展现人物真挚朴素的思维特征。任溶溶在译文中灵活运用风趣多变的俗语，再现了儿童稚性的思维特质。

原文： Fern bit into a raspberry that had a bad-tasting bug inside it, and **got discouraged**. (p. 70)

任译： 弗恩咬到一个悬钩子，里面有一只怪味道的甲虫，**大倒胃口**。(p. 58)

康译： 芬咬进一个浆果，里面有只味道不好的虫子。**她失去再吃的勇气**。(p. 39)

根据原文，此处为弗恩吃到有虫果子感到恶心的场景。原文“got discouraged”，任译本为“大倒胃口”；而康译本为“她失去再吃的勇气”。根据常识，孩了吃到令人恶心的东西，首先在本能反应上必然是感到恶心反胃。任溶溶通过使用生活化的俗语，将孩子自然纯粹不做作的思想淋漓尽致地表现出来，再现了人物率真朴素的思维风格；而康译文的语言佶屈聱牙，严重影响到文章的可读性，难以再现孩子稚嫩率真的思想特质。

像这样的例子在原文中频繁出现。类似的还有“I am a glutton but not a merry-maker.”等。其中“glutton”，任译为“大食鬼”，而康译为“贪吃的”。任译本运用夸张的俗语，将坦普尔顿贪吃的特点夸大化，满足了儿童对文本趣味性的需求，更好地还原了人物直白纯粹的思想特质；而康译本用词过于平淡，丧失文本的趣味特征，无法体现人物的稚性思想。

（二）任译本中稚朴的情感风格再现

儿童文学作品蕴含着丰富的情感，儿童读者正是借助作者所创建的独特的情感世界与作品人物产生共情。《夏洛的网》中最为打动人的情感是作品中展现的纯粹朴素的爱。任溶溶在创译过程中深入儿童独特的情感空间，用最简单的方式再现儿童的稚朴情愫。任译中稚朴的情感特质主要通过特定的词汇、句式以及修辞手段等再现出来。

1. 词汇的多样性

儿童的语言是浅白简单的。在翻译过程中，儿童译者只有准确还原原作特定词汇所承载的情感色彩，特别是对虚词色彩意义的呈现，才能更好地再现儿童文学中人物纯真朴素的情感特质。

首先是叠音词的频繁使用。叠音词是指重复相同音节所构造的词。它可以增强文章的可读性与趣味性与激发儿童读者的阅读兴趣，进而展现儿童稚嫩朴素的情感。任溶溶运用大量叠音词吸引儿童读者，增加了文章可读性，渲染作品人物天真朴素的情感特质。

原文：I want you to **get plenty of sleep**, and stop worrying. Never hurry and never worry! **Chew your food thoroughly and eat every bit of it**.（p. 64）

任译：我要你**睡得足足的**，不要担心。永远不要紧张，永远不要担心！把你的食物**嚼嚼烂**，把它们**吃吃光**。（p. 51）

康译：你应该先充实自己。我要你**好好睡觉**，停止担忧。永不匆忙，永不担忧。**细细地嚼，尽量地吃**。（p. 34）

从原文得知，威尔伯担心被杀而紧张焦虑，夏洛安抚威尔伯，表达了夏洛对威尔伯温情的关切与纯真朴素的爱。任溶溶将“get plenty of sleep”、“Chew your food thoroughly”以及“eat every bit of it”分别译为叠音词“睡得足足的”、“吃吃光”与“嚼嚼烂”。儿童文学作品中的叠音词常常表达亲切爱怜的情感。任溶溶频繁使用叠音词，将夏洛对威尔伯纯真朴素的关爱生动地再现出来；而康馨分别将其译为“好好睡觉”、“细细地嚼”以及“尽量地吃”。这种祈使性的语句不符合夏洛温柔的性格特征，另外也削弱了文章的节奏感与可读性，不利于原文纯真朴素情感的传达。

其次是语气助词的使用。语气助词的使用是儿童语言的一大特征。语气助词一般用在句末，起到延长句子音长、舒缓情绪的作用。儿童文学中人物直接爽朗、稚气十足的语气往往通过使用语气助词来实现。任译作通过频繁使用语气助词，成功再现了原作人物稚嫩朴素的情感特质。

原文：“I never do those things if I can avoid them,” replied the rat sourly, “I prefer to spend my time **eating**, **gnawing**, **spying** and **hiding**.”（p. 29）

任译：“这种事我从来能不干就不干，”老鼠尖刻地回答说，“我情愿把时间花在**吃啊，啃啊，窥探啊，躲藏啊**这些上头。”（p. 23）

康译：“要是能够避免，我绝对不做这种傻事，”老鼠没好气地说。“我情愿把时间花在**吃、咬、巡逻、躲藏**上。”（p. 16）

原文坦普尔顿是一个自私稚拙的人物。他拒绝与威尔伯玩耍，只喜欢做对自己有利的事。原文“eating, gnawing, spying and hiding”，任通过增译句末语气助词，将其译为“吃啊，啃啊，窥探啊，躲藏啊”。语气词的使用不仅符合儿童的语言表达习惯，增强了文本的可读性，又将坦普尔顿的不屑和冷漠的稚拙情感表现出来；而康直译为“吃、咬、巡逻、躲藏”。康译缺少语气缓冲，表述比较客观，既不符合儿童稚嫩的语气特征，也难以将坦普尔顿自私以及对其他事情不屑一顾的冷漠情感特征展现出来，使原作人物丧失了稚性风格。

最后就是摹声词的使用。摹声词是模仿自然声音所构成的词。准确地使用摹声词，将会大大增强人物语言表达的生动性与趣味性。任溶溶通过频用摹声词，生动地再现了原作纯粹朴素的情感特质。

原文：Every afternoon, when the school bus stopped in front of her house, she jumped out and **ran to** the kitchen to fix another bottle for him.（p. 8）

任译：每天下午，校车在家门口一停下来，她马上跳下车，**登登登跑到**

厨房，又给它弄牛奶。(p.6)

康译：每天下午，校车在家门前一停，她就跳下，**跑进**厨房，给他再弄一瓶奶。(p.5)

原文"she jumped out and ran to the kitchen"描述的是弗恩放学回家兴奋地照顾威尔伯的情景，展现了弗恩对威尔伯的宠溺和喜爱之情。原文中"ran to"，任增译摹声词"登登登"，在听觉效果上给儿童读者营造出一种急促的感觉，进而将弗恩急于照顾威尔伯的兴奋心情展现出来，还原了弗恩对小动物率真有爱的朴素情怀；而康直译为"跑进"，在语势上平淡无奇，情感表达不够强烈，无法再现弗恩纯朴激动的心情。

2. 句式的多变性

儿童文学有别于成人文学，其在句式的选择上也必然与成人文学迥然相异。儿童文学少见单一乏味的句式，多以变化性的句式为主。多变的句式能够吸引儿童读者的注意力与增强他们的阅读兴趣，更有利于情感的渲染。

首先是感叹句的使用。感叹句指的是带有强烈情感的句子，它多表示快乐、惊讶以及激动等感情。儿童多使用感叹句表达思想情感，任溶溶在译文中通过恰当使用感叹句再现了原文人物纯真朴素的情感特质。

原文："Oh, yes indeed," said Wilbur. "Yes **indeed**! How are you? **Good morning**! **Salutations**! Very pleased to meet you. What is your name please? May I have your name?" (pp. 31－32)

任译："噢，看见了，还用说，"威尔伯说，"看见了，一点不错，**看见了**！**你好**！**你早**！**敬礼**！很高兴看到你。请问你叫什么名字？我可以请问你的名字吗？"(p.29)

康译："**喔**！看见了，"威伯说。"**看见了**！您好吗？**早上好**！**致敬**！真高兴遇见您。请问贵姓大名。我可以知道您的名字吗？"(p.19)

该段为威尔伯与夏洛第一次见面时激动的场景。在句式运用方面，原文感叹句的运用最为突出。本段中，"Oh, yes indeed"以及"Yes indeed! How are you? Good morning! Salutations!"原文中共出现三个感叹句。作者对感叹句的频繁运用是为了表达威尔伯渴望认识新朋友那迫切欢喜的心情。对比发现，两译文较原文均增译一个感叹句，不同之处是两译者对感叹句安排的位置不同。任译本为“看见了！你好！你早！敬礼！”，连续运用四个感叹句，再现了威尔伯兴奋激动的心情；而康译本译为“喔！看见了，”以及“看见了！您好吗？早上好！致敬！”，间隔感叹句的使用在语势上减弱了威尔伯急迫兴奋的心情，使儿童读者产生一种戛然而止的感觉，从而无法展现原文稚气朴素的情感。任译本虽在情感特质的再现方面优于康译本，但笔者认为该语段描述的是威尔伯初见夏洛时激动兴奋的心情，多加使用感叹句可以使情感推向高潮，更有利于将儿童纯真朴素的兴奋之情表现出来。笔者试译为“噢，是的！看到啦！”威尔伯说，“是的，我看到啦！看到啦！你好呀！你早呀！敬礼！很高兴看到你，请问你叫什么名字！请问我可以知道你的名字吗？”通过多加使用感叹句、重复用词如“我看到啦！看到啦！”以及增译虚词如“啦”“呀”等，更好地展现了威尔伯孩子般纯朴稚嫩的情感，使原文人物稚朴的情感风格更好地再现出来。

其次是反问句的使用。反问句就是疑问的句式，常用肯定形式表示否定，或用否定形式表示肯定。反问句可以加强作品人物的说话语气，激发读者感情与加深读者印象。作者常运用反问句对儿童纯真朴素的情感进行传达。任溶溶在译文中频用反问句，有效地再现了原作稚嫩朴素的情感风格。

原文：How can I learn to like her, even though she is pretty and, of course, clever?（p. 41）

任译：我怎么能学会喜欢它呢？哪怕它好看，当然，又聪明？（p. 32）

康译：即使她又漂亮又能干，我怎能变得喜欢她呢？（p. 22）

本例描述的是威尔伯犹豫是否要与夏洛交朋友的纠结心理。威尔伯满心欢喜于结交到新朋友，但目睹夏洛捕捉与食用苍蝇的残忍过程，令其不禁害怕，为此威尔伯表现出十分纠结的心情。原文中“How can I learn to like her, even though she is pretty and, of course, clever?”运用反问句来表现威尔伯舍不得放弃朋友的纠结心理。对比两译文，发现任溶溶运用两个连续的反问句，将原文译为“我怎么能学会喜欢它呢？哪怕它好看，当然，又聪明？”。在文学作品中，多个反问句的连续使用能够加强说话者的语气，有利于抒发感情。此处反问句的突出使用将威尔伯纠结的稚嫩情感很好地再现出来；而康译本直译为“即使她又漂亮又能干，我怎能变得喜欢她呢？”，情绪的渲染明显减弱。相比之下，任译更好地再现了威尔伯纯真童稚的儿童情态。

最后是有灵主语句的使用。有灵主语句是由具有生命意义的词语充当主语的句子。它关注的是主语的心理状态，有一定的情感倾斜性，有利于抒发感情。由于文化差异造成认知思维不同，英语惯用无灵主语句，而汉语惯用有灵主语句。任溶溶在译文中对句式进行巧妙转换，使译文的表述方式适应目的语儿童读者的阅读习惯，以便更好地再现原作人物纯洁朴素的情怀。

原文：Great sobs racked his body. He heaved and grunted with desolation. "Charlotte," he moaned. "Charlotte! My true friend!" (p. 165)

任译：它大声抽搭，浑身哆嗦。它喘着气悲伤地哼哼叫。"夏洛，我忠实的朋友。"(p. 133)

康译：无法抑制的呜咽震动了他整个身躯。他喘着气，失望地呻吟着。"夏洛!"他呜咽着说。"夏洛！我的知己!"(p. 87)

此处表达了威尔伯得知夏洛生命垂危时悲伤难过的心情。原文中作者运用无灵主语句"Great sobs racked his body"，表达了威尔伯当时悲伤难过的心情。英语重物称（或"无灵"，inanimate)，通常倾向于用客观语气来陈述事物，以体现客观性和公正性；而汉语则较重人称（或"有灵"，animate）即注重主体思维，这种思维模式以"人为万物之灵"作主导，往往从自我出发来叙述客观事物，或倾向于描述人及其行为或状态（连淑能，1993：29)。由此，以物做主语的句子，更加具有客观性，情感的渲染性较低，而以人称做主语的句子则感情色彩比较浓重。任溶溶将其译为"它大声抽搭，浑身哆嗦"，经过语序调整，将原文的无灵主语转换为有灵主语，进一步强化了人物的主观感情色彩，再现了威尔伯对夏洛赤诚朴素的爱；而康直译为"无法抑制的呜咽震动了他整个身躯"，造成了严重的翻译腔，削弱了儿童读者的阅读兴趣，难以感染儿童读者，更不必说再现原作人物情感特质。

3. 修辞的渲染性

修辞是在语言的使用过程中，利用多种语言手段以尽可能收到更好表达效果的一种语言活动。儿童文学中各类修辞手法的运用能够增强文章的感染力，利于情感渲染，使儿童读者充分体验作品的动感情怀。任译作中主要运用蝉联、双关以及反复等修辞手段再现了原作纯真朴素的情感风格。

首先是蝉联的使用。蝉联是指用前一句的结尾作后一语句的开头，使语句递接的修辞方法。儿童文学中，蝉联修辞的运用，在内容上，可使描述更加生动、抒情更显深切；在形式上，可使行文环环相扣、语气贯通，增强了儿童文学的可读性。任译本中蝉联修辞的使用生动地再现了人物纯真朴素的情感特质。

原文：However, I don't want you to **worry about** it-you might lose weight. (p. 117)

任译：不过我不要你为这件事**担心——担心**你就会瘦下来。(p. 94)

康译：可是我不愿你为我**担心**——你也许会减轻体重（p. 62）

原文中讲夏洛因产卵无法随威尔伯一起去集市。夏洛温柔安慰威尔伯，让他不要忧虑与担心。任溶溶将原文的"worry about"译为汉语中的两个相邻的"担心"。蝉联修辞的运用不仅使语句递接紧凑、生动畅达，也有利于增强情感的表现力，同时也符合儿童重复性的语言特征，再现了夏洛的稚性特征和其对威尔伯真挚的关爱之情；而康直译为一个"担心"，没有将儿童的稚性语言特征体现出来，致使原文稚嫩朴素的情感特性缺失。

其次是双关的使用。双关是利用语音或语义条件，使语句同时兼有表面和内里双重含义的修辞。双关的使用能够增加儿童文学作品的趣味性，使儿童读者获得愉悦的情感体验。任译作中通过巧妙使用双关修辞有效地再现了原文纯真朴素的情感特性。

原文：'**Humble**?' said Charlotte. "Humble" has two meanings. It means "not proud" and it means "near the ground". That's Wilbur all over. He's not proud and he's near the ground. (p. 140)

任译："**谦卑**?"夏洛说，"'谦'是'不自高自大'，'卑'又有'低下'的意思。这全合乎威尔伯。它不自高自大，它也总是在地面上，位置低下。"(pp. 112 – 113)

康译："**谦虚**?"夏洛说。"谦虚有两种解释。一是不骄傲，二是接近基层。这完全是威伯的写照。他一不骄傲，二总是在地上。"（p. 74）

原文讲的是威尔伯被带到集市，夏洛担心其安全不顾自己生命安危决意再一次帮他渡过难关的情形。本段是夏洛想用"humble"的双重含义向人们展示威尔伯具有踏实谦虚的品质，使人们意识到这是一只不同寻常的猪，进而打消人们对威尔伯的不良企图。任译巧用双关，将“humble”译为“谦卑”。该词在汉语中可拆分为“谦”与“卑”二字，任将威尔伯谦虚与脚踏实地的性格表现出来，实现了一语双关的效果，通过再现原文修辞特征，不仅增加了文章的趣味性，还将夏洛为帮助朋友逃脱困境而绞尽脑汁思考的情态再现出来，向小读者展现了真诚朴素的情感；而康直译为“谦虚”，没有将原文的脚踏实地之意表达出来，丧失了文章的趣味性，没有忠实地还原原作思想，无法使原文真挚朴素的情感再现。

最后是反复的使用。反复是为强调某种意思与突出某种感情，有意重复使用某些词语或句子的一种修辞。儿童的语言特点具有重复性，任溶溶运用反复修辞再现儿童稚朴特征，深化了人物情感。

原文：How is the plan coming，Charlotte? Have you got very far with it? Is it coming along pretty well?（p. 63）

任译：**盘算**得怎样啦，夏洛？**盘算**得差不多了吗？**盘算**得顺利吗？（p. 50）

康译：你的办法想到什么地步了呢？已经有头绪了吗？大致顺利吗？（p. 34）

本例是威尔伯向夏洛求救的情景，表现了威尔伯对生命的珍惜和热爱之情。观察发现两译本均将原文的反问语气表达出来，但任译还原反问语气的同时还采取反复修辞。任通过运用三个“盘算”展现了威尔伯孩子般执拗询问的稚嫩语气，再现了威尔伯对生命纯挚朴素的情感；相较而言，康译本则没有表现出威尔伯的稚嫩语气，使原文的稚嫩朴素特性埋没。

（三）任译本中稚朴的审美风格再现

中国传统译论具有浓重的泛美主义色彩（冯智强，2014：67—69），儿童文学亦是如此。儿童文学具有独特的美学特质，相比于成人文学更加单纯朴素，而成人文学的审美视角则比较繁杂，往往会在审美的同时寄寓自己深沉的哲学思想。

儿童文学审美风格的稚朴性是区分成人文学与儿童文学的重要依据。因此，儿童文学纯真朴素的美学风格再现是忠实还原原作美学特质的关键。对于风格再现的问题，林语堂曾指出，“凡译艺术文的人，必先把其所译作者之风度格调预先认明，于译时复极力模仿，才是尽译艺术文之义务（林语堂，1984：430—431）”，强调了再现原作美学风格的必要性。由此，儿童文学译者需要对原作美学风格特质给予足够重视。正如徐德荣所言，“儿童文学文本不仅要做到准确传递文本信息，更重要的是能够创造审美体验（徐德荣，2020：262）”。稚朴美是《夏洛的网》中重要的美学特质，任溶溶以儿童视角叙述儿童文学的审美特征，主要借助双音词、骈偶句以及修辞等手段再现了原作天真朴素的美学特质。

1. 双音词的使用

双音词指的是在原来单音词的前面或后面加一个同义词或近义词进而合成的词语。它能够补足音节、缓解语气，使文本富于音乐美和情韵美。任溶溶通过频用双音词再现了原文纯真朴素的美学风格。

原文：you would sail through the barn door going a mile a minute, with the wind whistling in your **eyes** and **ears** and **hair**. (p. 69)

任译：你用一分钟一英里的速度飞出谷仓门，风在你的**眼睛、耳朵**和**头发**间呼啸。(p. 56)

康译：你会从仓房门口直飞出去，一分钟一英里路的速度。风在**眼、耳、发**上呼啸而过。(p. 38)

本例描述的是孩子荡秋千的情景。原文中“with the wind whistling in your eyes and ears and hair”，刻画的是孩子们荡秋千稚气朴素的欢乐之情。任译为“风在你的眼睛、耳朵和头发间呼啸”，将“eyes”、“ears”与“hair”通过使用双音词分别译作“眼睛”、“耳朵”与“头发”，既符合儿童说话的节奏性特征，又补足了文章音节，使译文更加具有韵律美，再现了原文稚嫩朴素的风格；而康将其译为“眼”、“耳”与“发”诸类的单音节词，不仅在节奏上音节缺失，使原文韵美特质丧失，也不符合儿童的语言特征，不能再现儿童的纯真朴素特质。

诸如此类，还有“His back itched, so he leaned against the fence and rubbed against the boards. When he tired of this, he walked indoors, climbed to the top of the manure pile, and sat down."。原文描述的是威尔伯百无聊赖的饭后生活。文中一系列的动作如"leaned""rubbed""climbed"等为儿童读者展现了威尔伯可爱单纯的性格。其中"rubbed"任译为双音节词"磨蹭",不仅再现了人物憨态可掬的稚嫩形象,还增加了文章的韵律美;而康译文中将其译为单音节词"磨",音节十分生硬,削弱了儿童文本的趣味性,无法再现人物单纯自然的美学特质。

2. 骈偶句的运用

骈偶句是两两对举出现,在字数上不要求完全相等或对称,也不要求完全工整的句子。骈偶句读起来朗朗上口,并且在文字布局上有一种对称的美学特性。任溶溶运用多种具有美学特性的句式如骈偶句等来丰富译文句式,再现了原文稚朴的美学特质。

原文:"When I'm out here," he said, **"there's no place to go but in. When I'm indoors, there's no place to go but out in the yard?"** (p. 16)

任译:"来到外面," 它说,**"除了进去再没有地方可去。回到里面,除了出去也再没有地方可去。"** (p. 12)

康译:"我在外面时," 他说,**"除了里面没有别的地方去。可是我在里面时,除了院子没有别的地方去。"** (p. 9)

原文"When I'm out here, there's no place to go but in. When I'm indoors, there's no place to go but out in the yard"描绘的是威尔伯枯燥无聊的状态。原文通过用两个相同的结构句式"when..., there's no place to go but...",一是在内容上突出了人物乏味的心情;二是在形式上呈现出文章的韵律美。任将其译为"来到外面,除了进去再没有地方可去。回到里面,除了出去也再没有地方可去。"通过省译原文的"in the yard"构成骈偶句式,再现了原文结构的平行美与韵律美;而康译文为"我在外面时,除了里面没有别的地方去。可是我在里面时,除了院子没有别的地方去。",没有将原文的句式结构再现出来,致使原文的韵律美丧失。

文中类似的句式还有很多。如"Never hurry and never worry!"。任译为"永远不要急急忙忙,永远不要担心!";而康译为"永不匆忙,永不担忧。"两译者都注意到了骈偶句的对等翻译。但相比较而言,任译文运用叠词构成的骈偶句更胜一筹。叠词构成的骈偶句更具有亲和力，能够将夏洛对威尔伯的温情与关爱充分再现出来；而康译文的祈使性很强，语气显得较为生硬，不符合儿童读者的阅读期待。虽然任译本在大体上实现了句式的等效翻译，但在韵律上还稍欠思忖。笔者试译为“永远不要急急忙忙，永远不要忧心忡忡!”。尽量在字数上还原原文的文体特征，在最大程度上使译文儿童读者感受到原文语言的对称美。

3. 辞格的使用

修辞手段能够激发读者感情，增进读者审美体验，使文本更加具有审美性和趣味性，对儿童文学的成功塑造必不可缺。

首先是反复地使用。反复是为了强调某个意思或突出某种情感而重复使用的词语或句子。文章的音乐美可以通过词句的反复运用来实现，词语的重复性也是儿童重要的语言特征，任溶溶频用反复修辞既提高了文章的节奏感，又符合了儿童的审美需求。

原文：Now **climb to the highest place you can get to**, like this. (p. 56)

任译：现在你能**爬多高就爬多高**，像这样。(p. 45)

康译：现在**尽可能爬到最高的地方**，像这个地方。(p. 30)

此处是威尔伯信誓旦旦地向夏洛保证自己也能结网的俏皮可爱的情景。原文“climb to the highest place you can get to”中有两个动词，分别为“climb”与“get to”。任译将两个动词在汉语中尽量全部再现出来，以迎合原文的节奏。任译为“你能爬多高就爬多高”，巧妙地运用两个相同的动词“爬多高”将原文的节奏美再现出来，另外词语重复运用两次，展现了儿童喜爱重复说话的特点，再现了人物天真朴素的特性；而康译为“尽可能爬到最高的地方”，仅翻译出一个动词，没有注意到原文的节奏，语气表达较为生硬，没有将原作的稚性特征体现出来。

其次就是排比的运用。排比是把结构相同或相似、内容相关、语气一致的三个或三个以上的短语或句子排列起来使用，使文章产生一种节奏美与气势美。任溶溶运用排比修辞抓住儿童读者眼球，再现原作美学风格。

原文：When Charlotte's web said **SOME PIG**, Wilbur had tried hard to look like **some pig**. When Charlotte's web said **TERRIFFIC**, Wilbur had tried to look

terrific. And now that the web said **RADIANT**, he did everything possible to make himself **glow**. (p. 114)

任译：夏洛的网说它是**王牌猪**，威尔伯尽力让自己看上去是只**王牌猪**；夏洛的网说它**了不起**，威尔伯尽力让自己看上去**了不起**；现在网上说它**光彩照人**，它尽力让自己**光彩照人**。(p. 92)

康译：夏洛的网说**"好猪"**，威伯就努力使自己看上去像一头**好猪**。夏洛的网说**"杰出"**，威伯使自己看上去**杰出**。现在网上说**"光焕"**，他想方设法使自己**容光焕发**。(p. 61)

本例表现的是儿童间的相互信任。威尔伯信任夏洛，夏洛说他是王牌猪，他就让自己看上去是王牌猪；夏洛说他了不起、光彩照人，他就尽力表现得了不起、光彩照人，体现了威尔伯单纯朴素的特点。原文运用三个"when"引导排比句，勾勒出威尔伯可爱朴素的形象。任译本保留了原文的排比修辞，增强了译文的节奏感，将原文的韵律美再现出来。如"**SOME PIG**"与"some pig""**TERRIFFIC**"与"terrific""**RADIANT**"与"glow"，任分别译为"**王牌猪**"与"王牌猪""**了不起**"与"了不起""**光彩照人**"与"光彩照人"，再现了原文的尾韵美；而康译为"**好猪**"与"**好猪**""**杰出**"与"**杰出**""**光焕**"与"**容光焕发**"，在情感的渲染上，双音词不如四字词语更有力量，不能将威尔伯单纯朴素的特性有力地呈现出来；另外"**光焕**"与"**容光焕发**"这样的二字对四字的组合显得比较突兀，没有还原原文对称的美学特质。

最后还有拟人的运用。拟人指的就是使事物获得人的属性，使文本呈现出一种意境美。拟人修辞便于抒发感情，使人受到感染。儿童是感性群体的典型代表，拟人修辞的运用更能够凸显其内心稚嫩纯朴的情怀。任译作中拟人修辞的运用使译文更具有美学韵味。

原文："Summer is over and gone," they sang. "Over and gone, over and gone. **Summer is dying, dying.**" (p. 113)

任译："夏天完了，结束了，"它们唱，"完了，结束了，完了，结束了。**夏天在死亡，在死亡**。"(p. 91)

康译："夏天完了，去了，"他们唱。"完了，去了；完了，去了。**夏天过**

去了。”（p. 61）

本例是蟋蟀为夏季收场时唱的一支忧伤单调的歌。原文三次重复“over and gone”，形式上显得单调无趣，使儿童读者大为反感。但这正是作者为了展现夏天过后的乏味生活。考虑到儿童注意力有限，为了不使儿童感觉过于无聊而减弱对阅读的兴趣，作者使用拟人修辞“Summer is dying，dying.”，增加了文章的生动性和趣味性，提高了儿童读者的阅读热情，同时还给儿童读者提供了一种自然朴素的审美体验。任译为“夏天在死亡，在死亡”，通过还原拟人的修辞特征，将孩子稚嫩的语气生动地表现出来，既增加了文本的趣味性，也将原文纯真朴素的美学风格再现出来；而康译为“夏天过去了”，忽略了原文的修辞特征，没有忠实地再现作者的创作意图，使译文枯燥乏，削弱了儿童读者的阅读兴趣，使原文稚朴的美学风格缺失。

三、儿童文学翻译中稚朴风格再现的反思

儿童文学翻译中风格的再现一直是儿童文学译者孜孜以求的目标。稚朴性是儿童文学的固有属性，它的成功再造深深影响着儿童文学文学性的完美再现。因此，儿童文学译者很有必要对儿童文学稚朴风格再现的意义进行深入反思。

（一）“儿童本位”翻译观的亟须性

“儿童本位”翻译观是指不把儿童看作未完成品，也不用成人的精神去制约和束缚儿童，是从儿童自身原初生命的欲求出发来解放和发展儿童的理念（朱自强，1997：16）。对于“儿童本位”的观点，美国实用主义教育家约翰·杜威曾指出，“儿童的世界是一个具有他们个人兴趣的人的世界，而不是一个事实和规律的世界”（杜威，2005：112），他强调教育者必须站在儿童的立场上，以儿童为中心；郭沫若指出，儿童文学应以儿童为服务对象，以小读者的心理特征和智力发展所决定了的儿童理解力为创作出发点；朱自强也强调“儿童本位论”是历史真理，不论是从历史还是现实来看，“儿童本位”的儿童文学观都是端正的、具有实际效用的儿童文学理论（朱自强，2017：

58—64)。因此儿童文学译者必须要准确把握儿童特殊的心理与生理特点，时刻本着“儿童本位”的翻译观，用儿童的眼光去审视儿童文学翻译。儿童文学的语言应该是浅白易懂、充满稚趣的。目前很多译者儿童本位意识薄弱，误以为用文雅古奥之词就可以提高儿童文学翻译的文学性和可读性，错将成人的愿望乃至理想投射到儿童文学翻译中，以成人的眼光与功利心看待儿童文化，忽略了儿童本身特具的世界观、人生观与价值观，走到了优秀儿童文学风格共性的反面（徐德荣，2020：6）。台湾现当代儿童文学之父林良先生谈到成人为儿童写诗时，亦强调要用儿童所熟悉的语言来写作（林良，2006：276），避免使用艰涩难懂的文字与复杂糅合的句式。由此，儿童文学译者要想提升译文质量，首先应该拥有一颗“赤子之心”，并能够自觉进入儿童独特的生命空间，从儿童自身的需求出发，真正去解放和发展儿童的思想、情感与审美欲求，使译文为译语儿童构建的语言世界与原文为原语儿童建构的儿童世界实现互通有无。

（二）“三元合一”文体框架的重要性

首先，“三元合一”文体框架指的是由思想、情感与审美三者构成的文体风格分析框架。该框架不仅有利于译者对儿童文学稚朴风格特质的把握，也有利于译者抓住儿童读者的特殊感知，为原作稚朴风格的再现提供有效的指导框架。同时该框架还为译者提供了合理的风格分析视角。它使译者对原文文体模式有了清晰的识解，从而更全面地再现了原文特殊的文体效果（Lin，2014：573—589）；其次，儿童文学的文学性本身具有强烈的主观色彩，思想、情感与审美“三元合一”的风格分析模式也为原作感性因素的分析提供了切实可行的理论依据，也为儿童文学文学性的再现提供了有力的保障。同时，还有利于加强译者的文体意识。因为儿童文学译者只有具有强烈的文体意识，才能辨识原作的文体特点、文体风格与功能，也才能实现在思想、情感与审美层面“创译一体”的优质儿童文学作品（冯智强、庞秀成，2019：11—17 +94）。总之，思想、情感与审美“三元合一”的文体分析框架整合了思想、情感与审美维度的文体风格，加强了译者对儿童文学翻译风格认识的整体性把握，并形成了解决翻译风格问题较为全面的视野与方法。任溶溶

《夏洛的网》中稚朴风格的成功再现足以说明该框架在指导儿童文学翻译风格实践中的合理性与有效性。因此，儿童文学译者需要对思想、情感与审美“三元合一”的文体风格分析框架给予高度重视，并结合有效的语言手段，将作者与人物思想、情感与审美的区别性特质在最大程度上呈现出来，进而重现原作的审美价值。

（三）稚朴风格再现的必要性

儿童文学的稚朴性是儿童文学的固有特征，是区分其他文学的标志。儿童文学纯真思想、感性情感与审美特性的鲜明表达离不开对原文稚朴风格的深刻剖析。只有准确把握原作稚朴风格，才能使原作稚朴的思想情感与审美特质充分再现。儿童文学稚朴风格的再现不仅为儿童文学翻译领域提供新的研究视角，也使儿童文学翻译领域焕发出新的活力。因此，稚朴风格的再现对儿童文学翻译而言十分必要。此外，稚朴美是儿童文学天然拥有的一种美学特质，而这种美学特质与儿童精神中所蕴含的稚朴品格有着深刻的内在联系。儿童文学的《中国儿童文学经典》中有言，文学是人学，而儿童文学是人之初的文学。所以势必要求儿童文学的创作要贴近孩子的世界，这就要求作者要借以稚气的语言文字，甚至是稚嫩的思维组织方式来编排简单生动的故事情节，以体现和表达儿童所特有的纯真与稚拙。稚朴风格是儿童文学艺术美学的载体，由此，于儿童文学翻译而言，儿童文学译者必须重视稚朴风格再现的问题。

四、结语

本文在儿童本位视阈下，运用思想、情感与审美“三元合一”风格分析框架，对任溶溶《夏洛的网》纯真朴素风格的再现问题进行了全面剖析。由于文化图式、认知模式以及思维模式等的不同，译者在传译的过程中很难完美再现原文风格。任溶溶始终站在儿童立场上，准确把握儿童文学文体特征，选择恰当的语言手段，从思维、情感与审美层面大体地再现了原作的稚朴特性。由此，对于儿童文学翻译，儿童文学译者需要不断提高文体意识，深入洞察作品的文体特点，并借助富有趣味的语言与符合儿童心理的编排方式，充分还原原作的稚朴思想、情感与审美风格，进而真实地再现原作的精神风貌与美学价值。最后，儿童文学翻译的研究之路任重而道远，笔者期盼后来的儿童文学研究者能够在此研究基础上，尝试使用其他不同分析视角，建构更合理的研究机制，为儿童文学译者提供切实可行的理论依据，从而使儿童文学翻译质量得到进一步提高。

参考文献

[1] E. B. White, 1980. *Charlotte's Web* [M]. New York: Happer Collins Publishers Inc.

[2] Fowler, 1997. Roger. *Linguistics and the Novel* [M]. London: Methuen, 103.

[3] Lin, 2014. Benedict, *Stylisties in Translation*//Peter Stockwell& Sara Whiteley (ed.). *The Cambridge Handbook of Stylistics*, Cambridge: Cambridge University Press, 573 –589.

[4] Nida, 1982. Eugene A. *Translating Meaning* [M]. California: English Language Institute, 51.

[5] 杜威. 学校与社会·明日之学校 [M]. 赵祥麟，任钟印，吴志宏，译. 北京：人民教育出版社, 2005：112.

[6] 方卫平. 儿童文学本体观的倾斜与重建 [J]. 儿童文学研究，1988 (6)：20.

[7] 冯智强. 语言哲学视阈下林语堂翻译思想的多维解读 [J]. 天津外国语学院学报, 2014 (4)：67 –69.

[8] 冯智强, 庞秀成. 宇宙文章中西合璧, 英文著译浑然天成—林语堂“创一体”的文章学解读 [J]. 上海翻译, 2019：11 –17, 94.

[9] 郭沫若. 儿童文学之管见 [J]. 民铎, 1921：2 (4).

[10] 何卫青. 童稚性及其在当代汉语童诗中的艺术表现 [J]. 中国海洋大学学报 (社会科学版), 2017 (04)：70 –74.

[11] 洪汛涛. 童话大师洪汛涛论童话教育 (下册) [M]. 上海：上海教育出版社, 2014：21.

[12] 康馨译. 夏洛的网 [M]. 北京：人民文学出版社，1979.

[13] 连淑能. 英语的“物称”与汉语的“人称” [J]. 山东外语教学, 1993 (02)：29 –32.

[14] 林良. 浅语的艺术 [M]. 台北：国语日报, 2006：276.

[15] 林语堂．论翻译 [J]．载罗新璋编．翻译论集 [C]．北京：商务印书馆，1984：430－431.

[16] 唐钟情．北京话中的儿化现象研究综述 [J]．海外英语，2019 (19)：239－240.

[17] 徐德荣．儿童文学翻译的文体学研究 [M]．上海：少年儿童出版社，2020：1.

[18] 朱自强．儿童文学概论（上编）[M]．北京：高等教育出版社，2009：26－39.

[19] 朱自强．儿童文学的本质 [M]．上海：少年儿童出版社，1997：16＋305.

[20] 朱自强．西方影响与本土实践—论中国“儿童本位论”的儿童文学理论的主体性问题 [J]．中国海洋大学学报（社会科学版），2017 (4)：58－64.

“对外译介与翻译研究”专栏

主持人语

潘智丹

10月16日，中国共产党第二十次全国代表大会在北京人民大会堂开幕。习近平代表第十九届中央委员会向大会作报告。在报告中，习近平总书记强调了坚持文化自信的重要性，指出“要不断提升国家文化软实力和中华文化影响力”“讲好中国故事，传播好中国声音，展现可信可爱可敬的中国形象，推动中国文化更好走向世界”。翻译工作者及翻译研究者无疑是肩负这一使命的主力军，而传播优秀的中华传统文化也是这一使命中最为重要的一个组成部分。本专栏的三篇文章正是聚焦了优秀的中华传统文化，从点、线、面三个不同的角度，探讨中华传统文化外译的重要命题。

论文“基于‘COCA’语料库的‘汉族’一词英译”聚焦“汉族”这一“中国文化走出去”工程中的重要术语的翻译问题，进行深入分析与论述。文中不但以“民族”一词为参照点，深入探讨了“民族”与“汉族”的词源和概念体系，还以“COCA”语料库为素材，通过对“Han”的词汇搭配及搭配中体现的语义韵倾向进行比对分析，力争揭示“汉族”一词的翻译所涉及的深层次问题，即“汉族”一词在翻译中应当结合文化语境和民族体制语境，而非进行简单的翻译转换。在“汉族”一词的不同译文中，“Han Chinese”和“ethnic Han”既含有民族体制下的语境，也含有历史和文化语境，更加符合“华夏—汉族”或“汉族文化”中“汉族”所蕴含的内涵，而对于单纯的民族体制下的“汉族”翻译，“Han ethnic group”或“ethic Han”则能更好地表达中国当代的民族体制和民族政策。

“描写翻译学视角下‘直译’概念内涵的历史演变”一文以“直译”这一翻译研究中的重要概念为线索，采用描写翻译学的研究方法，梳理了中国翻译史中佛经翻译、清末民初与五四时期的重要翻译活动，进而探究了“直译”概念内涵的演变。“直译”通常被视为一种翻译方法，通过分析，该文章突破了这一传统认识，把目光转向其哲学层面的内涵，发现对该概念内涵的认识经历了从翻译方法论向哲学本体论演进的过程，即“直译”概念演进出“形式与内容辩证统一”“直译包含意译”的哲学内涵。这一分析和发现能够更好地帮助译者理解“直译”与“意译”的关系，理解二者之间并非历史上形成的直接对立关系，而是在具体的翻译实践中形成互补关系。

与以上两篇文章不同，“中国式审美移情：田园诗翻译的文化语言学诠释”一文则选取了中国田园诗为研究对象，以文化语言学为研究视角，探讨了文化翻译的核心内容——审美移情，分析了田园诗翻译的核心内容——意象传播，进而得出田园诗翻译的战略内涵——审美传播。在对田园诗翻译中的意象传播进行具体论述时，文章选取实例进行了细节性分析，并在分析过程中得出田园诗翻译中的意象传播途径，展示了文化语言学理论在中国田园诗意象翻译的过程中对于意象传播发挥的作用，这样必将有力地促进“中国文化走出去”战略的有效实施。

纵观以上三篇文章可见，“讲好中国故事，传播好中国声音，展现可信可爱可敬的中国形象，推动中国文化更好走向世界”的确是一项艰巨而富于挑战的工程。从点的角度来看，悠久的中华传统文化中蕴含着丰富而独特的中国元素，准确地翻译这些元素关系到是否能客观、全面地反映中国核心概念的内涵。从线的角度来看，翻译研究中的重要概念在中国的文化背景下经历了自己的发展演变过程，从而沾染了独特的、特有的中国哲学思维理念，也丰富了世界翻译研究思想。从面的角度来看，中国传统文化涉及方方面面的内容，而中国传统文化的翻译传播依赖于不同文化之间在审美活动中的相互沟通与理解。如何能在翻译过程中更好地传播中国形象是译者要考虑的核心内容，而要达到这一目标，则取决于译者是否能够在翻译过程中引发目的语读者的共情。归根结底，翻译是人与人之间的交际活动，只有实现了交际目的，翻译才可称得上成功。

基于“COCA”语料库的“汉族”一词英译

胡 燕*

【摘要】无论是在构建中国国家形象的工程中，还是在“中国文化走出去”的工程中，术语的准确使用是一个至关重要的问题。“民族”一词的翻译在中国已经有学者研究探讨，但“汉族”一词的翻译却鲜少提及。作者深入探讨了“民族”和“汉族”的词源和概念体系，发现“汉族”的英译不完全建立在“民族”一词的英译上。在深入分析在“COCA”语料库中与“Han”相关的词汇搭配及搭配中语义韵倾向后，作者认为“汉族”一词应当结合文化语境和民族体制语境的不同进行翻译。

【关键词】语料库　语义韵　术语翻译

一、导论

在中国的外宣中，民族政策是一个关乎国家形象宣传的问题，而在中国典籍的外译中，“汉人”“华人”也会造成概念上的混乱，因此关于“汉族”一词英译的准确性将关系到对于“汉族”内涵的理解以及国家形象的构建。然而现有研究多数集中在“民族”一词的理解和翻译上，主要有以下几种观点：部分学者认为国家层面的“民族”宜翻译成“nation”或“nationality”，而在亚国家层次上的“民族”如果翻译成“nation”则容易造成概念上的混乱以及意识形态上的错误。（翟胜德，1999，叶江，2009；贾东海，2009；贾

* 胡燕，上海应用技术大学外国语学院副教授。研究方向为翻译研究和话语传播研究。

益，2018 等）；在亚国家层次中对“民族”的英语翻译中，一些学者认为“ethnic group”可以作为中国 56 个民族含义下的“民族”的翻译（郝瑞，2001；叶江，2018；翟胜德，1999）；更有学者创造了“National ethnic unit”一词来翻译“民族”，以此体现汉族和各少数民族都是共同形塑中华民族的族类单元（马俊毅、席隆乾，2013）。结合已有的研究，我们发现学者们比较倾向使用“ethnic group”翻译亚国家层次的“民族”一词，那么“汉族”是否可以在此基础上直接翻译为“Han ethnic group”呢？作者认为“汉族”一词还需要结合具体语境进行翻译，因为“汉族”的概念并非全然建立在“民族”概念的基础上的。

二、“汉族”的词源和概念

“民族”是一个属中国古代汉语中的词语，最早出自南朝宋齐时期道士顾欢的《夷夏论》。“民族”一词的使用虽然不普遍且未收入类书辞典，但见诸历史文献的实证不乏其例。“民族”一词在用于华夷之别时属于并无歧视意味的抽象指称。而现代意义的“民族”概念是中国借鉴西方理论而来。西方的现代“国民”“民族”“民族主义”“民族—国家”观念，通过日译西书为中国人所认识和理解（郝时远，2004）。

“民族”的概念体系是一个有多层次的模糊概念，翟胜德谈到“民族”在中文具体使用中的含义中提到了 8 种含义，既可以是“指历史上形成的，处于不同社会发展阶段的各种人的共同体”，也可以是“特指具有共同语言、共同地域、共同经济生活以及表现于共同文化上的共同心理素质的人的共同体”；其他定义还包括“指称某一广阔地域内，在历史—文化上具有共性的人们共同体，如阿拉伯民族，以及非洲民族、拉美民族”和“指称某一国家的全体人民，如中华民族”（翟胜德，1999：66）。

在中国的民族体制建制之后，“民族”的概念体系有了新的发展。费孝通先生在《中华民族多元一体格局》一书中提道：“民族”概念大体可分为两个层次，其中第一个层次指的是“一体的中华民族”的民族共同体，而第二层次则是指构成中华民族的“多元的 56 个民族”的民族共同体（费孝通，

1999)。费孝通先生提出“民族”概念的“一体”与“多元”两个层次性观点，被学者叶江进一步深化为“中华民族人们共同体是一个由多民族（ethnic groups）共同构成的民族（nation），即文化层面的民族构成国家和政治层面的民族”（叶江，2010）。

由上可以看出，“民族”在词源上有中国古汉语和西方书籍的翻译两个来源，概念则具有模糊多义的特点；而“汉族”在词源上来有历史上的流变，概念体系也存在模糊多义，与“民族”既有重合也有相异。“汉人”一词的与汉朝相关，由来已久，但“汉族”的称呼出现的时代较晚，中华民国建立之后，重申汉、满、蒙、回、藏是组成中华民国的五大民族，“汉人”的称呼正式改为“汉族”（王东平，2004）。

“汉族”的概念如果是在民族体制范围内阐述，那么“汉族”的概念体系参照上文已经陈述的“一体多元”体系，在这个意义上，“汉族”一词的翻译就应该建立在“民族”一词的翻译上，即多数学者所认可的“Han ethnic group”。但同时在中国历史上，“汉族”还存在其他的概念体系。

汉族形成的前身是华夏—汉族，但华夏—汉族没有单一的生物学含义，即很多汉族的成员，与现在的少数民族成员实际共享同一个祖先。华夏—汉族也是一种复合性的文化符号（都永浩，2010）。费孝通在《中华民族的多元一体格局》中解释汉族的形成，认为汉族是由若干民族集团汇集并逐步融合的统一体，通过不断吸收其他民族的成分，凝聚团结了共同聚居区的人民，成为一个“民族实体”（费孝通，1999）。费孝通所说的自在的“民族实体”，实际上指的都是原生性民族意义上的汉族，而不是作为国族的中华民族。由此可以看出“汉族”具有另外的概念体系：(1) 在历史上是一个多民族融合的民族实体。(2) 在文化上是一个对于其他文化吸收和融合的复合文化符号。在这样的概念体系或语境下，把“汉族”一词单单理解为当代中国民族体制建制后的“Han ethnic group”就不是很恰当了。

分析“民族”和“汉族”的词源及含义后，作者认为“汉族”的翻译应当至少考虑两方面的语境：(1) 当代中国民族体制语境。(2) 历史和文化的语境下。对于第一种语境，多数学者建议应该基于“nation—ethnic group”概念，把“汉族”翻译为相应的“Han ethnic group”；但历史和文化的语境下

“汉族”一词应该怎样翻译，几乎没有学者涉及这一点。因此在下一节中，作者将使用 COCA 语料库考察在英语真实语料中与“汉族”一次相对应的英语搭配。

三、COCA 语料库中“汉族”的英语搭配

Firth 把搭配（collocation）的概念引入到语言学分析中，认为它是“意义模式”（mode of meaning）的一种。Firth 的搭配概念观点为“由其词伴而知其词”（Firth，1968：179）。这里的“词伴”指的就是“习惯性搭配”（habitual collocation）。Halliday（1966：148—162）进一步提出了搭配的基本分析思路，并使用了 Sinclair 所界定的“节点词”“跨距”“搭配词”等术语。对于搭配强度的分析，可以参考互信息值（MI 值）。MI 值体现的是节点词和搭配词之间的互相吸引关系，MI 值越大，说明两个词之间搭配强度越高。互信息值可能为正值或负值。如互信息值为负，则表明两词之间出现互相排斥的现象，即两词不倾向于在一定语境内共现。Huston（2002：71）提出在实际操作中以互信息值 3 作为临界值，即把互信息值大于 3 的搭配词看作强搭配词。

为了找出英语中关于“汉族”的常见使用词汇，作者没有直接对中国学者所倾向的“Han ethnic group”词组进行直接搜索，而是以“Han”为节点词进行搭配搜索，左右跨距设定为 2，在结果为搭配强度前 100 的搭配词中，去掉与“汉族”/“汉人”意义无关的搭配，比如 Han solo（《星球大战》里的角色）、“Han river”（汉江）以及“Han dynasty”（汉朝）等，得出与“汉族”对应的英语表达如下：

表 1

		FREQ	ALL	%	MI
1	CHINESE	123	47278	0. 26	7. 06
22	ETHNIC	15	26985	0. 06	4. 83
26	MAJORITY	14	51586	0. 03	3. 79
32	CHINA	12	70281	0. 02	3. 13
63	MINORITY	7	23857	0. 03	3. 91

在表1中，我们可以看到搭配强度前100位并表示“汉族”的或与“汉族”相关的有5个表达方式，这五个表达的MI值都超过了3，为强搭配词，其中“Han + Chinese”，排名第一位，总计出现123条数据，MI值达到了7.06，而中国学者建议使用的“Han + ethnic”只出现了15条数据，MI值也低于“Han + Chinese”。作者把每一个搭配的所有词条研读之后，发现“Han + minority”实际上表达的是“汉族和少数民族”，含有两个概念；而“Han + China”表示的是“汉王朝”，而“Han + majority”的搭配几乎全部含有“Chinese”，因此可以看作被包含在“Han + Chinese”中，因此去掉了“Han + China”、“Han + minority”以及“Han + majority”的搭配。在剩下的搭配中，常见的搭配形式分别是“Han Chinese”（103条数据），“ethnic Han (group)”（9条数据）。综合以上的数据可以得出一个初步的结论：在英语真实语料中，表达“汉族”的词汇有强搭配的“Han Chinese”“ethnic Han (group)”；英语中表达“汉族”更倾向于使用“Han Chinese”，而不是中国学者建议的“Han ethnic group”。中国学者给出的建议和英语真实语料之间存在鸿沟，为了深入了解其背后的原因，在下一节中，作者将考察与“Han”搭配的词汇各自的语义韵。

四、“汉族”两种英译的语义韵比较

所谓“语义韵”，指的是“弥漫在节点词周围的某种语义氛围。当节点词习惯性地吸引某一类具有相同或相似语义特点的词项，频繁地与之共现时，就可能形成语义韵”（Sinclair，1991：74—75）。语义韵大体可分为积极、中性和消极三类（Stubbs，1996：176）。

（一）“Han Chinese”的语义韵

在COCA语料库中，含有“Han Chinese”的数据总计为103条，所以作者没有进行左一、左二或右三等位置的搜索，而是采集所有数据，然后观察所搭配的单词。限于篇幅，作者每隔5行进行取样，截取20行数据，呈现如下：

表 2

1	implications "There are many more dimensions involved" in	Han Chinese	**and** Tibetan integration than just elevation, he
2	of the area's Bronze Age—roughly 2,000 years before	Han Chinese	**began** migrating in significant numbers into Xinjiang.
3	between China and Europe and the mapping of traditional	Han Chinese	**cosmology** onto the material world. Moreover, many
4	more information about the	Han Chinese	**folk** music style, see Kuo—Huang Han," Folk Songs
5	by inscribing text instead of pictures on the body,	Han Chinese	**heroes** perform the barbaric act in a higher cultural
6	contrast to some other cultures, tattooing was never used by	Han Chinese	**in** rites of passage into adulthood or to mark sexual
7	blames the misfortune on outsiders—members of the ethnic	Han Chinese	**majority**—who angered die gods by mining for gold in
8	state of affairs. Uighurs are resentful at the way	Han Chinese	**monopolize** the best jobs and the top political posts,
9	ruling system in fact took precedence over that of the	Han Chinese	**one** codified in the Ming version of bureaucratic
10	settled by Han Chinese and settlements with significant	Han Chinese	**populations** comprising more than one—third of the
11	as backward and evil, she says. Indeed, few	Han Chinese	**show** any tolerance for her perspective. This
12	uneasy with the prospect and uneasy with the influx of majority	Han Chinese	**that** development has brought. She is from the ethnic Bai
13	to conquer Hainan some 2,000 years ago, the arrogance of	Han Chinese	**toward** Li "barbarians" has fueled bitter conflicts.
14	leader, and a booming economy. They are twenty—one million	Han Chinese	**who** treasure their Taiwanese heritage more than that of
15	where the discovery of oil has drawn hundreds of thousands of	Han Chinese	**workers**, is a little more forthcoming. Since last

（续表）

16	but rather showed an unselected mix of Taiwan aboriginal,	Han Chinese	and Polynesian genes in the planes of her face and
17	one of the former Soviet republics, than with the	Han Chinese	who make up 94% of China's total population.
18	where 95 percent of the people (including Philippe) are	Han Chinese	Here, though, there are significant populations of
19	Han, "Folks Songs of the	Han Chinese	Yao—Hwa Wang and Zhou Wang, Zhongguo
20	and annihilation by the country's dominant ethnic group, the	Han Chinese	Twice during this century, the Uighurs of Xinjiang

观察以上数据，可以发现“Han Chinese”左侧的单词没有表现出很强的语义韵的关联，因此以观察右侧的单词为主。右侧单词中，动词中除了“monopolize”含有消极含义，其他动词为中性；右侧搭配的名词为中性。作者观察了全部 103 条数据，动词中有两条数据为消极含义：“monopolize”和“clash”，名词中有两条为消极含义：“oppression”“prisoner”，其他均为中性，由此我们可以确定“Han Chinese”的中性语义韵。

同时作者还观察到“Han Chinese”所在的语境既有民族体制的语境，如表 2 中第 1，4，6，7，8，10，15，17，19，20 条数据，也有历史文化语境，如表 2 中第 2，3，5，9，13，18 等数据，这一点对于第一节提出的问题给出了比较好的回应。

（二）“ethnic”一词的语义韵

“ethnic Han”总共有 9 条数据，在观察数据之后，我们基本可以确定“ethnic Han”的中性语义韵。数据如下。

表 3

1	government's relentless drive to settle more and more	ethnic Han	**Chinese** in traditionally Uighur territory, rich in oil and
2	blames the misfortune on outsiders—members of the	ethnic Han	**Chinese** majority—who angered die gods by mining for gold in

（续表）

3	corner of the Tibetan world. A steady flow of	ethnic Han	**Chinese** tourists has lifted incomes in recent years. Farmers
4	Urumqi, which left 156 people dead—apparently mostly	ethnic Han	**Chinese**—on Uighur exile leader Rabiya Kadeer. Last year they
5	to adopt democratic norms by middle—class members of the	ethnic Han	**majority** demanding less corrupt local governments than it is by
6	deadly rioting that pitted local residents against	ethnic Han	**migrants**. Since then, sporadic unrest and crackdowns have
7	Xian itself is a stronghold of	ethnic Han	**national** feeling. It is regarded as a center of ancient Chinese
8	to say that relations have never been easy between the	ethnic Han	**who** dominate this vast nation and the Uighur minority whose
9	HAN Given that around 91 percent of its people are	ethnic Han	. China might seem a homogeneous country. Yet in a population

但此结论无法说明为何在英语中几乎不太使用“ethnic Han”。因此作者用“ethnic”作为节点词，左右跨距为 2，查看该词的常见搭配。限于篇幅，下文中只列举前 20 个搭配：

表 4

	Content	FREQ	ALL	%	MI
1	GROUPS	4025	111546	3. 61	6. 57
2	RACIAL	2169	22641	9. 58	7. 98
3	GROUP	1947	215621	0. 9	4. 58
4	IDENTITY	1395	37240	3. 75	6. 63
5	MINORITY	1294	23857	5. 42	7. 16
6	RELIGIOUS	1088	60371	1. 8	5. 57
7	CLEANSING	1027	2431	42. 25	10. 12
8	MINORITIES	823	8939	9. 21	7. 93
9	CULTURAL	708	59663	1. 19	4. 97
10	AMONG	603	195652	0. 31	3. 03
11	DIFFERENCES	582	51332	1. 13	4. 9

（续表）

	Content	FREQ	ALL	%	MI
12	DIVERSITY	558	20511	2.72	6.17
13	BACKGROUNDS	467	5799	8.05	7.73
14	STUDIES	425	102216	0.42	3.46
15	BACKGROUND	420	32701	1.28	5.08
16	CONFLICT	408	35823	1.14	4.91
17	COMMUNITIES	366	39086	0.94	4.63
18	GENDER	328	31142	1.05	4.8
19	LINES	325	56125	0.58	3.94
20	VARIOUS	317	63432	0.5	3.72

从上表我们可以看出，搭配的词汇有中性意义的词汇，如“identity”“studies”等，也有明显含有消极意义的词汇，如“cleansing”“conflict”。查看所有100个搭配词汇后，还有消极含义的有19个，中性含义的77，积极含义的4个。同时积极和中性的词汇中，与“汉族”一词所隐含的意义相冲突的有16个词汇：其中有些词汇表示“少数”的含义，如“minority”“minorities”等；有些词汇指的是非中国的地区，如“Serb”“Albanian”等。由此可见在“ethnic”搭配强度前100的词汇中，有35%的词汇与“汉族”一词时相抵触的，这也许能说明在实际应用中较少使用“ethnic Han \ Han ethnic group”。

对于“汉族”一词的英译，COCA语料库的搭配及语义韵分析指向“Han Chinese”，但是否我们在翻译时就应该全盘使用“Han Chinese”，从而否定“ethnic Han \ Han ethnic group”呢？学者叶江在阐述关于“ethnic group”的问题时指出：英语词汇“ethnic group”及与“ethnic”相互关联的词汇曾经一度在19世纪西方的民族志和民族学以及20世纪50—60年代西方的社会学研究中，含有明显的“异族”“蛮族”“次群体”“亚群体”等颇具贬义的意涵，但是从20世纪后期起，尤其是进入21世纪后，随着西方民族志、民族学和社会学的进一步发展，“ethnic group”和“ethnic”等英语词汇成为表述族裔或人们群体的中性词汇或术语（叶江，2018）。因此可以看出，“ethnic”所含有的消极语义韵会在21世纪为更多的中性语义韵所替代，而为了更加准确表达“一体多元”民族体制下汉族与其他少数民族平等的地位，在此语境下的“汉族”一词应该中国学者所建议使用的“Han ethnic group”或英语语言中的“ethnic Han”。

五、结论

在以前的研究中，许多学者阐述了“Nation—ethnic group”之间的区别，指出在当今中国政治制度下亚国家层次的“汉族”翻译应该为“Han ethnic group”。但如同前面作者所阐述的，“汉族”不仅仅有民族体制下的语境，还包含有历史和文化的语境，而后者无法用“Han ethnic group”的翻译体现出来。本研究通过对于“Han”的搭配研究发现“Han Chinese”（103 条数据）和“ethnic Han”（9 条数据）都是英语中对“汉族”一词的表达方式。通过语义韵的研究，作者发现“Han Chinese”不仅仅含有民族体制下的语境，也含有历史和文化的语境，对于翻译诸如“华夏—汉族”或“汉族文化”等词能很好地符合其含义；而对于民族体制下的“汉族”翻译，作者更倾向使用“Han ethnic group”或“ethnic Han”，因为该词更清晰地表达了中国当代的民族体制和民族政策，即使现阶段“ethnic”还带有较多的消极语义韵，但随着西方民族志、民族学和社会学的进一步发展，“ethnic”将更加中性。

参考文献

[1] Firth, J. R. A synopsis of linguistic theory, 1930 - 55 [C]. Selected Papers of J. R. Firth 1952 - 1959 [J]. London: Longman, 1968: 168 - 205.

[2] Huston, S. 2002 Corpora in Applied Linguistic [M]. Cambridge: Cambridge University Press.

[3] Sinclair, J. 1991 Corpus, Concordance, Collocation [M]. Oxford: Oxford University Press.

[4] Stubbs, M. 996. Text and Corpus Analysis [M]. Oxford: Blackwell Publisher.

[5] 郝时远. 中文语境中的“族群”及其应用泛化的检讨 [J]. 思想战线，2002，5 (28)：60 - 70.

[6] 翟胜德 .“民族”译谈 [J]. 世界民族，1999 (2)：66 – 79.

[7] 贾东海 . 关于 60 年来“民族”概念理论研究的述评 [J]. 西北民族大学学报(哲学社会科学版)，2009 (6) 1 – 11.

[8] 叶江 . 希腊文“ἔθνος”(ethnos) 在西方古代后期文献中的内涵探析—从十九大报告英文版“少数民族”及相关概念的官方翻译谈起 [J]. 西南民族大学学报（人文社会科学版)，2018 (4) 1 – 8.

[9] 费孝通 . 中华民族多元一体格局 [M]. 北京：中央民族学院出版社，1991.

[10] 叶江 . 民族概念三题 [J]. 民族研究，2010 (1) 1 – 9.

[11] 王东平 . 新时期以来关于汉民族形成问题的研究 [J]. 广西民族研究，2004 (1) 80 – 88.

[12] 都永浩 . 华夏—汉族、中华民族与中华人民 [J]. 黑龙江民族丛刊，2010 (1) 8 – 16.

描写翻译学视角下“直译”概念内涵的历史演变

徐谦谦*

【摘要】 通过运用描写翻译学的研究方法，结合中国翻译史上佛经翻译、清末民初与五四时期的重要翻译活动，本文对中国翻译史上“直译”概念的不同内涵进行了历史梳理，发现中国翻译史上对“直译”概念内涵的理解，既包括把“直译”视作一种翻译方法，也包括从哲学层面对“直译”的认识，对“直译”概念内涵的认识经历了从翻译方法论向哲学本体论演进的过程。作为翻译方法的“直译”，其概念内涵经历了从仅仅忠实原文形式的“语言层面的逐字、逐句翻译”，向忠实原文形式与内容的发展过程。而从哲学层面对“直译”概念的认识表现为“直译与意译”的辩证统一。“直译”概念内涵在历史演变中不断发展与丰富，将“直译”概念置于中国翻译史不同历史时期的具体语境下，有助于更好地理解这一历史演变。

【关键词】 描写翻译学　直译　概念内涵　历史演变

一、引言

在中国翻译史上，起初并无“直译”概念，与此概念接近的是中国佛经翻译中的“文”与“质”概念。“直译”概念经由西方引入中国，然而其概念内涵在中国历史语境下发生了改变。目前对“直译”概念的研究可分为三类：(1) 作为翻译方法的“直译”概念（冯庆华，1996；王成，2010；蒋哲

* 徐谦谦，男，上海应用技术大学外国语学院讲师，上海外国语大学高翻学院翻译学博士生，研究方向为翻译史研究、口笔译研究。

杰，2013；高志强，2016；宁敏，2017；方梦之，2018；任淑坤，2019），这方面的研究聚焦“该如何译”的问题，多与“意译”的翻译方法进行对比，没有从描写翻译学视角对中国翻译史上对作为翻译方法的“直译”概念的认识的历史演进方面进行系统梳理，也没有分析中国翻译史不同历史时期的具体语境对产生这种历史演进的影响。（2）哲学层面对“直译”概念的认识（范守义，1985；袁筱一，2011；周晓梅，2013），这方面的研究主要是从哲学层面探讨直译与意译、形式与内容的辩证关系，没有分析从哲学层面对“直译”概念的认识所产生的影响。（3）作为翻译思想的“直译”概念（高宁，2013；蒋骁华，2017），这方面的研究主要结合中国翻译史的历史背景探讨翻译家“直译”翻译思想的成因与目的诉求。目前的研究没有将翻译方法和哲学层面对“直译”概念的研究综合纳入中国翻译史的历史语境中考虑其概念内涵的历史演变，然而研究中国翻译史上“直译”概念内涵的历史演变过程，考察影响其发生的具体因素，对加深对中国翻译史的了解，具有重要意义。

二、中国翻译史上“质”概念与“直译”概念

（一）中国佛经翻译史上的“质”概念

中国翻译历史源远流长，马祖毅（1998）认为五四运动以前中国出现过三次翻译高潮：东汉至唐宋的佛经翻译、明末清初的科技翻译和鸦片战争至“五四”的西学翻译。而佛经翻译对中国文化与社会产生了深远的意义和影响。佛经翻译史上的“质”概念与近代“直译”概念内涵有区别但是也有历史上的渊源关系。中国翻译史上历代佛经翻译家关于“文质”问题的译论有助于我们理解“文”“质”概念的内涵，以及管窥作为翻译方法的“直译”概念和哲学认识上的“直译”概念在中国传统译论中的雏形。厘清佛经翻译的“质”概念的内涵与其历史演变，对于理解“直译”概念内涵的发展与历史演变有重要作用。

首先，佛经翻译史上的“质”概念最初也是作为一种翻译方法。理解佛

经翻译的“质”概念内涵有必要结合佛经翻译史上著名的“文质之争”的历史背景，将“质”概念与“文”概念进行对比。东晋以前，就已出现翻译标准的“文质之争”，汉末以质派为主，魏晋以来文派为主（谢天振、何绍斌，2013：14）。质派代表人物有安世高、道安等人；文派代表人物：支谦、鸠摩罗什等人；质派主张贴合原文，使用音译词；文派主张向译语文化和文学规范靠拢，利用中国概念比附佛经术语（谢天振、何绍斌，2013：14—15）。佛经翻译的文派代表支谦重译《法句经》并作序，披露当时佛经汉译方法的争论，他主张通顺、文雅、易读的译文风格，以汉语中的“赞颂”译佛经中的“梵呗”（谢天振、何绍斌，2013：14）。佛经翻译中运用“格义法”，借用玄学中衍生自老庄的概念和术语来对应佛教术语，比如“涅槃—无为”“轮回—生死”（谢天振、何绍斌，2013：15）。东晋南北朝时期的佛经翻译家鸠摩罗什纠正以前翻译中机械地强调对原文的忠实（谢天振、何绍斌，2013：16）。鸠摩罗什的弟子道生提倡“义解法”，不拘泥原文表层语义，而寻求佛典之深意（谢天振、何绍斌，2013：20）。

其次，在佛经翻译史上佛经翻译家关于翻译方法的论述中可见从哲学层面辩证看待翻译方法上的“文”“质”概念。东晋南北朝时期的佛经翻译家鸠摩罗什纠正以前翻译中机械地强调对原文的忠实（谢天振、何绍斌，2013：16）。鸠摩罗什的弟子道生提倡“义解法”，不拘泥原文表层语义，而寻求佛典之深意（谢天振、何绍斌，2013：20）。玄奘的翻译方法既不像鸠摩罗什的文辞华丽，也不像强调忠实于原文的难以卒读，在可读与存原意之间寻求平衡。《大唐西域记》中记载玄奘的翻译原则：在极端直译和过分意译之间求得平衡。对外来名物主张“正名”“五不翻”原则，采用音译法（谢天振、何绍斌，2013：26）。道安弟子慧远针对佛经翻译中的文质之争，结合自己襄助译经的实践，提出“厥中”说，折中文质两派，客观辨证看待原文的质与文（谢天振、何绍斌，2013：18）。从上述佛经翻译家的译论可见当时翻译标准的多元化取向（谢天振、何绍斌，2013：20）。由此可见，佛经翻译中已出现从哲学层面辩证看待翻译方法上的“文”“质”概念。

（二）佛经翻译“质”概念与“直译”概念的异同

尽管在具体概念名称上存在差异，中国佛经翻译史上“文”“质”概念与近代翻译史上“直译”与“意译”概念也存在相似性，既表现为两种二元对立的翻译方法，也表现为对诸如翻译语言与风格、形式与内容等问题的探讨上。

中国佛经翻译“质”的概念与“直译”概念的相似性表现在作为翻译方法论上的内涵，即都贴近原文语言形式和风格。不同之处在于，“质”概念在佛经汉译早期代表文化的质朴，后期代表语言的质朴，但都不完全等同于“直译”。但是佛经翻译中探讨的问题，如内容与形式的两难问题，源语言与目的语言的差异问题，文质之间求得平衡的认识上，则体现出中国译论在作为翻译方法的“质”概念与“直译”概念的相似性。

三、翻译方法论层面的“直译”概念

（一）翻译方法视角下的“直译”概念

“直译”概念经由西方引入中国，然而其概念内涵在中国历史语境下发生了改变。在中国翻译史上，对翻译方法的论争很多，“直译”作为一种翻译方法，被译论家不断阐述，作为翻译方法的“直译”概念内涵经历了许多发展和演变。近代中国文坛围绕“直译”作为翻译方法的阐述很多。刘重德（1990）认为“直译”概念内涵包括保留原文内容与风格、修辞与语法结构（刘重德，1990：69）。此外，将“直译”概念与其他翻译概念结合起来论述，也有助于理解“直译”概念内涵的发展与丰富过程。王向远（2015）提出“迻译”、“释译”和“创译”的概念，他对翻译类型的三分法与传统对翻译类型的“直译”“意译”的划分不同，这里的“迻译”属于“直译”中的“对等翻译”（王向远，2015：132）。方梦之（2018）回顾了中西翻译史上直译作为翻译方法的论述（方梦之，2018：2），论述了直译的概念内涵与“‘质’、异化翻译、语义翻译、纪实翻译、显性翻译、陌生化、硬译、逐行翻译”等这些概念内涵接近（方梦之，2018：3）。

（二）翻译语言视角下的“直译”概念

“直译”作为一种翻译方法，必然包括翻译语言的论述，比如语言选择与语言风格、语体等语言形式的论述，因此可以从翻译语言视角对“直译”概念内涵进行考察。中国佛经翻译的“文”与“质”概念不仅有关翻译方法，也聚焦翻译语言的问题。“文”与“质”概念对翻译语言的论述，有助于了解中国传统译论中重要翻译概念的内涵的发展与演变。起初“文质之争”是关于翻译语言选择与语言风格问题（汪东萍，2012：115），“文”指文化素养、礼仪；“质”是质朴。道安的“五失本、三不易”表述了翻译语言差异导致的翻译困难（谢天振、何邵斌，2013：20—21）。佛经翻译中源语与译语语言风格的差异表现为，梵文惯用重复，中文简练（谢天振、何邵斌，2013：20）。比如，鸠摩罗什认为，梵文也重“文”，“天竺国俗甚重藻蔚”，反对译文一律用质朴的语言（谢天振、何邵斌，2013：21）。然而，佛经翻译的质派代表竺法护译经讲求语言质朴，尽量保持原文的形式与意义（谢天振、何邵斌，2013：15）。后来“文”“质”概念内涵经历了从文化与礼仪层面向语言层面的演变（孟昭连，2009：131）。佛经翻译的文派，坚持译文应有文采，语言应符合汉语风格，但导致内容有偏离佛典原意的现象（汪东萍，2012：117）；佛经翻译的质派，选择“胡汉夹杂”、不甚符合汉语风格的翻译语言（孟昭连，2009：134）。佛经翻译经历了从强调翻译中的文化问题到强调语言的文华与质朴，但是“质”概念与“文”概念仍呈现一种二元对立的关系。直到“君子要做到文质兼顾”（孟昭连，2009：131）主张在佛经翻译中的提出，体现了“文”“质”概念作为翻译方法的辩证统一。反映在佛经翻译的语言形式与内容方面就是“译经体”的出现，“译经体”在语言形式上不用先秦的文言语言（孟昭连，2009：132），而是文言与口语俗语的混合；语言内容上是汉语与原典语言的混合。使用文言形式与口语词汇，某种程度上，翻译语言体现了“形式与内容”的统一。

四、哲学认识论层面的“直译”概念

（一）中国翻译史上“直译”与“意译”的辩证统一

中国古代佛经翻译中已体现出对近代翻译史上“直译”概念的哲学认识。

南宋法云编的《翻译名义集》，解释翻译中“名”和“义”的辩证统一关系：同一名物可能经过不同译者、不同时代翻译为不同的名称，后世译者要把握“义”，不要把同一事物误认为不同事物（谢天振、何邵斌，2013：28）。近代中国许多翻译家也从哲学层面阐述过对“直译”概念的理解（陈福康，2009：240）。翻译家兼哲学家邹韬奋认为在高的程度上，意译与直译就相互转化了，“正当的意译”也是“正当的直译”（陈福康，2009：244）。陈福康（1991）指出，邹韬奋认为按照辩证法观点看翻译问题，直译与意译是对立统一的一对矛盾（陈福康，1991：56）。鲁迅先生提倡的“直译”正是针对“歪译”而说的。从浅处说，“直译”是与“意译”相对的一种译法，从深处说，“直译”是包括正确的“意译”在内的“正译”（陈福康，2009：248）。艾思奇阐述了直译与意译的辩证关系，“意译和直译，不能把它看作绝对隔绝的两件事，但也不是折中主义。因为，‘意’的作用不过为了帮助原作的了解，帮助原意的正确传达，同时也是帮助直译的成功，所以，就翻译的根本原则来说，我们要的还是准确的直译”（陈福康，2009：287—288）。朱光潜认为直译与意译的分别根本不应存在。直译不能不是意译，而意译也不能不是直译。总之，理想的翻译是文从字顺的直译（陈福康，2009：299）。焦菊隐认为“直译是意译的更高阶段”（陈福康，2009：318）。从以上中国古代佛经翻译与近代翻译家从哲学层面对“直译”概念的认识，可以发现“直译”概念从与“意译”构成一种二元对立的关系逐渐发展为与“意译”呈现辩证统一的关系。

（二）中国翻译史上翻译形式与内容的辩证统一

中国魏晋南北朝佛经翻译家关心的两个问题是：外来名物、概念如何译为汉语；译文如何兼顾原文语言特征和可读性（谢天振、何邵斌，2013：28）。这就是翻译中形式与内容的统一问题。佛经翻译的“文质之争”不仅关乎内容的文华与质朴，也关乎语言的文华与质朴。语言形式与内容都会影响到翻译风格。许渊冲（1981）探讨了内容和形式、直译和意译的辩证关系，将忠实于原文的内容放在第一位（许渊冲，1981：32）。劳陇（1989）认为“直译”以形式为主，“意译”以内容为主（劳陇，1989：4），形式与内容似难兼顾。然而，周晓梅（2013）认为，根据介入主义哲学的观点，形式不是可有可无的，它本身就是内容或内容的一个重要组成部分（周晓梅，2013：70）；直译重形式，受到介入主义哲学影响（周晓梅，2013：69）；形式也指对材料的组织方式（周晓梅，2013：70），语言除形式外，也有意义层面，比如文化负载词的文化内涵（周晓梅，2013：70），诗歌的语言形式与内容是不可分割的。方梦之（2018）认为直译者以形式和内容一致为目标（方梦之，2018：3）。可见，对翻译形式与内容两者关系的认识，经历了从二元对立到辩证统一的演变过程。

鉴于"直译"概念内涵在历史演变进程中的复杂性，需要结合具体翻译活动发生的时代背景和各种社会因素来加以考察。例如，要理解晚清翻译史上"直译"概念的不同内涵，需要结合晚清翻译活动发生的历史语境。陶磊（2020）认为"新文化译者采取全面西化的文化取向"（陶磊，2020：22），直译在文化层面与原文完全对等。中国近代文坛关于"直译和意译"的论争需要结合当时五四运动、新文化运动建立新文学与现代语言的需求来加以理解。以林纾为代表的晚清意译除了语言上的"文言"风格外，内容上也表现为"改动与不忠实原文"；而鲁迅先生所提倡的"直译"概念内涵也经历了一个逐渐清晰、并发展成熟的过程，需要结合"硬译""宁信而不顺"等概念以及具体历史语境进行全面、客观、历时的理解，需要结合当时现代白话文建立与成熟发展的需求来进行理解。

五、结语

中国翻译史上关于翻译标准、翻译方法的讨论很多，"直译"概念作为一种翻译方法被翻译家不断阐释，其概念内涵历经发展与演变。中国翻译史上佛经翻译"质"概念与近代"直译"概念内涵既有联系，又存在区别。中国近代翻译史上"直译"概念演进出"形式与内容辩证统一""直译包含意译"的哲学内涵。运用描写翻译研究方法，通过对中国翻译史上"直译"概念内涵的历史梳理，并结合中国翻译史发生的具体历史语境，客观呈现"直译"概念如何从"作为翻译方法的直译"概念内涵向中国译论史上具有"形式与内容辩证统一”“直译包含意译”的辩证统一关系的不同哲学内涵发展与演进的过程。随着“直译”概念的内涵不断发展与演进，人们对“直译”概念，乃至对翻译问题的认识和理解也更加深刻。

参考文献

[1] 陈福康. 中国译学史 [M]. 上海：上海人民出版社，2009.

[2] 陈福康. 邹韬奋的译学见解 [J]. 中国翻译，1991 (01)：55 - 56 + 58.

[3] 范守义. 关于翻译哲学的断想：论翻译界五十年（1894—1948 年）之争 [J]. 外交学院学报，1985 (03)：64 - 72. DOI：10. 13569/j. cnki. far. 1985. 03. 010.

[4] 方梦之. 中外翻译策略类聚——直译、意译、零翻译三元策略框架图 [J]. 上海翻译，2018 (01)：1 - 5 + 95.

[5] 冯庆华. 直译与意译 [J]. 英语自学，1996 (02)：8 - 15.

[6] 高宁. 论鲁迅直译观的语学基础 [J]. 山东社会科学，2013 (10)：75 - 81 + 88. DOI：10. 14112/j. cnki. 37 - 1053/c. 2013. 10. 006.

[7] 高志强.“直译”的政治——论马士曼《孔子的著作》(第一卷) [J]. 暨南学报（哲学社会科学版），2016，38 (02)：1 - 10 + 130.

[8] 蒋骁华.《支那人气质》对鲁迅直译思想的影响 [J]. 中国翻译，2017，38 (01)：32 - 36.

[9] 蒋哲杰. 文学翻译用意译，宗教翻译用直译？——哲罗姆翻译观之辨析 [J]. 解放军外国语学院学报，2013，36 (05)：87 - 91 + 108.

[10] 劳陇. 从奈达翻译理论的发展谈直译和意译问题 [J]. 中国翻译，1989 (03)：3 - 6.

[11] 刘重德. Literal Translation and Free Translation [J]. 外国语（上海外国语学院学报），1990 (04)：66 - 71 + 76.

[12] 刘重德. Literal Translation and Free Translation (Continued) [J]. 外国语（上海外国语学院学报），1990 (05)：55 - 60.

[13] 马祖毅. 中国翻译简史—“五四”以前部分（增订版）[M]. 北京：中国对外翻译出版公司，1998.

[14] 孟昭连. 文白之辨——译经史上文质之争的实质 [J]. 南开学报（哲学社会科学版），2009 (3)：130 - 140.

［15］宁敏．作为方法的“直译”——从鲁迅替《勇敢的约翰》“校字”谈起［J］．河南师范大学学报（哲学社会科学版），2017，44（05）：138－141．DOI：10．16366/j．cnki．1000－2359．2017．05．024．

［16］乔治·斯坦纳．通天塔——文学翻译理论研究［M］．庄绎传，译．北京：中国对外翻译出版公司，1987．

［17］任淑坤．《新青年》中所见外国作品题名翻译——“直译”策略的理想与现实［J］．北京师范大学学报（社会科学版），2019（03）：152－157．

［18］陶磊．文化取向与“五四”新文学译者“直译”主张的形成［J］．中国现代文学研究丛刊，2020（7）：22－40．

［19］王成．“直译”的“文艺大众化”——左联“文艺大众化”讨论的日本语境［J］．中国现代文学研究丛刊，2010（04）：27－40．DOI：10．16287/j．cnki．cn11－2589/i．2010．04．009．

［20］汪东萍．佛典汉译的文质之争与西方意译、直译之争的对比研究［J］．暨南学报（哲学社会科学版），2012（8）：115－122．

［21］王向远．以“迻译/释译/创译”取代“直译/意译”——翻译方法概念的更新与“译文学”研究［J］．上海师范大学学报（哲学社会科学版），2015（5）：132－142．

［22］谢天振，何邵斌．简明中西翻译史［M］．北京：外语教学与研究出版社，2013．

［23］许渊冲．直译与意译（上）［J］．外国语（上海外国语学院学报），1980（06）：28－34．

［24］许渊冲．直译与意译（中）［J］．外国语（上海外国语学院学报），1981（01）：48－51．

［25］许渊冲．直译与意译（下）［J］．外国语（上海外国语学院学报），1981（02）：30－34．

［26］袁筱一．从翻译的时代到直译的时代——基于贝尔曼视域之上的本雅明［J］．外语教学理论与实践，2011（01）：89－95．

［27］周晓梅．直译与意译之争背后的理论问题——从本质主义哲学转向介入主义哲学对译学的影响［J］．外语与外语教学，2013（6）：68－71．

中国式审美移情：田园诗翻译的文化语言学诠释

严　明*

【摘要】在中国文化传播力上升到国家战略高度的背景下，文化翻译和文化传播的密切关系需要文化语言学这一适切的学科视阈通过具体的翻译美学实践加以诠释与深化。本文基于文化语言学与文化翻译的共核，以田园诗英译中典型的意象与译文为例证，分析了文化语言学理念观照下田园诗翻译中意象传播的主要路径及其战略意涵，并得出启示：文化翻译美学理念与中国田园诗丰富意象的合璧无疑是将中国式审美移情展示给世界的理想传播路径，这一启示也是翻译实践提供给文化语言学研究领域的生动实证与丰富养分。

【关键词】文化语言学　审美移情　田园诗英译　意象传播　文化概念化

一、引言

翻译研究的文化转向自20世纪60年代以来，已发展成了最突出的趋势，使我们认识到翻译与其他交流方式之间存在着有机的联系，并视翻译为写作实践，贯穿所有文化表现的种种张力尽在其中（谢天振，2007）。同时，翻译研究不能再满足于借鉴其他学科的研究成果，而是到了需要思考如何为其他学科输送养分的时候了（傅敬民，2014）。因此，立足于当前经典文学外译及中国文化传播意识增强的背景，从一个适切的学科视阈来诠释汉诗外译的意象传播与中国式审美移情特征，从而印证该学科的核心理论，是深化文化翻

* 严明，女，上海应用技术大学外国语学院教授、文学博士。主要研究方向为文化对比、教育语言学、二语习得。

译与中国文化传播关系认知的有益途径，这个学科就是文化语言学。

二、审美移情：文化翻译与文化语言学的共核

翻译研究史上的文化与语言学转向深化了翻译实践与文化语言学关联。而文化翻译遵循“文化传真”及注重“审美意象”的共识（刘宓庆，1999；秦倩、颜方明，2019）使得文化语言学核心理论越来越成为引领与分析文化翻译中认知、过程、技能乃至战略的适切视阈（芦冬梅，2015）。同时，这种共识也使得文化翻译与文化语言学的关系通过两者的共核显现出来，那就是：由文化翻译的审美心理与文化语言学的意象认知共同造就的审美移情。

（一）文化翻译的审美心理

文化翻译理论中最深层的课题是语言文化心理问题（刘宓庆，2004：311—315），其中有两个理念在国内越来越得到共识：一是“语言的翻译实质上是文化的翻译”（赵彦春，2005）；二是“翻译研究不能忽视语言的美学与价值观”（刘宓庆，2006）。翻译与美学的联姻是中国语言观和翻译理论的重要特色之一，因而文化和审美与翻译学价值论的紧密关系使得文化翻译研究加入审美因素成为完善翻译学的必然途径（王建国，2010）。文化翻译过程中的审美意识系统始于主体的审美态度，终于客体的审美再现。翻译审美心理的运作过程包括：感知、联想、理解和再现四大层级，而贯穿其中的审美移情和文化意象是最富能动的因素（刘宓庆，2019：212）。在文化翻译的审美心理中，认知的转喻和意象的解读是必不可少的，这种融合翻译美学和文化认知理论的复杂现象往往需要从跨学科的综合视阈加以诠释，这种视阈就是文化语言学。

（二）文化语言学的意象认知

在中国和西方，文化语言学被普遍定义为语言与文化的关系研究，是研究语言的文化性质和价值的综合性学科。它以文化意象为核心窗口，审视各民族语言使用者的内心世界和思维模式（高长江，1992；Palmer，1996：27；

Sharifian，2017：28）。文化语言学认为，语言系统、认知模式和世界观都构建于社会文化，如汉语与中国文化样式结构就具有通约性（申小龙，2004），因此共同的文化意象在语言的形成与表述中是不可或缺的核心（Palmer，1996）。基于意象的文化语言学理论为语用背后的文化语境化提供了理论与分析框架（Sharifian，2017：2），该框架包含三个主要方面：语言、文化概念化、文化认知。其中文化概念化最为核心，指文化群体成员在交际中所形成的共同概念知识单位，是人们头脑中的感性图示，存在于个人认知及更高层面的社会文化群体中（Sharifian，2014：3）。21世纪以来文化意象与跨文化传播都被纳入了文化语言学的研究范畴（常宗林，2005），其主要任务是从语言角度解释与构建文化（苏新春，2006：33；张从益，2009：81）。由于文化语言学研究始终紧扣语言对文化意象的承载及文化通过意象构建语言的共识，因而日趋受到文化翻译研究的重视与借鉴，成为诠释与引领翻译审美心理的适切视阈。

（三）审美移情的文化本质

文化语言学的意象认知与文化翻译的审美心理都离不开审美移情，这是文化翻译与文化语言学的主要共核。审美移情源自美学心理学概念，它以审美活动中的移情现象为研究对象（朱立元，1993），以人类长期实践中形成的同理心为哲学基础（李晓红，2010），以主体的审美体验为实践依据（刘宓庆，2005），体现为文化认知中人的对象化和对象的人化（瞿明冈，1995）。有鉴于此，文化翻译需要译者把审美移情置于核心并加以运用来传达原作的审美情感，而翻译美学理论则须臾不离移情理论的夯实与丰富。对于文化翻译而言，文化语言学的文化概念化很好诠释了文化认知中形成的对美的价值尺度和普遍适用性，它们使得审美移情成为能。对于文化语言学而言，审美移情对意象的再造与诠释具有重要的参照意义，文化翻译中的“移情”就是移植主观情感到客观形象的“由我及物”的过程，是文化意象的审美和再造过程（刘宓庆，2005）。在文化语言学诠释下，审美移情在文化翻译中的本质更为清晰：即通过对原文意象的凝神观照，经时空情感转化，达到物我合一，文辞相应，情境相切。在文化概念化与文化图示引导下，以译文造原文之境，以译文托原文之情，完成理想的意象传播。

三、意象传播：田园诗翻译的核心

文化语言学视阈中的意象连接起了语言与文化，形成了概念化。不同的意象来自不同的历史文化语境，有着不同的韵味，它包含了大脑中所呈现的影像及各种感觉经验（Palmer，1996；Sharifian，2017），因而它的认知和传播正是审美移情的前提与途径。鉴于此，文化翻译中只有拥有特定文化的典型意象通感，才具有转换语言并传播意象的能力。田园诗的翻译是中国式审美移情的意象传播表现得最为典型的实践。

（一）中国式审美移情的特征

中国式审美移情从未离开文化语言学的核心概念“意象”。“意象”首次作为词语出现是在《文心雕龙》中，刘勰以“独照之匠，窥意象而运斤”来将“意象”作为诗歌的美学理论。魏晋至隋唐时期对于意象美的讨论日趋成熟。王弼对“立象以尽意”的发挥拓展了美学领域中“意象”的范畴。东晋顾恺之对“传神写照”的强调体现了形而上的美学移情。南朝宗炳将审美对象的“象”和审美享受的“味”融而成为“澄怀”之境。唐朝殷璠提出的“兴象”之说展现了审美意象的多维认知。晋陆机将言、意、象之论引入文学鉴赏领域，指出审美移情是将文思结合事相之径。司空图的《二十四诗品》称“意象欲出，造化已奇”。明代胡应麟言“古诗之妙，专求意象”。王昌龄的《诗格》、皎然的《诗式》都表现出由取“象”向取“境 ”的推移，拓展了中国审美意识的范围（钟仕伦，2010）。可见，中国审美移情围绕着“寓意之象”，即创作主体在进行情感活动后所创的用以寄托主观情思的客观物象（陈植锷，1990）。总体而言，中国传统审美移情的理论强调：外界物境与主体内在的心境相一致时，则会形成移情作用，所谓“境能移情，而无不随人意为转移”（卢文昭，2006）。因此，中国式审美移情的特征反映在典型诗歌创作中就是对意境中意象之美的同构与传达（张智中，2015）。

（二）田园诗翻译中的意象传播

作为传统诗歌创作的典型，中国田园诗中的意象是不可或缺的抒情手段和营造意境的核心元素。西方文化背景的读者要想真正欣赏汉诗之美，必须能够理解其意象所负载的文化含义。中国田园诗中的景物从来不仅仅是客观自然，而是诗人的主观意象，通过变形、虚拟、象征、幻化的手法表现出来（张涤云，2006），因而意象翻译是诗词翻译的灵魂（张智中，2015）。田园诗翻译中的意象传播是将原文中所反映的中国传统文化意象结合诗人创作的意境进行综合诠释并用目标语转换抒发出来的过程，而意境则是中国诗歌意象和语境的总和，是主观情意与客观物境交融而成的艺术境界（袁行霈，1998：22）。换言之，意象有具体物象为依托，故比意境“实”；意境侧重综合感知效果，故比意象“虚”。意象是为表达诗人心声的依托，而意境是蕴含人生意味的诗意空间（童庆炳，2005：90），因此只有通过具体意象的理解与翻译才能达到“有境界则自成高格，自有名句”（王国维，2005：2）的审美传达。孕育自华夏农耕文化的田园诗浓缩了中国式审美特征，着重客观景象的意象渲染，寓情于境，才达到了“婉约曲折，言不尽意”的意境美。田园诗翻译的意象传播离不开对中国审美意境三大层次的理解：直观感想摹写、活跃生命的传达及最高灵魂诗意的启示（宗白华，1981），和对汉诗意象基本类型的传达：感知型意象（通过五官的通感）、文化型意象（民族文化概念化、典故等）、创造型意象（通过联想情感对意象的再创造）（高明阳，2008）。这种理解与传达在文化语言学中正是文化概念化的过程，在田园诗翻译时体现在意象传播路径中的各核心元素中。

1. 如韦应物所作《滁州西涧》

独怜幽草涧边生，上有黄鹂深树鸣。
春潮带雨晚来急，野渡无人舟自横。

Where tender grasses rim the stream
And deep boughs trill with mango-birds,
On the spring flood of last night's rain
The ferry-boat moves as though someone were poling. (Tr. XU Yuanchong)

（英语家园，2022）

译文通过直观摹写“Where tender grasses rim the stream”、生命的传达“trill with mango-birds”以及诗意的启示“moves as though someone were poling”将诗中包含了听觉视觉感知型意象：“上有黄鹂深树鸣”“春潮带雨晚来急”和文化型意象：“幽草”、“野渡”及创造型意象：“舟自横”进行了生动再现。从而表达了看似平常景象却意境幽深，蕴含作者自甘寂寞而不愿趋时悦人的恬淡宁静之象。在译文中译者经过感知、联想先“重意而后传象”，理解了作者淡泊之心后用适切的词汇再现了“涧边幽草”“深树黄鹂”“春潮急雨”“野渡空舟”的田园意象，传达着中国式审美。

2. 又如刘长卿所作《逢雪宿芙蓉山主人》

日暮苍山远，天寒白屋贫。

柴门闻犬吠，风雪夜归人。

Dark hills distant in the setting sun,

Thatched hut stark under wintry skies.

A dog barks at the brushwood gate,

As someone heads home this windy snowy night. (Tr. DellR. Hale)

(何明烈，2016)

短短二十字，包含了“日暮、苍山、白屋、柴门、风雪 ”多个意象，虽况味孤寂，却也是田园诗所体现的苍茫萧瑟之美。译文按目标语的表述习惯直观摹写了“setting sun, dark hills, windy snowy night, dog barks ”的视觉听觉感官意象，“thatched hut, brushwood gate ”的传统文化意象，准确传达了这些意象在诗歌意境中的画面感和对情感的渲染作用，同时用“A dog barks at gate, someone heads home at night”等符合目标语习惯的表述生动传达了冬景中“犬吠”和“夜归人”的生命动态之美，以及中国田园诗写景如画，意在言外、话外见情的诗意启示。

3. 再如戎昱所作《移家别湖上亭》

好是春风湖上亭，柳条藤蔓系离情。

黄莺久住浑相识，欲别频啼四五声。

The wind blows the lake arbor, a spring view;

The weeping willows wave, and wave adieu.

The orioles have lived with me for long;

As I'm leaving, chirp, chirp, they sing their song. (Tr. Zhao Yanchun)

(小楼听雨诗刊，2022)

译者从原文感知了“柳条、黄莺”在田园诗中所蕴含的中国文化意象，联想到了作者对故居的难舍之情，故而译文以“The weeping willows wave, and wave adieu.”的拟人化摹写和“chirp, chirp, they sing their song”的生命传达来起到“枝鸟皆有情”的通感修辞效果，使读者理解作者借“春风、草木”和“鸟鸣”的视觉听觉意象来抒发诗人离情的意图，从而再现了“The wind blows the lake arbor, a spring view”的场景中，与春光相对立的中国式体物传神的意境。使读者通过各类意象的感知了解到正是中国田园诗中的一切无不具有生命，带有情感才能让诗人视花鸟为挚友，观风物以寄情，达到物我交融，天真盎然的诗趣。

上述例证中译者的共同特征是把审美移情置于核心并加以运用来传达原作的审美情感。这些中国式意境经过译者对语言的感知、环境的联想、意境的理解，在译文中意象得到了再现，也印证了文化语言学意象为核心及文化概念化需要在诠释、理解和传播中逐渐定型的理论。文化语言学视阈中田园诗翻译的意象传播主要路径由下图所示：

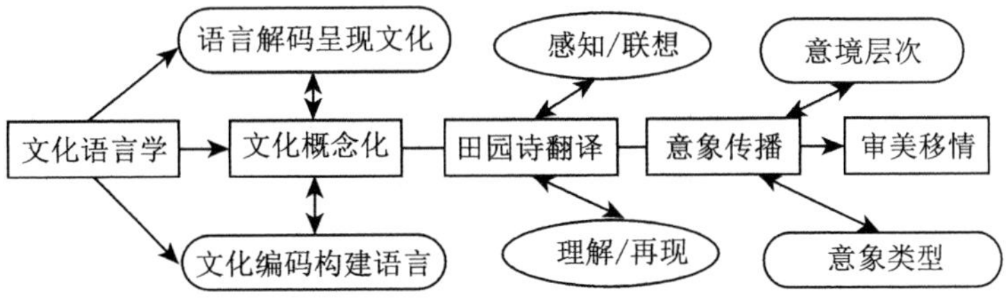

图1　田园诗翻译中的意象传播路径

四、审美传播：田园诗翻译的战略意涵

意象不仅是中国田园诗“借寄寓暗示兴发美感的构成单位”（张智中，2015：226），同样也是着重文化概念化的文化语言学核心内容（Palmer,

1996；Sharifian，2017）。换言之，在将语言作为文化传播载体的文化语言学的视阈中，意象传播不仅是田园诗翻译的核心，也是中国文化的审美传播。

（一）意象传播的文化本质

文化语言学认为语言成为象征符号的基础是意象，语言成为文化传播载体的前提是文化概念化。意象与文化概念化是一个民族在长期生活与审美的过程中形成的，文化翻译中的语言也要以约定俗成的意象为依托才能进行交流沟通，而田园诗是中国式语言审美意象最极致的表达，因此田园诗翻译本质上是着重于中国式审美的移情与意象传播的文化翻译。

从诗词美学来看，意象传播的本质是传达中国含蓄的抒情美学。田园诗中的天地、山水、花草乃至时空之象都是融入诗人思想的抒情“物象”，是赋有特殊含义和文学意味的形象。田园诗翻译围绕着“寓意之象”，有意识进行转化和再现，把读者体验推向了中国式审美的极致。从文化语言学视阈来看，意象传播始终围绕着田园诗中运用和强化的华夏农耕山水中各种典型意象的文化概念化，译者基于对中国意象美的理解，通过对中国审美意境三大层次和传统意象的摹写、传达与启示，将田园诗的美从语言层面转换、延伸、上升到了审美移情与文化传播层面。

（二）审美移情的战略意涵

在当前“用情用力讲好中国故事，向世界展现可信、可爱、可敬的中国形象”（习近平，2021）的理念倡导下，提高话语传播能力已然成为一种国家战略。相关话题多围绕着宏观战略进行：呼吁实现话语传播策略，强调传播国家信息、塑造国家形象及提升国家软实力（郝琳，2021；陈汝东，2011）。文化翻译的使命与文化传播的关系虽然不言而喻，但从文化语言学学科视阈诠释翻译美学在国家话语能力中作用的研讨却尚不充足。事实上，微观的语言文学传播不容忽略，特别是通过文学意象诠释，达到中国式审美的文化概念化，深化国际读者对中国诗歌经典意象的理解，具有重要的意义。

中国诗词文学所蕴含的深厚人性关切与独特的审美体验在西方读者中的影响力长期存在较大的局限性，这是由于文化概念化传播的有限，中国传统典型的美好意象尚未被西方大众深入欣赏。事实上，从文化翻译而言，诗歌作品的翻译就是文化中美的翻译，是展现可爱中国形象的重要途径。从文化语言学而言，文化的传播以语言为载体、以意象为前提，中西意象虽来自不同的文化语境，却都具有开放和寓意深刻等共同特征，意象是可以传达与传播的。因此，文化翻译与文化语言学在理念上的相互印证及中国田园诗丰富意象在实践上的诠释传播对于通过审美移情来提高中国传统经典文化传播的力度意义重大，它不仅是汉诗翻译的美学之路，还是诠释与弘扬中国式审美的文化之路，更是借助田园意象和诗家语言来展现可爱中国形象的战略之路。

五、结语

古典田园诗作为中国文学的瑰宝，是体现传统文化审美底蕴的典型例证。文化语言学诠释中的中国式审美移情特征与田园诗翻译核心都是意象的营造与传播：通过译者对作品中审美的直观感想摹写、活跃生命的传达及灵魂诗意的启示，中国田园诗以“象”寓“意”的审美特征及中国语境中的意象之美终将被逐渐理解、深化和传播，达到与世界读者心理共情的文化概念化深层效果。随着全球文化的高速互动与发展，翻译研究一方面从过去的经验式、感悟式的散论进入了理性科学、跨学科的综合体系中，一方面也从语言文本研究伸展到了能力建构与国家战略的高度。在“中国文化走出去”背景下，文化语言学理论启示了我们田园诗丰富意象的传播是将中国式审美与文化展示给世界的理想路径，而翻译过程中美的再现也是翻译美学提供给文化语言学研究领域的生动实证与丰富养分。

参考文献

[1] 常宗林．认知语言文化学［M］．青岛：中国海洋大学出版社，2005．

[2] 陈汝东．论国家话语能力［J］．北京大学学报，2011（5）：66－68．

[3] 陈植锷．诗歌意象论——微观史初探［M］．北京：中国社会科学出版社，1990．

[4] 傅敬民．社会学视角的翻译研究：问题与前瞻［J］．上海师范大学学报，2014

（6）：101 – 111.

［5］高长江．文化语言学［M］．沈阳：辽宁教育出版社，1992：101 – 110.

［6］高明阳．古典汉诗意象的分类［J］．社科纵横，2008（11）：105 – 107.

［7］郝琳．国家话语能力建设的四个维度［J］．云南师范大学学报，2021（4）39 – 48.

［8］何明烈．《逢雪宿芙蓉山主人》英译文视象美比较［J］．长江范大学学报，2016（2）82 – 84.

［9］李晓红．诗歌翻译中的审美移情与艺术生成［J］．浙江学刊，2010（4）：95 – 99.

［10］刘宓庆．当代翻译理论［M］．北京：中国对外翻译出版公司，1999.

［11］刘宓庆．口笔译理论研究［M］．北京：中国对外翻译出版公司，2004.

［12］刘宓庆．翻译美学导论（修订本）［M］．北京：中国对外翻译出版公司，2005.

［13］刘宓庆．文化翻译论纲（修订本）［M］．北京：中国对外翻译出版公司，2019.

［14］卢文昭．抱经堂文集：卷七·四时寻乐图题辞［M］．中华书局，2006.

［15］芦冬梅．帕尔默文化语言学框架下的汉诗英译语篇情节分析［J］．当代教育理论与实践，2015（3）107 – 109.

［16］秦倩，颜方明．诗歌翻译意象再创造的审美层次论：以庞德的意象诗“In a Station of the Metro”汉译为例［J］．外语与翻译，2019（2）：33 – 37.

［17］瞿明冈．论审美移情的机制和形态［J］．江苏社会科学，1995（2）：106 – 110

［18］申小龙．社区文化与语言变异［M］．长春：吉林教育出版社，1991.

［19］苏新春．文化语言学［M］．北京：外语教学与研究出版社，2006.

［20］童庆炳．现代诗学问题十讲［M］．青岛：中国海洋大学出版社，2005.

［21］王国维．人间词话［M］．西安：陕西师范大学出版社，2005.

［22］王建国．刘宓庆文化翻译理论简评［J］．外语研究，2010（2）：74 – 76.

［23］习近平．展文艺新气象，铸文化新辉煌［OL］．光明网 https：//theory. gmw. cn/2022 – 01/02/content_35422862. htm，2021.

［24］小楼听雨诗刊．译典［OL］．https：//mp. weixin. qq. com/s/uUvykmW4ZI – iT-jOySwBbxw，2022.

［25］谢天振．译介学导论［M］．北京：北京大学出版社，2007.

［26］英语家园．十首至美的春雨诗［OL］．https：//www. enfamily. cn/thread – 990454 – 1 – 1. html，2021.

［27］袁行霈．中国诗歌艺术研究［M］．北京：北京大学出版社，1998：222 – 223.

［28］张从益．文化语言学研究［M］．西安：西北工业大学出版社，2009.

[29] 张涤云．中国诗歌通论 [M]. 杭州：浙江大学出版社，2006.

[30] 张智中．许渊冲与翻译艺术 [M]. 湖北：湖北教育出版社，2006.

[31] 张智中．汉诗英译美学研究 [M]. 北京：商务印书馆，2015.

[32] 赵彦春．翻译学归结论 [M]. 上海：上海外语教育出版社，2005.

[33] 钟仕伦．中国古代审美移情理论述略 [J]. 天府新论，2010 (5)：145－149.

[34] 朱立元．现代西方美学史 [M]. 上海：上海文艺出版社，1993.

[35] 宗白华．美的散步 [M]. 上海：上海人民出版社，1981.

[36] Palmer, GB. *Toward a Theory of Cultural Linguistics* [M]. Austin: University of Texas Press, 1996.

[37] Sharifian, F. *Cultural Linguistics* [M]. Philadelphia: John Benjamins Publishing Company, 2017.

典籍翻译

《桃花扇》中文化负载词英译的补偿策略*

——阿克顿译本与许渊冲译本的对比分析

杨　彬　安　爽**

【摘要】《桃花扇》是中国清代戏剧的“扛鼎之作”，对其英译的研究仍然较少。该剧本中有大量与中国历史相关的文化负载词，在翻译过程中往往需要采用补偿的方式，以避免文化信息的缺失。本文选取哈罗德·阿克顿、陈世骧、白之译本与许渊冲、许明译本进行对比分析，探析两译本在文化负载词英译时所采取的补偿策略。研究发现，阿克顿译本多从词汇层面采取文本外注释与增益的补偿方法，表达源文本中文化负载词的意象，内容翔实，文学色彩鲜明；许渊冲译本为避免与目的语读者的审美情趣产生冲突，多采用减译与意象替换的补偿策略，且多从形式与音韵上做出补偿，语言富于节奏，更为注重“可演性”。

【关键词】《桃花扇》　文化负载词　补偿策略

一、引言

中国古典文学对外译介的过程中，小说与诗歌的翻译起步较早，译文比较丰富。相比而言，古典戏剧的翻译受到的重视程度不高。戏剧作品具有二

---

* 基金项目：本文为国家社科基金中华学术外译项目“稷下学公开课”（19WZXB016）和山东师范大学研究生导师指导能力提升项目“翻译硕士中国文化外译技能培养探索”（SDNUYY1702）的部分成果。

** 杨彬，男，山东师范大学外国语学院副教授，硕士生导师，主要研究方向为词汇学、翻译学。安爽，女，山东师范大学外国语学院硕士研究生，主要研究方向为文学翻译。

重性，即文学性和舞台性，一方面，塑造典型形象，揭示深刻主题；另一方面，作为演出的基础，最终在舞台上呈现出来。因此，戏剧的译者也面临两个选择：一是将戏剧当作文学体裁来看待，二是将其视为舞台表演的一部分（Bassnett，2002：124）。戏剧翻译所涉及的不仅是语言符号系统之间的语际转换，还涉及诸如视听效果、舞台表演、演员调度等语言之外的因素。

《桃花扇》是著名的中国古典戏剧，专门研究该剧英译的成果目前数量较少。在中国知网（CNKI）中，以“主题”为检索项，以“桃花扇英译”为检索词，仅能检索到8篇相关论文。《桃花扇》中含有大量的文化负载词，这些词汇深深植根于中国的历史、宗教、社会及文化之中，将其准确地翻译成英语对于译者而言是一项具有挑战性的工作。若目的语中无法找到与源语等值的成分，译者就需要适当采取补偿策略，以弥补文化信息的缺失，实现文化传通的目标。翻译家之所以是翻译家，因为其翻译作品往往具有重要的跨文化交流价值（冯全功，2022：155）。本文选取哈罗德·阿克顿、陈世骧、白之译本与许渊冲、许明译本进行对比分析，探析《桃花扇》两译本在各类文化负载词英译时所采取的补偿策略，以期为中国古典戏剧的英译提供一些参考。

二、《桃花扇》及其译本

《桃花扇》是清代文学家孔尚任创作的传奇剧本，反映了明末极其复杂的政治生态、社会风气及人文环境。《桃花扇》曲词文采斐然，优美流畅，人物宾白简洁明达。《桃花扇》与《西厢记》《牡丹亭》《长生殿》并称为“中国四大古典名剧”，代表了中国古代历史剧作的最高成就。该剧自诞生300多年来，已被改编为京剧、昆曲、黄梅戏等多个剧种，成为各大剧院的保留节目。前后有多位译者将《桃花扇》译介到西方，并取得了较高的评价。

《桃花扇》的英译本目前共有8个。1973年，英国华裔汉学家张心沧（Hsin-Chang Chang）选译了《修札》与《投辕》二折，发表在他编写的《中国文学：通俗小说与戏剧》（*Chinese Literature: Popular Fiction and Drama*）中。1976年，哈罗德·阿克顿（Harold Acton）、陈世骧（Chen Shih-hsiang）、白之（Cyril Birch）合译的全译本问世，在英语世界获得了较大反响。同年，杜威廉（William Dolby）在其《中国戏剧史》（*A History of Chinese Drama*）中对《沉江》一折进行了选译。1996 年，宇文所安（Stephen Owen）在其出版的《中国文学选集》（*An Anthology of Chinese Literature*：*Beginnings to* 1911）中选译了《先声》《传歌》《却奁》《寄扇》与《入道》五折。1948 年，谷斯范将戏剧《桃花扇》改编为小说，此部小说由杨鐵樑翻译，1998 年由香港大学出版社出版。2007 年，江苏省演艺集团编写的《1699 桃花扇：中国传奇巅峰》由江苏美术出版社出版。此书收录了加拿大青年汉学家石俊山（Josh Stenherg）翻译的《桃花扇》舞台演出本。后该剧目在美国、澳大利亚、瑞士等多个国家巡演。2009 年 1 月，尚荣光译本正式出版，该译本收入《大中华文库》，汪榕培担任了《桃花扇》英译稿的定稿工作。同年，许渊冲、许明译本问世，该译本对原剧本做了删减，但故事发展的脉络基本上保留了下来。

本文以哈罗德·阿克顿、陈世骧、白之译本（以下简称阿克顿译本①）与许渊冲、许明译本（以下简称许渊冲译本）为例，展开对比分析。这两个译本都有较大影响力，阿克顿译本为《桃花扇》首个全译本，一经出版就得到了英语世界读者的好评。许渊冲是国内著名翻译家，他的翻译思想及“三美原则”在《桃花扇》英译中得到了充分体现。两个译本的译者皆熟谙中国文学，英语功底深厚，因不同的文化身份和翻译偏好，在翻译文化负载词时会采用不同的补偿策略，以不同的形式传递字里行间的文化信息。

三、翻译补偿研究概述

与翻译学科中的其他范畴相比，翻译补偿缺少相对统一和广为认可的定义。这从一个侧面反映出翻译补偿研究的滞后状态（夏廷德，2006：65）。虽对于翻译补偿的研究起步较晚，但 20 世纪 50 年代以后，对比语言学领域不断推陈出新，语用学等学科也蓬勃发展，使翻译补偿领域摆脱了传统的桎梏，逐渐走向科学与规范。

1964 年，Eugene A. Nida 初步探讨了翻译补偿问题，指出（1964：124）

① 阿克顿与学生陈世骧合译《桃花扇》，两人共翻译了《桃花扇》四十出中的三十四出。1971 年陈去世后，白之译出剩余部分。

书面语常有意识地使用各种各样的形式以补偿丢失的语调特征标记、伴随的动作符号与声调。George Steiner 是当代翻译理论家中对补偿理论阐述最多的学者之一。他认为（2013：16）翻译由四个步骤组成，即信赖（initiative trust）、侵入（aggression）、吸纳（incorporation）和补偿（restitution），补偿的目的是使源文本与目的语文本之间达到平衡状态。由于译者的暴力阐释与侵吞，源语与目的语之间的平衡遭到破坏，需要采取补偿的手段恢复平衡。只有如此，才能增补不完整的翻译范式，恢复原作风貌（2013：483）。Basil Hatim 与 Ian Mason（1990：202）则提出了以交际性话语为中心的补偿理论。翻译补偿就是在翻译行为中，在目的语文本中使用等效替代手段弥补某种交际性损失。如在进行带有双关语的连环画翻译时，便可使用目的语中的双关语进行等效替代。Gideon Toury 在描写框架内研究了翻译补偿，提出了源语与目的语互补的双向分析原则。他（1995：109）认为，如果能解释（重构）翻译过程，而不仅仅是实现翻译文本的平衡，在更广泛的框架内可能会对补偿产生促进作用。

国内学者侧重从翻译技巧角度研究翻译补偿，较为注重补偿实践。王恩冕将翻译补偿定义为："用译入语语言形式补足在转换原文语言形式时造成的语义损失"（1988：11）。基于此，他总结出六种翻译补偿策略：增词法、引申法、拆译法、溶合法、替代法与转移法。柯平基于语言学与现代符号学，指出（1991：23）翻译损失之所以会产生，就是因为源语与目的语背后文化的差异。区鉷（1992：19—20）认为补偿研究应针对概念困惑问题，提出用以克服或规避不可译性的弥补手段至少有六种，即对等、释义性翻译、让步、直译、音译与修饰。夏廷德（2006：202）则提出了六种翻译补偿原则，并从语言学层面和审美层面提出了在词汇、语法及语篇方面的补偿策略。

不同文体的作品对于翻译补偿的要求有所不同。补偿策略的选择与译者的翻译原则、翻译目的和文化身份密切相关。通过具体文本的比读与分析，可以揭示译文如何最大限度地传递原文的隐含信息，实现有效的跨文化传通。

四、《桃花扇》中文化负载词英译补偿策略对比分析

“文化负载词亦称文化特有词或文化缺省词，指承载某种特定文化内涵及民俗风貌的特色词汇（包括习语、俗语）”（孙琳、韩彩虹，2021：91）。中华民族在五千多年的发展积淀中，产生了许多内涵丰富的文化负载词，非本族语读者不容易体会到这些词的深层意义，这就为翻译带来了挑战。采用多种方式进行补偿，最大化地传达源文本的文化内涵，同时又能为目的语读者所理解就十分必要。

对于文化负载词的分类尚无固定的标准。Eugene A. Nida（1945：195）将语言的文化特征分为生态文化、物质文化、社会文化、宗教文化与语言文化。大部分学者直接按照奈达对于文化的分类对文化负载词进行分类。也有学者按照习语、谚语、方言词等进行分类。汪榕培（2002：233—244）将英语词汇的文化内涵分为政治、社会、传说典故、颜色、动植物、人体、食品和其他几个大类。根据《桃花扇》的文本特色，本文主要聚焦于动植物、制度习俗、宗教文化以及历史典故这几类文化负载词英译时的文化补偿。

（一）动植物类文化负载词

由于地理位置、历史宗教及风俗习惯的不同，生活在不同文化中的人对同一动植物词汇会产生不同的联想，这便赋予了动植物词汇更为丰富的文化内涵。如猫头鹰因常在夜间出没，叫声凄厉，在中国是死亡和厄运的化身。而在英语中，猫头鹰则是智慧的象征，因其是智慧女神雅典娜的爱鸟。在《桃花扇》中，不乏对于动植物词汇的象征意义的使用。

例1：双亲在，双亲在，信音未准；烽烟起，烽烟起，**梓桑**半损。

阿克顿译文：

I have parents,

But I never hear from them.

The war clouds rise,

And **my home** is half destroyed.

许渊冲译文：

I have not heard a word
From my family dear,
From my family dear.
When beacon fire
Run higher and higher,
The state is devastated far and near,
Far and near.
Homeward I'd go,
But which way? I don't know.

柳宗元《闻黄鹂》一诗中有言："乡禽何事亦来此，令我生心忆桑梓。"桑梓在汉语文化中有故乡的联想意义。语际交流之所以会产生文化信息的缺损，就是由于目标语读者的记忆图式中缺失相应的储存信息，图式无法被激活。在翻译过程中若要对此进行补偿，就要用目的语读者脑中固存的图式信息进行替代或重新阐释以填补缺省空位。在本例中，阿克顿译本与许渊冲译本皆采用了"去意象，留意义"的减译手法，将"桑梓"的本体略去不译，仅译其喻体，保证了目的语读者对源语的理解。译者的身份也影响着其对于补偿策略的选择，许渊冲为中国本土译者，深受本族语文化影响，将"桑梓"译为"the state"便体现出了中国人"家国一体"的集体主义思想。

例 2：你看中原**豺虎**乱如麻，都窥伺**龙楼凤**阙帝王家。有何人勤王报主，肯把义旗拿？

阿克顿译文：

Tigers and leopards run rampant all over the empire.

Though every eye is fixed on the **Dragon Throne**,

Who would raise a banner to defend His Majesty?

许渊冲译文：

Behold! **Tigers and pards** run wild in Central Plain.
Invading royal domain with might and main.
Who would come to the rescue of **the crown**,
Erecting royal banners in the town?

源语中的文化信息若在目的语文化中有相似的意义与概念，译者便可以采取零补偿的方法，此时目的语读者认知结构中的图式也可以被激活。“豺虎”在汉语与英语中都可用以比喻凶狠残暴的寇贼或异族入侵者，所以两译本都选择保留源语“豺虎”的文化意象。在中国传统文化中，龙凤是荣耀与权力的象征。源语读者看到龙凤二字时，储存在记忆中的相关图式就会被检索以填充缺位，而目的语读者的记忆中并不存在相关的文化图式，所以两译本译者对文化意象进行了减译。阿克顿译本采用了具体化的补偿手法，将其处理为“Dragon Throne”，语义更加明晰。许渊冲译本则保留了“龙凤”客观的所指意义 crown；译文中的“Plain”“main”“crown”“town”形成了“AABB”的尾韵，且增益了“Behold!”一词，一定程度上还原了源文本中气势磅礴的意境。

（二）制度习俗类文化负载词

《晏子春秋·问上》有言：“百里而异习，千里而疏俗。”同一处地域在不同的历史时期也会有不同的习俗制度。《桃花扇》创作于清代，当时的社会制度催生了各类礼仪与风俗习惯。在翻译此类文化负载词时，译者不仅要对源语信息了如指掌，更要灵活运用英文编码。

例 3：不要多话，侯公子堂上更衣，大家前去**作揖**。（众与生**揖**介）

阿克顿译文：

Stop gossiping. He is changing his clothes upstairs. Let us **go and greet** him. [Together

bowing to Hou, who is still on stage]

许渊冲译文：

Do not talk too much! Master Hou is now in his wedding dress. Let us go to the hall **for congratulations.**

All (**Saluting Hou with clasped hands**)

两译本对于“作揖”一词均采用了释义的补偿策略，即将其内涵进行了阐释。但对“揖介”中“揖”的处理却截然不同。揖，本意为拱手行礼。阿克顿译本采用文化替代的方法，舍弃了源文本中的动作形象，而换之以目的语中表示致敬的动作。此种处理关注到了中国与西方不同的礼仪，表明译者的受众意识更为强烈。许渊冲译本选择保留了原文信息，源文本中的“揖”在目的语文化中并不存在相似的概念，将其具体动作译出会使目的语读者感到新奇。在舞台演出时，结合情境，目的语观众或许能猜测出其动作内涵。由于源语与目的语读者所体验的习俗制度不同，所以目的语读者的意识中并不存在源语的相关文化图式。所以习俗类的文化负载词英译时常采用意译与文化替代的补偿手法。

例 4：俺院中规矩，不兴**拜堂**，就吃喜酒罢。

阿克顿译文：

It isn't the custom in ourhouses to **perform the ceremonies of worship**, so we can go straight to the celebration wine.

脚注：Since Hou and Fragrant Princess have not **performed the ceremonies of obeisance to Heaven and Earth and the ancestors**, their "marriage" is more an expression of intention than a strict legal contract. This is why the girl can later be urged to "many again" —without need of divorce from Hou Fang-yü.

许渊冲译文：

Accordance with the custom of the green mansions, there should be **no wedding cere-**

mony but a wedding feast.

两译本对于“拜堂”亦是采取了意译的补偿手法，即将其解释为英语文化中结为夫妻的婚礼仪式。阿克顿译本同时又采用了文本外注释的手法进行补偿。注释中不仅对“拜堂”进行了解释：拜天地、祖先；还解释了二人婚姻的特殊性质。侯李“拜堂”在《桃花扇》的故事发展中十分重要，且该词也有文化意蕴，在译文中若得不到准确传达便会使源文本的风格有所减损。文本外注释可用以解释原文中的难点，提供理解原文词义和欣赏原文艺术审美价值所必需的信息（夏廷德，2006：212）。阿克顿为英裔意大利作家、学者、汉学家，熟读中国经典，在翻译过程中倾向于通过增加注释与评注的方式，帮助不甚了解汉语的目的语读者理解译文。汉学家英译中国作品时常使用这种厚译方法。

（三）宗教文化类文化负载词

佛教、道教、天主教、基督教（新教）及伊斯兰教为中国的“五大宗教”。这些宗教共同形成了中华民族独有的气韵与风格，尤其是佛教与道教深刻影响着中国人的性格塑造。有关宗教的一些词汇在历史的演进过程中也逐渐流传下来，《桃花扇》中也蕴含着许多宗教词汇，具有浓厚的文化色彩。

例 5：（净惊指介）都看**天人**下界了。（丑合掌介）**阿弥陀佛**。

阿克顿译文：

Su：Look！They advance like **goddesses**.

Liu：[with palms together as in prayer]：**Amida Buddha**！

许渊冲译文：

Su (Startled)：Behold！**The Fairy Queen** descends from the Paradise.

Liu (Clapping his hands)：**Buddha is blessed**！

两译本对宗教文化类的文化负载词多采用套译法进行补偿。中英文所属的文化虽不同，但都拥有宗教及诸神形象。阿克顿译本将“天人”译为“goddess”，许渊冲译本以“The Fairy Queen”代之。*The Fairy Queen* 为斯宾塞（John Spencer）的作品，是文艺复兴时期重要的宗教史诗，文中仙后格洛丽亚娜（Gloriana）为伊丽莎白女王的象征。阿克顿译本中对“阿弥陀佛”进行了直译，保留了源语的语言形式；许渊冲译本再次采用了套译的补偿手法，将英语文化中常说的“God is blessed”套译为“Buddha is blessed”。此种套译的补偿策略虽牺牲了源文本中的形象，但却可在目的语中产生相似的审美效果，同时给予读者足够的想象空间。套译法既保留了源语文化特色，又保持了源语习语特色，同时还能让译语读者看到译文时，会自然联想到被套用的本族语习语，从而马上领会译文的意思，也是一定程度的文化补偿（杨燕 2021：161）。

例 6：列位看我像个甚的，好像一位**阎罗王**，掌着这本大账簿，写了没数的鬼魂名姓。又像一尊**弥勒佛**，腆着这副大肚皮，装了无限的世态炎凉。

阿克顿译文：

Whom do you gentlemen think I resemble? I think I resemble **Yama, God of the Underworld**, who keeps such a bulky account-book. The names of innumerable ghosts are recorded in it. Perhaps I also resemble the **Laughing Buddha**. All the vanities of this world have been digested in this belly of mine.

许渊冲译文：

Dear spectators, what do you think I look like? **A Satan or a Buddha**? **A Satan** for I talk about spirits and demons as if they were under me; **A Buddha** for I have seen so many ups and downs.

套译补偿法成功使用的前提是目的语读者的记忆中存储着与源语文化中相关的固有图式。译者在进行补偿时要谨慎唤起图式，因为不同的图式会产生不同情感效应，若唤起了错误的图式，便会导致文化误读。如本译例中许渊冲译本以英语文化中的意象魔鬼撒旦（Satan）替代汉语文化中的意象阎罗王。撒旦在英语文化中是神和人类最无情的敌人，是“反叛、不忠与恶”的化身，带有明显的贬义色彩。而阎罗王在汉语文化中为冥界十殿阎君中的第五殿之主，在民间传说中一向被视为正义的化身。《宋史·包拯传》中记载有云：“关节不到，有阎罗包老。”源语中的“阎罗王”也并无明显的贬义色彩，故笔者认为此处将文化意象“阎罗王”套译为“撒旦”不是理想的选择。阿克顿译本则中采用了文内注的补偿策略，将目的语读者不甚了解的信息“Yama”进行解释，向读者提供理解原文所必需的文化知识，对于“弥勒佛”一词的处理也是采取了此种补偿手段，此种处理方式妥善解决了目的语读者的意义真空，语篇联系得以成功构建。

（四）历史典故类文化负载词

在古典戏剧中，常通过引经据典来抒发感情、揭露社会现实。《桃花扇》中，孔尚任大量运用诗歌、典故等来隐晦表达人物对于政治时局的看法，但这些文化表达却给英语读者带来了阅读困难。文学作品中的典故，即使本族语读者，由于历史文化知识的限制，也不是都能一望而知其意或稍加思索就懂的，外国的读者就更不用说了（翁显良，1983：8）。因此，在翻译历史典故类文化负载词时，如何做到“达意”与“传情”并举对译者来说是个很大的挑战。

例 7：而今还起**周郎**恨，江水向东奔。

阿克顿译文：

The grief of **Chou Yü** echoes louder than before,

But the river flows ever on towards the east.

脚注：Chou Yü，174 – 218，generalissimo of the Three Kingdoms period，who destroyed Ts'ao Ts'ao's fleet at the Red Cliff on the Yangtze River.

许渊冲译文：

But **General Zhou** of bygone day

Has passed with waves on eastward way.

J. C. Catford（1965：98—99）把不可译性（untranslatability）分为语言不可译性（linguistic untranslatability）和文化不可译性（cultural untranslatability）。语言不可译性是由于语言形式上的差异导致的，而文化不可译性是由于译语中缺失源语中的文化信息。在翻译文化负载词时，需要译者克服的就是文化不可译性。历史典故类文化负载词在此方面最具代表性。词语的文化意象与特定的历史背景密切相关，若将其形式直接译出，可能会使目的语读者一头雾水。阿克顿译本采用了“音译 + 文本外注释”的补偿手法，在脚注中增加了对于中国历史人物周瑜的介绍，可帮助读者将这一历史人物与下文的内容之间建立起联系。在翻译某一民族特有的人名或地名时，“音译加注”在一定程度上可解决欠额翻译的难题。欠额翻译无一例外都存在语义上的丢失，必须通过文化补偿将其减少到最低限度（乐金声，1999：18）。源文本的表层结构中暗含着周瑜的身份，进行翻译时需由表及里地将原文表层结构中省略的成分进行再现。许渊冲译本便增益补偿了“General”，此种处理方式未脱离原文，利于目的语读者理解，同时也适合剧场要求。但遗憾的是，源语中重要的一字“恨”却在译文中缺失了。

例 8：羡你风流雅望，**东洛才名，西汉文章**。逢迎随处有，争看**坐车郎**。

阿克顿译文：

Like **Tso Szu**, your verse
Sends up the price of paper in Loyang;
Like **P'an Yueh**,
Your carriage draws all eyes.

脚注：Tso Szu and P'an Yueh won renown for their elegant "rhapsodies" in the last decades of the third century. There were so many purchasers for copies of Tso Szu's "Rhapsody on the Three Capitals" that—according to the oft-quoted hyperbole—the price of paper soared. P'an Yueh was a third-century poet renowned for his exceptional handsomeness. Women would pelt his carriage with flowers and fruits when he rode in the capital.

许渊冲译文：

Headmires your literary renown
Wide spread east and west, up and down.
You are admired here and there,
In a carriage or in a chair.

成功的交际需要双方拥有相似的生活经历与背景知识。源语中的“东洛才名、西汉文章、坐车郎”文化图式在目的语读者的记忆中无法被激活，此处的文化信息缺失会带来意义真空。阿克顿译本为有效填补语篇空白，再次采用了文本外注释的补偿策略。在文中对“左思”与“潘岳”（即潘安）的名字音译，而后以脚注的形式对“洛阳纸贵”与“潘安貌美”进行了解释，保留了汉语文化中的异域情调，能较好地使目的语读者获得源文本的美学享受。但此处注释文本过长，注释内容篇幅几乎为译文篇幅的四倍，虽内容翔实，但易带来阅读负担，淡化读者阅读兴味。许渊冲译本采用了释义的补偿策略，解构了源语中的文化图式，向目的语读者解释隐含在文化负载词中的信息。其句式与选词更为简洁，注重从音韵与形式上做出补偿，更容易为目的语观众接受。马红军（2003：39）提出了隐形补偿（implicit compensation）与显性补偿（explicit compensation），前者指在目的语中增添脚注等明确的注释，后者指通过释义、归化等手段调整原文。可以看出，阿克顿译本倾向于使用显性补偿，而许渊冲译本则多采用隐形补偿的手段。补偿策略并无优劣之分，前提是准确传达源语风貌，尽力弥补语言失真。重译语受众及文化，了解其传统、文化、信仰、价值观和语言习惯，有针对性地进行调适（陈小慰，2021：139），才能增强译文的接受度。

五、结语

中国古典戏剧集文化、音乐、美术、舞蹈等于一体，内涵丰富，极具审美价值。西方读者与观众更欣赏凝聚着东方哲学和美学精髓的作品。古典戏剧的文化信息具有鲜明的中国特色，在不损失原文风格的情况下如何将其再现是一个十分重要的议题。文化负载词承载着一个民族独特的精神气韵，体现着一个民族物质及精神活动的状态。戏剧中的文化负载词的翻译直接影响了戏剧对外传播的效果。《桃花扇》两个译本的对比分析显示，在翻译文化负载词时，阿克顿译本多采用文本外注释与增益的补偿策略，向读者最大化地呈现源语中的信息，更为符合文学读物的要求。许渊冲译本为避免与目的语读者的审美情趣产生冲突，多采用多减译与意象替换的补偿方法，且多从形式与音韵上做出补偿，语言富于节奏，更为注重舞台表演的效果。虽然戏剧作品的舞台性与瞬间性决定了可供剧本译者选择的补偿手段是十分有限的（孟伟根，2012：44），译者也应把尽最大可能传达原文的文化意象视为自己的一种职责（谢天振，1999：192）。对于富含文化负载词的戏剧作品，译者既不能对文化内涵做过多删减，也不必对原文亦步亦趋，需根据文本特征采用灵活的补偿策略，保持原著的文学特色，同时适应译语世界的诗学规范、语言习惯和受众体验，平衡戏剧的文学性与表演性，在翻译实践中化不可译为可译，让中国的戏剧文化更好地走向世界。

参考文献

[1] 陈小慰．再论翻译与修辞的跨学科融合研究［J］．英语研究，2021（14）：131－142.

[2] 冯全功．翻译家群体研究的总体路径——评许多的《江苏文学经典英译主体研究》［J］．当代外语研究，2022（1）：153－159.

[3] 柯平．加注和增益：谈变通和补偿手段［J］．中国翻译，1991（1）：23－26.

[4] 孔爱萍等编．1699 桃花扇：中国传奇巅峰［M］．南京：江苏美术出版社，2007.

[5] 马红军．翻译补偿手段的分类与应用——兼评 Hawkes《红楼梦》英译本的补偿策略［J］．外语与外语教学，2003（10）：37－39.

[6] 区鉷．概念困惑、不可译性及弥补手段［J］．中国翻译，1992（4）：17－20.

[7] 孙琳，韩彩虹．《北京折叠》中文化负载词的英译生态翻译学视角［J］．上海翻译，2021（4）：90－94.

[8] 王恩冕．翻译补偿法初探［J］．中国翻译，1988（2）：11－15。

[9] 汪榕培. 英语词汇学高级教程 [M]. 上海：上海外语教育出版社，2002：233 - 244.

[10] 翁显良. 意态由来画不成？——文学翻译丛谈 [M]. 北京：中国对外翻译出版公司，1983：8.

[11] 夏廷德. 翻译补偿研究 [M]. 武汉：湖北教育出版社，2006：65 + 202 + 212.

[12] 谢天振. 译介学 [M]. 上海：上海外语教育出版社，1999：192.

[13] 杨燕. 民俗文化翻译中的文化缺省及补偿策略 [J]. 兰州交通大学学报，2021 (6)：159 - 162.

[14] 乐金声. 欠额翻译与文化补偿 [J]. 中国翻译，1999 (2)：18 - 20.

[15] Acton, H., Chen, S. H. & Birch, C. *The Peach Blossom Fan*. Berkeley: The University of California Press, 1976.

[16] Bassnett, S. *Translation Studies*. London: Routledge, p. 2002: 124.

[17] Catford, J. C. *A Linguistic Theory of Translation: An Essay in Applied Linguistics*. London: Oxford University Press, pp. 1965: 98 - 99.

[18] Chang, H. C. *Chinese Literature: Popular Fiction and Drama*. Edinburgh: Edinburgh University Press, 1973.

[19] Dolby, W. *A History of Chinese Drama*. London: Paul Elek, 1976.

[20] Hatim, B. & Mason, I. *Discourse and the Translator*. London: Longman, p. 1990: 202.

[21] Nida, E. A. "Linguistics and Ethnology in Translation-Problems". *Word*, 1945 (1): 194 - 208.

[22] Nida, E. A. *Toward A Science of Translating*. Leiden: E. J. Brill, p. 1964: 124.

[23] Owen, S. *An Anthology of Chinese Literature: Beginnings to* 1911. New York: W. W. Norton & Company, 1996.

[24] Shang, R. G. *The Peach Blossom Fan* (Library of Chinese Classics). Beijing: New World Press, 2009.

[25] Steiner, G. *After Babel: Aspects of Language and Translation* (the 3rd edition). New York: Open Road Integrated Media, pp. 2013: 16, 483.

[26] Toury, G. *Descriptive Translation Studies and Beyond*. Amsterdam: John Benjamins, p. 1995: 109.

[27] Xu, Y. C. & Xu, M. *Peach Blooms Painted with Blood*. Beijing: China Translation & Publishing House, 2009.

[28] Yang, T. L. *The Peach Blossom Fan*. Hong Kong: Hong Kong University Press, 1998.

古汉语辞书英译的三维性原则

——以《尔雅·释亲》英译为例

林佩燕　李志强*

【摘要】古汉语辞书作为解释汉字的工具性书籍，其翻译原则也具有特殊性。“解义”是翻译的应有之义，但对汉语辞书而言，若仅翻译词义，而不呈现汉字的“形”和“音”，便无法展示汉字的特点。汉字辞书英译须采用“音形义”互为支撑的三维性原则。以《尔雅·释亲》为例，在其正文翻译上，三维性原则表现为对释义项注音以呈现字“音”、译文保留被释项字形体现“形”、翻译释义项以传递词条核心“义”。在译文注释中，三维性原则表现为从音变现象和音符特点呈现“音”、基于字形、构词特点介绍“形”、依据典籍释义与训诂术语解释“义”。基于三维性原则的《尔雅·释亲》英译本，可充分呈现古汉语辞书对汉字的释义特点和典籍价值。

【关键词】古汉语辞书　《尔雅·释亲》　英译　三维性原则

一、引言

古汉语辞书是典籍文献中的特殊类别。古汉语辞书可以解释字义，还兼具展示字音和字形的功能。依据汉字形、音、义一体的特点，古汉语辞书因宗旨、功用不同而各有侧重，分为训诂类、文字类、音韵类三种，训诂类如《尔雅》、文字类如《说文》、音韵类如《广韵》等。中国古代语言学由此也

---

* 林佩燕，上海师范大学外国语学院研究生。研究方向为典籍翻译。李志强，博士，上海师范大学外国语学院副教授。研究方向为典籍翻译、对比语言学、先秦古典学。

逐渐形成三大分支，即训诂学、文字学、音韵学（王力，1981：211—212；何九盈，1995：2）。辞书典籍作为中国传统语言学的重要文献，如果不能得到恰当翻译，“中国传统语言学是不可能为国外一般语言学研究者真正理解的”（潘文国，2016：序3）。

辞书功能和体例的独特性，决定了其英译原则也有别于其他典籍文献。古汉语辞书英译，需要将高语境的古代汉语转换至低语境的现代英语，要跨越古今中外语言和文化的鸿沟，填补语符转换时产生的多种信息差，从而呈现辞书的汉字释义功能（李志强、冯智强，2020）。辞书英译应遵循何种翻译原则？这成为一个无法绕开的问题。《尔雅》作为中国首部辞书，成书于战国至西汉，在唐代被列入儒家十三经，是古代解经、类名之学的经典之作（顾廷龙、王世伟，2008：34）。后世出现的古汉语辞书，多仿其体例而成。因此，《尔雅》的英译研究可以在方法和原则上，为其他古汉语辞书的英译提供一定借鉴。本文以《尔雅·释亲》英译为例，探究古汉语辞书典籍应遵循的英译原则。

二、《尔雅·释亲》现存英译本的得失

“一部好的辞书提供了丰富的知识信息”（赵振铎，2020：13），辞书既可以作为一部词汇集，也可以是一个浓缩的知识库，还可以反映一个社会在某个时期的文化特点。《尔雅·释亲》作为古代典籍文献，其价值也具有这样的多元性。《释亲》① 已有英译本问世（Chen & Shryock 1932），该译本从文化人类学视角出发，把《释亲》作为中国古代亲属词的类名文献进行研究，以此为基础进行英译，译文具有明显的人类学特点。如《释亲》第1条原文为：“父为考，母为妣”②。其英译文为：

> The father (fu) is called k'ao. The mother (mu) is called pi.
>
> Commentary. According to the *Book of Rites*, the terms fu, mu and ch'i (wife) are used

① 文中《释亲》指《尔雅·释亲》。
② 本文所引《尔雅》原文，均出自上海古籍出版社2010年版《尔雅注疏》。

for persons living. When they are dead, the terms k'ao, pi and p'in are substituted respectively. In the History, *Kung-yang's commentary on the Spring and Autumn Annals*, *Ch'ang Cheh*, and the *Odes*, these terms do not indicate the difference between living and dead. (Chen & Shryock, 1932: 654)

该译文通过译文注释对该卷中亲属词进行人类学释义，并引征《春秋公羊传》《仓颉篇》《楚辞》典籍，使词义得到清晰的解释。但是，《尔雅》作为古汉语辞书所含有的丰富信息，在上述译文中，并未得到全面呈现。因为首先，“古汉语辞书的基本功能在于辨析词语音义，《尔雅》词条多为近义字词互释，其英译则须细致辨析并呈现词义之异同，在词义的解释和表达上加以区分”（李志强、方祺祎，2021：771）。上述译文在字词意义的区分上尚显欠缺；其次，上例译文中只把“考”和“妣”对应的英文单词翻译出来，并未呈现“考、妣”二字的字形，从而忽略了古汉字特有的文字学特点；第三，被释汉字的读音标注，并未达到辞书意义上的清晰完整。从历时语言学的角度看，汉字不同时期的读音是其重要信息，与该汉字的意义乃至各地方言都有密切关联，而该译本仅以威妥玛拼音标注“考、妣”的现代读音，未标注“考、妣”上古音和中古音。从辞书英译的标准来看，该译本的信息构成尚不够完整。汉字“音、形、义”的特点是古汉语辞书英译必须呈现的三个方面，这是由汉字本身的特点所决定的。故此，辞书英译应以“音、形、义”三个维度为导向构建英译文本，也即古汉语辞书英译的“三维性原则”。

三、古汉语辞书英译三维性原则

古汉语辞书英译三维性原则的提出，是由汉字作为象形文字的特点所决定。尽管有文字体系的语言都具有音、形、义的特点，但不同语言在音、形、义三者间的关系却不相同。汉语作为表意文字，最小书写单位、最小听觉单位和最小的结构单位（即形、音、义）三位一体（徐通锵，2014：34）。对于拼音文字的特点，亚里士多德在《解释篇》中说，“口语是心灵的经验的符号，而文字则是口语的符号”（[古希腊] 亚里士多德，2011：63）。这是亚里士多德针对古希腊语音、形、义三者关系作出的解释，具有一定代表性。在拼音文字中，作为“形”的字母对“义”并不直接形成补充，而是需要通过声音这种介质，才和意义产生联系，拼音文字音、形、义三者的关系是线性的。但作为象形文字的汉字则不同，汉字的“形”和汉字的“音”可分别与“义”直接产生联系，其“形”和“音”都能对“义”形成补充，象形文字音、形、义三者是三向关系，而非线性关系。

洪堡特（2001：105）认为，汉语不是根据语法范畴来确定词与词的联系，其语法并非基于词的分类。这与英语之间有很大区别。欧洲传统语法在两千年前形成之初，首先讨论的就是古希腊语的词类划分（Robins，1967：38—39）。根据字符与语言单位的语义或语音的联系这一标准，汉语音、形均可表意，而英语则是以音表意、以形表音。但无论是汉语还是英语，其语言性质并不是只有单一的表意性或表音性。如汉语里的形声字具有一定的表音功能，但由于它们的表音度不高，声符与音节也不能一一对应，所以汉语是一种以表意为主，表音为辅的表意文字；英文字母表示意义，则需要通过构成语素的音素实现（潘文国，2002；2010：91—100）。裘锡圭（2017：10）也指出：“例如英文单词‘sun’是｛sun｝这个单词的符号。它既有音［sʌn］，也有义‘太阳’。但是‘sun’所使用的字符 s、u、n，跟它所代表的词只有语音上的联系，没有意义上的联系，所以我们把它称为表音字。同样，我们把古汉字‘⊖’（日）叫作表意文字，是因为‘⊖’作为字符，即太阳的象形符号来看，跟‘日’这个词只有意义上的联系，没有语音上的联系。如果作为｛日｝这个词的符号来看，它也是音、义兼备的。”

在字形与意义的关系上，拼音文字的字母，不会让人直接产生与意义的联想，但象形文字的偏旁部首却可以直接产生意义联想。洪堡特（2001：83—85）把汉语归为图像文字，认为以汉语为代表的象形文字会激起现实事物的直观形象，而印欧语的意义与形之间没有关联，只与音有关联，即除了声音之外，拼音文字不引发任何附带印象。正如张吉生（2000：36）谈及汉字特点时提道：“凡属于带有能想象出的同一方式，同一形式，同一种类，同一属性的字，大都可用同一偏旁表示。”对于一个汉字，即便不会读其发音，通过字形，也可大致推知其意义；但对于拼音文字而言，如果不会读其发音，仅通过字母拼写则很难判断其词义。

因此就汉字的翻译而言，潘文国（2020：7）指出，“以表意文字为基础的汉语与以表音文字为基础的其他语言间有着的难以调和的矛盾。书写汉语的汉字是唯一还在使用的表意文字，这种文字与概念直接联系，表现为一音一义一形，可以见形知义，望文生义。表音文字与意义之间的联系是间接的，必须通过语音作为媒介，可以望文知音，但不能望文知义。”从这个意义上说，作为象形文字的汉字，在其文化、思维、逻辑蕴涵上，与拼音文字有诸多不同。其间的差异正是古汉语辞书英译所应该、也必须填补的信息空缺。基于汉字音、形、义三位一体的特点，古汉语辞书英译也需从音、形、义三个维度，在英译文中对古汉字的特点加以填补，这是古汉语辞书英译要遵循“三维性原则”的必要性之所在。

四、《尔雅·释亲》正文的三维英译示例

在正文译本构建上，要按照“音、形、义”三维性原则来构建正文英译文本。正文翻译中，“解义”是辞书英译的基本要求，原文中词汇元语言的英译也应是辞书翻译的第一步，同时释义项的英译能初步明确各被释项的词汇语义。在“传形”方面，原文在场是辞书英译在文形上的基本要求（李志强、方祺祎，2021）。原文保留繁体汉字，一是因为这样可以呈现古汉语辞书的释义属性；二是通过繁体汉字的字形呈现，起到“以形补义”的作用；三是便于读者区分一句之中的释义项和被释项，最大限度地保留辞书释义句型的结构特点。在“呈音”方面，在原文上标注汉语拼音，是由于现代汉语拼音契合当下汉语使用主体的注音习惯；在译文中，被释项需要标注威妥玛拼音，这是出于对译文可接受性的考虑。威妥玛拼音更易于海外读者群体拼读，是现在海外汉学界普遍认可的注音系统。基于三维性原则下的正文英译，对原文信息构成多维传递，分别是解义、传形和呈音。以《释亲》第 1 条“父为考，母为妣”为例，正文译文最终呈现为：

原文： fù wéi kǎo mǔ wéi bǐ

父 为 考，母 为 妣。

英译： The father is referred to as 考 (k'ao). The mother is referred to as 妣 (pi).

五、古汉语辞书译文注释的三维性

基于上文分析可知，古汉语辞书文本蕴含了丰富的音韵、文字、训诂现象，仅对正文英译远不足以呈现汉语辞书的特点。要整合辞书典籍丰富的要素，还需要对辞书译文加以注释，需要从“文章学”路径来构建英译本。“就辞书翻译而言，则是指需要以贴合辞书文体的方式来构建译文，也即译文要能够呈现《尔雅》作为一个由多种要素构成的辞书之文的特点”（李志强、方祺祎，2021：772）。因此，辞书英译的三维性原则，不仅体现在正文英译中，也同时体现于译文注释。

（一）音韵呈现

音韵之学对汉语的释义不可或缺，王力（2014：序4）指出：“音韵之学，系乎口耳。耳腭之摩擦，声气之动荡，有形可像，有事可指，固与形而上者殊科也。”同一个汉字，从共时角度看，其读音会因其使用地点不同产生差异；从历时角度看，其历史演变也有不同音变轨迹。明代音韵学家陈第（2011：7）说：“时有古今，地有南北，字有更革，音有转移，亦势所逼至。故以今之音读古之作，不免乖剌而不合，于是悉委之叶。”汉字有几千年的演变历程，历史上外来少数民族多次与汉族融合带来的文化和语言环境变迁，使中原汉语语音变化也不可避免。读音变化有时会带来意义变化，故此读音呈现与音韵现象解释在辞书典籍英译中不可或缺。

1. 历时音变阐释

音韵是构成辞书的基本要素之一，辞书典籍翻译中对汉字音韵加以呈现，有助于目的语读者更准确地了解每个汉字的读音。古汉语诗文讲究音韵，但历时语音演变现象的存在，使一些上古诗文的音韵之美无法为今日读者所赏知。辞书典籍英译如果可以标注汉字在不同时期的读音，则可以很大程度上解决这一问题。辞书英译中标注汉字读音，除了需添加现代汉语拼音，还应补充标注上古音、中古音和威妥玛拼音。

汉语拼音是普通话的拼音方案，以拉丁字母拼写法作为官方语言（汉语）国际标准。拼音虽有法定地位，但它不作为正式文字。作为辅助正式文字的拼音工具，拼音能便利国际信息交流（周有光，1995：1—18）。汉语拼音的标注，也是汉语典籍外译所应体现的文化自觉。同时，对于上古辞书典籍，汉字的“古音、今音”也是辞书英译中应该呈现的部分。“古音”和“今音”是相对而言，“古音”即“上古音”，是指先秦两汉（公元二世纪以前）的语音；“今音”即“中古音”，是指隋唐时代（公元六世纪至十世纪）的语音（唐作藩，1972：23）。清代古音学家考证上古音主要据《诗经》押韵和谐声系统（濮之珍，2017：319），中古音以切韵系统为标准（王力，1980：49）。“中古音距离上古和现代各一千多年，根据中古音，上可推上古音，下可推近代、现代音，这正是汉语史研究得以顺利进行的关键”（潘悟云、张洪明，2013：1）。现有上古音和中古音拟音系统有不同的派别，主要以高本汉系统、王力系统、董同龢系统、周法高系统和李方桂系统等为主。中国的古典文学，如上古诗歌《楚辞》《诗经》，中古时期的唐诗宋词，均非常讲究音韵的平仄对仗。这种音韵之美，只有追溯至文本创作时代的读音才能充分体现。《尔雅》中字词主要取自先秦典籍，很多源自《诗经》，其字音属于上古音。自先秦时期到现代，汉语语音已经历多次更迭，如果读者按照今天的语音系统诵读古代诗歌，则不仅难以体会古文的音韵之美，有时甚至也会在意义上产生混淆。所以在给《尔雅》字词进行英译和标音的时候，不仅需要标注现代拼音，还需标注其上古音和中古音。此外，从译文的可接受性上考虑，威妥玛拼音是海外汉学界普遍认可、采用的注音系统，流行于中国清末至1958年汉语拼音方案公布前，是西方比较通行且近乎公认的一种汉语拼音方式（耘田，1958：1）。它以国际通用的拉丁字母拼写，起着沟通中西文化的作用（周有光，1995：5）。所以在辞书英译的拼音标注上也应采用威妥玛拼音。以《释亲》的“考”字为例，在翻译时如能标注“考”在不同时期的读音：上古音［k^hu］①、

① 本文标注的上古音、中古音均采用王力的拟音系统。

中古音［k^hɑu］、威妥玛式拼音［k'ao］、现代汉语拼音［kǎo］，则译文信息更为丰富全面。

从译文文本构成上看，“注音”需要在正文翻译及译文注释两个层面中呈现，不同注音系统的使用各有其原则：源语正文汉字和音韵现象解释部分，应标注汉语拼音；英译正文汉字标注威妥玛拼音；译文注释中补充汉字的上古音及中古音。

2. 读音讹变阐释

在汉字的发展历程中，同一个字在不同方言中的读音各有不同，不同时期语音系统的更迭也会对读音造成影响。字音会随着它所记载词的语义变迁而转移，存在“声随义转”的现象（黄易青、王宁、曹述敬，2018：232）。读音的考证溯源能确定汉字在文本中的准确意义，因此英译文对这种音变现象的解释就十分重要。

例如，语音讹变是汉字字音发展的现象之一，同一个汉字能有两个甚至更多的音，且不同的音往往导致语义区分。对于这种语音讹变现象，译者应详加解释。以《释亲》中的“从”字为例，该卷中由其组成的词汇有：从祖祖父、从祖祖母、从祖父、从祖母、从祖姑、从父累弟等。现有《尔雅》版本对“从”字的注音为“zòng”（胡奇光、方环海，2004：194；邓启铜，2010：117；徐朝华，1987：156）。而关于“从”字作亲属词组成部分时的读音，其实存在争议。仅以王力所编的两部古汉语字典为例，2000 年版的《古汉语字典》对此类亲属词中“从”字的标音为“zòng”（王力，2000：298），但 2005 年版的《古汉语常用字字典》对此类亲属词中“从”字的标音则改为“cóng”（王力，2005：62）。而根据《现代汉语词典》的解释，“从”字的读音今音一般读为“cóng”，读音“zòng”是其古音（吕叔湘、丁声树，2005：227）。去声“zòng”的出现，一般看作是“去声破读”。王力（1980：217）提及，“凡用转化后的意义，按照变化后的声调读出的，叫作‘破读’。”破读是从汉字如字上转化而来的，与其如字有音和义上的区别。因此，在英译文中对“从”的读音讹变现象可做如下补充：

【译文注释】：“从” is pronounced as the rising tone “cóng” in modern Chinese, while it has the falling tone "zòng" in ancient Chinese. (吕叔湘，丁声树，2005：227) It is because of the assimilating transformation of the pronunciation that the falling tone "zòng" occurred, which is called "deformation of pronunciation". The falling tone can be used to develop a new meaning from the original tone.

3. 音符偏旁解读

汉字早期的构造方法主要是"以形表意"，但这种造字方式局限性很大：一是文字符号众多；二是抽象概念及虚词无形可象，无法表达。随着文字使用的频繁，这个矛盾日益突出。于是先人们先后运用"同音假借"和"形声造字"的方法，通过记录语音的途径走出汉字构形上的困境（吴越，2021：2）。关于形声字的产生，最早是通过在假借字上加注意符或在表意字上加注音符而产生的，随后则直接用意符和音符组成（裘锡圭，2017：148）。

在《释亲》中，一些被释项在构字方式上是由音符和意符构成的形声字。在形声字中，音符与意符各司其职，意符表示模糊的类概念，音符表示读音和个性。两者结合，所指得以彰显（万业馨，2021：71）。此类具有形声特点的被释词读音，可通过其音符和意符来解读。

4. 形声现象阐释

由意符和音符两部分组成的汉字，虽然有意符，但其音符有时也可表意，这种音符称为"有义的声旁"（裘锡圭，2017：170），也应受到译者关注。如《释亲》的"妣"字，在籀文中写作"𡚱"，作为形声字，"妣"可分为左形"女"和右声"匕"的组合。"妣，殁母也。从女比声"（［汉］许慎、［宋］徐铉，2013：260）。意符"女"限定了范围，"雌性"；音符"匕"既表音"bǐ"，又是"妣"的初文，"匕，从反人"（［汉］许慎、［宋］徐铉，2013：166）。"匕"形如反立人形，像温顺的妇女形象，意为"有配偶的妇女"，后来主要作雌性的标志（谷衍奎，2003：9）。译者对"妣"字在读音层面的呈现可做如下补充：

【**译文注释**】：The sinogram "妣" is written as "匕" on the oracle bone script. "妣" is a phonogram combined with the semantographic symbol "女" and the phonetic symbol "比".

In phonogram, the semantographic symbol functions to restrict the range of reference. In "妣", the semantographic symbol "女" means it is within the range of the female. The phonetic symbol conveys the pronunciation and the meaning of a sinogram. The phonetic symbol "比" (also writen as "匕") indicates the pronunciation of "bǐ" and the meaning of "married women". "匕" is the protoform of "妣", which means "married women". (谷衍奎, 2003: 9)

要言之，在《释亲》英译文中，需要使用现代汉语拼音、上古音、中古音、威妥玛拼音对被释词和释义词注音，并进行相关解释。此法目的有三：一者可展现该字在不同时代的音韵特点，探究音、义关系；再者便于海外汉学学者和大众读者两种不同的读者群进行阅读使用；三者可通过揭示汉字构字字音上的特点与音变现象，实现翻译意义上的"以音正义"。

5. 省声现象解析

"造字或用字的人，为求字形的整齐匀称和书写方便，把某些形声字的声旁或形旁的字形省去了一部分，这种现象文字学上称为省声、省形"（裘锡圭，2017：156）。以《释亲》中的"考"字为例，"考"字属于省去形旁的一部分，空出的位置用以安置声旁（裘锡圭，2017：160）。《说文解字》中提道："考，老也。从老省，丂声"（［汉］许慎、［宋］徐铉，2013：171）。即"考"字是把"老"字下面的"匕"省去，加上音符"丂"（kǎo）而来（冯玉涛，2005）。因而关于"考"字的形成，可描述如下："考"字由"老"字省形，加上音符"丂"（kǎo）构成。形声字"考"以"丂"为音符，以省形后的字符"耂"为意符。由此，译者对"考"字在音韵层面的呈现可做如下补充：

【译文注释】: "考" is an abbreviated-signific sinogram which is the abbreviated part of the signific "老" and supplemented with a phonetic "丂" (kǎo). "耂" plays the role of semantographic symbol, which has the same meaning as "老". "丂" works as the phonetic symbol, which conveys the pronunciation "kǎo".

（二）形态解析

汉字字形能够补充说明字义，故此，形态解析在辞书翻译里是不可缺少的一部分。《释亲》里的字形现象较为丰富，有象形特征明显的单字亲属词，也有体现构词特点的二字词、三字词和四字词，且《释亲》中的多字词多以单字词或二字词为词根。那么，应该如何在译文中呈现这些汉字的“字形”特征？又如何在翻译中解析多字词的“词形”特点？换言之，“形”在英译的体现，主要在文字学和词汇学两个层面加以解决。

《释亲》宗族篇中的单字词有八个：考、妣、兄、弟、姊、妹、姑、孙。这些单字词在字形上以象形为主，因此可以从文字学角度对单字词的字形进行阐释。象形，是指通过对客观对象的象征性摹写以构成文字符号的方式。古汉语词汇以单字词为主，各种文献表明，从上古到中古，多字词运用越来越多，比重越来越大，这是古汉语词汇演变的基本规律（赵克勤，2017：18—19）。《释亲》与《尔雅》其余各篇不同，其中收入大量以单字词为词根的多字词，且其比重远超单字词。多字词分为单纯词和合成词，其中合成词又可划分为两类：一类由同样重要的基本成分组成；另一类由基本成分加词缀组成（赵克勤，2017：33）。《释亲》中的多字词属于第二类。如《释亲》宗族篇中，以“父”推而上之，“父”这一单字作为基本成分，添加前缀“王”构成新词“王父”。“加王者，尊之也”（［晋］郭璞、［宋］邢昺，2010：208）。“王，大也，君也，尊上之称”（［清］郝懿行，2017：527）。“王父”义为祖父，“王”是古代对祖父母的尊称（胡光奇、方环海，2004：193）。再以“王父”作为词根推而上之，添加前缀“曾”和“祖”，构成新词“曾祖王父”，“曾犹重也”（［晋］郭璞、［宋］邢昺，2010：208），“曾者，重也，与曾同”（［清］郝懿行，2017：527），其义为曾祖父，“曾”指中间隔两代的亲属(胡光奇、方环海，2004：193)。“祖”指自祖父以上各辈尊长（罗竹风，2011d：844）。上述两例是《释亲》中多字词的典型代表，多是基于词根的意义叠加，因此在翻译多字词的字形时，可以将文字学的字形释义与词汇学的构词解析结合起来进行阐释。

《释亲》包含“宗族、母党、妻党、婚姻”四个部分，各部分都含有单字词和多字词，篇幅所限，本文仅选取《释亲》宗族部分为例，对其中字形进行归类分析，以能独立存在的完整亲属词作为分析对象，以被释亲属词的音节个数作为划分依据，对宗族篇里的43个亲属词进行分类，以便为《释亲》英译的字形解析提供词汇学理据。《释亲》中构词特点相同的亲属词将被归为一类，并对其字形结构进行展开分析。通过归类分析，《释亲》宗族篇中的词汇主要有以下六种构词方式，这些构词方式成为英译词形解析的主要理据支撑。

1.“象形指义”的单字词解析

古文字具有“画成其物，随体诘诎”（[汉] 许慎，2013：316）的象形特征，其字义的理解与字形的构造关系密切。在对《释亲》里的单字词进行构型分析时，要从其象形特点解析字形。“象形，是用摹形的办法将有形之物描画下来，笔触圆转，随物体的外形而起伏转折，如上、下、本、末等字”（陈炜湛、唐钰明，2009：4—18）。裘锡圭（2017：10—12）指出，拼音文字只使用音符，汉字则意符、音符和记号三类符号都使用。汉字的字符里有大量的意符，意符内部又可分为形符和意符。以《释亲》中的“考”为例，文字学角度上，根据《汉字源流字典》，“考”字的字形构造为：（甲骨文）（金文）（小篆）。“考”在甲骨文中与“老”同形，都像长发老人扶杖之形，表示年老高寿。金文头上添了毛发，手杖变成“丂”，含义不变。篆文承接金文，隶变后楷书写作“考”（谷衍奎，2003：161）。

从“考”字的形态解析可知，汉字的象形特征与其字义有着紧密的关系，因此在对单字词进行英译时，需要根据其文字学特点，对其象形构造进行解释，从而实现“形”对“义”的补充。参照上述字形分析，英译文可补充如下信息。

【译文注释】：考：（The oracle bone inscription）（The bronze inscription）（The seal script）

The pictographic sinogram “考”  has the same form with the sinogram “老” in the oracle bone inscription, both of which resemble the form of an old man with long hair holding a stick, indicating senility. The bronze inscription of “老”  has a little change in form but still keeps its meaning. It just adds “hair on the head” and changes the “stick” into “丂”. The seal script of

“考”  is developed from its bronze inscription, but since the calligraphy change in clerical script, the written form is regulated into “考” in regular script.（谷衍奎，2003：161）

2.“词缀 + 词根”的多字词解析

《释亲》宗族篇的多字词，均具有“词缀 + 词根”的构词特点，英译对其字形的解析可从词汇学角度展开。以“庶母”一词为例，改词是在词根“母”的基础上添加前缀“庶”构成。“庶者，众也。庶母犹言诸母也”（[清] 郝懿行，2017：533）。“庶母”，与父之正妻“嫡母”相对（徐朝华，1987：158）。由此，“庶母”可拆分为：庶（前缀，众，与“嫡”相对）+母（词根，母亲）。

【译文注释】：庶母（shu mu）= 庶（the prefix，numerous）+ 母（the stem，mother）. The word “庶母” is formed by the prefix “庶” and the stem “母”. The prefix “庶” means “numerous”，（[清] 郝懿行，2017：533；徐朝华，1987：158）and according to the *Hanyu Dacidian*，the stem “母” means the “mother”.（罗竹风，2011d：816）Hao Yixing concludes that the compound word “庶母” can be understood as “all the mother”，who are the concubines of one's father.（[清] 郝懿行，2017：533）

《释亲》中的多字词，它们在词形构成上存在着明显的词缀叠加现象。新的亲属词可以通过词根与词缀叠加的方式诞生，因而在对此类多字词的词形进行分析时，译者需要关注到词缀叠加现象，从词汇学层面更清晰地阐释多字词的“形”。

（三）训诂解读

训诂解读对辞书翻译的重要性在于，“解义”是辞书典籍英译的基本要求。古汉字字义需要从训诂学角度阐释。就训诂本身的意义而言，“训”就是意为解释疏通，“诂（故）”意为古时语言，“训诂”即解释疏通古时语言（郭在贻，2005：1）。“训”与“故”的关系是历时的。若只是简单地“以此地之语释彼地之语”或“以今时之语释昔时之语”，就会割裂语言的系统性，真正的训诂学应是“初无时地之限域，且论其法式，明其义例，以求语言文字之系统与根源也”（黄侃，1983：181）。训诂所面向的是突破时空限制的语言材料，所反映的是贯通古今的语言观念（孟琢、张祎昀，2020：9），通过训诂能探寻古汉语词汇的语义变迁。《尔雅》成书于先秦，所录古语方言，即使对母语读者也晦涩难懂，面向现代西方读者的典籍外译，就更有必要通过训诂手段解释古语。

汉字意义训诂，既是英译前提，也是其难点。《释亲》全篇围绕亲属词释义展开，虽书中多数词语沿用至今，但由于语言更迭，有些词汇也已很少使用。如“罤弟”，今人多称“（堂）兄弟”，再如“父”已不再是“考”的主要释义。上述这种语义流变，都有必要在英译时加以解释。此外，不同词条中的释义词和被释词有多种释义关系，训诂术语的种类和功能多样。如训诂术语“为（爲）”的释义功能，分别有“下定义、说明名物特点、说明同名异物”等三种；起同一释义作用的训诂术语可能又有好几种，如“谓之、为、曰”等都有说明名物特点的作用（徐朝华，2009：133）。

因此，辞书典籍英译在训诂层面的解读难点有二：一是词汇的语义变迁具有历时性，译者应该如何通过翻译对词义有清晰的解释，同时对其可能经历的变迁加以呈现；二是训释被释词的训诂术语种类繁多，作用并不唯一，译者应该如何对训诂术语进行翻译。以《释亲》为例，在“义”的维度，译者需要从两方面进行训诂补充：一是句子层面的训诂术语英译，二是词汇层面的词义训诂英译。

1. 词义训诂阐释

文本词汇的训诂有助于厘清词汇语义变迁脉络，同时也能解释语义晦涩之处。古汉语辞书因其成书年代久远，文法、词汇与今日大相径庭，使训诂层面的深度解读具有必要性。训诂术语分析可以明确其作用，文本词汇阐释可以疏通晦涩之处。以《释亲》的“考”为例，在《汉语大词典》（罗竹风2011d：632）中，“考”字的义项有二十个：（1）老，寿；（2）对死去的父亲的称呼；（3）成就；成全；（4）完成；制成：（5）古代宫庙落成时始祭庙主的一种仪式。后泛指建筑物完工；（6）迎致；（7）登升；（8）终极；（9）省查；察考；（10）研求；（11）配合；（12）敲；击；（13）弹劾；纠举；（14）按问；刑讯；（15）旧时考核官吏的成绩曰“考”；其考语亦曰“考”。（16）主考；考试；（17）史体的一种；（18）玉上的斑点或裂痕；（19）通“巧”；（20）通“簋”。可以看出，“考”字在历史发展过程中发生了语义变迁，译者需要在众多的义项中明确被释词的语义。由此需要借助《尔雅》注疏本对被释词进行阐释。根据《尔雅注疏》，“考”的意思略有差别：《礼记》曰：“生曰父、母、妻，死曰考、妣、嫔。”《尚书》曰：“大伤厥考心。”《公羊传》曰：“惠公者何？隐之考也。”《仓颉篇》曰：“考妣延年”（［晋］郭璞、［宋］邢昺，2010：208）。由此可知，“考”和“妣”特指已逝的父母，但在春秋的《公羊傳》、战国时期的《仓颉篇》中，“考”和“妣”没有在世或已逝之分，父母亲亦可分别称为“考”“妣”。由此，关于“考”和“妣”的英译可做如下训诂释义补充：

【译文注释】：According to the *Book of Rites*, the terms “父” fu (father), “母” mu (mother) and “妻” ch'i (wife) are used for the living persons. When they pass away, the terms referring to them would be changed into “考” k'ao, “妣” pi and “嫔” p'in respectively. But in *Kung-yang's Commentary on Spring and Autumn Annals*, these terms turn out to have broader meanings, which do not indicate the difference between the living and the dead. The living father and mother can also be called “考” k'ao and “妣” pi respectively.

2. 训诂术语翻译

《尔雅》的训诂术语大多源于对先秦典籍字词的注释。《尔雅》择取部分注释词语，大量、集中地以比较固定的格式使用它们，使之渐渐发展为较为稳定的训诂术语（徐朝华，2009：131）。以《释亲》篇中的训诂术语为例，该篇中训诂术语有5种，含训诂术语的词条共96条，其中“为（爲）”占74条；“谓（謂）……为”占14条；“曰”占4条；“（甲，乙）也”占3条；“谓（为）之”占1条。该篇中同一训诂术语的功能相同，如“为”在《释亲》篇中的作用都为下定义。但同一训诂术语在《尔雅》不同篇目的作用会略有差异。以训诂术语“为”为例，由于训诂术语“为”有多重作用，如在《释亲》“父为考”中是下定义；在《释水》“泉一见一否为瀸”中作用是说明名物特点；在《释天》“彗星为欃枪”中作用是说明同名异物。且“谓之”、“曰”与“为”又都具有说明名物特点的作用，如在《释器》“裳削幅谓之纀”、《释天》“注旄首曰旌”和《释水》“泉一见一否为瀸”。因此，在翻译时译者需确定训诂术语“为”在该词条中的作用，以便明确训释项和被释项的关系。

以《释亲》“父为考”为例，在“乙为甲”的格式中，“为”是带系词性的动词，在句中起着联系主语和谓语并帮助判断的作用，大致相当于现代汉语的“叫作”，“为”解释词义的方法是下定义，术语前一般用一个词组做训释语（徐朝华，2009：132—133）。此处“父”是训释词，“考”是被释词，训诂术语“为（爲）”是带有判断义的系动词。由此，在翻译“父为考”这一词条时，需对其训诂术语加以补充注释：

【译文注释】：In the sentence of “父为考”, the “为” is used to give a definition, with the purpose of orthoepeia for some names in pre-Ts'in canons. Usually, an interpreting phrase is set before it. In sum, “父” is the definiens, “考” is the definiendum, and “为” works as a link verb.（徐朝华，2009：132—133）

六、《尔雅·释亲》英译的三维注释示例

对于原文以外的信息要素，译者需要在译文注释里进一步补充，其中也应体现“音、形、义”的三维性特点。其中，“音”体现在对字词的音韵特点和音韵现象的标注和解释中；“形”体现在对其字词象形构造的解释中；“义”体现在训诂术语的英译和文本词汇的典籍训诂英译中。仍以《释亲》“父为考，母为妣”一句的译文注释为例，译文注释呈现为：

(1) Phonological explanation

考 [k^hu] [k^hau]

“考” is an abbreviated-signific sinogram which is the abbreviated part of the signific “老” and supplemented with a phonetic “丂” (kǎo). “耂” plays the role of semantographic symbol, which has the same meaning as "老". "丂" works as the phonetic symbol, which conveys the pronunciation "kǎo".

妣 [pǐei] [pi]

The sinogram "妣" is written as "匕" on the oracle bone script. "妣" is a phonogram combined with the semantographic symbol "女" and the phonetic symbol "比". In phonogram, the semantographic symbol functions to restrict the range of reference. In "妣", the semantographic symbol "女" means it is within the range of the female. The phonetic symbol conveys the pronunciation and the meaning of a sinogram. The phonetic symbol "比" (also writen as "匕") indicates the pronunciation of "bǐ" and the meaning of "married women". "匕" is the protoform of "妣", which means "married women". (谷衍奎, 2003: 9)

(2) Pictographic explanation

 (The oracle bone inscription)  (The bronze inscription)  (The seal script)

The pictographic sinogram "考"  has the same form with the sinogram "老" in the oracle bone inscription, both of which resemble the form of an old man with long hair holding a stick, indicating senility. The bronze inscription of "老"  has a little change in form but still keeps its meaning. It just adds "hair on the head" and changes the "stick" into "丂". The seal script of "考"  is developed from its bronze inscription, but since the calligraphy change in clerical script, the written form is regulated into "考" in regular script. (谷衍奎, 2003: 161)

 (The oracle bone inscription)  (The bronze inscription)  (The seal script)

The pictographic sinogram "匕" is the protoform of "比" and "妣". The oracle bone inscriptions of "匕" is like people who are kneeing down, which shows the image of a submissive woman. The original meaning of "匕" means the woman in couple, and therefore, it represents the symbol of female. Later, "匕" is used as a radical and phonetic symbol, and the radical "女" is a semantographic symbol. The sinogram "妣" and "妣" is created based on the phonetic symbol "匕" and the radical "女", which can be regarded as the complexity of sinograms. (谷衍奎, 2003: 9)

(3) Exegetical explanation

In the sentence of "父为考", the "为" is used to give a definition, with the purpose of orthoepeia for some names in pre-Ts'in canons. Usually, an interpreting phrase is set before it. In sum, “父” is the definiens, “考” is the definiendum, and “为” works as a link verb. (徐朝华, 2009: 132 – 133)

According to the*Book of Rites*, the terms “父” fu (father), “母” mu (mother) and “妻” ch’i (wife) are used for the living persons. When they pass away, the terms referring to them would be changed into “考” k’ao, “妣” pi and “嫔” p’in respectively. But in *Kung-yang’s Commentary on Spring and Autumn Annals*, these terms turn out to have broader meanings, which do not indicate the difference between the living and the dead. The living father and mother can also be called “考” k’ao and “妣” pi respectively.

七、结语

辞书因其功能上的特殊性，“音、形”作为不可或缺的原文本信息，既是“义”的辅助，也是汉字本身不容忽视的特点。在这个意义上，辞书英译就不仅需要传递汉字意义本身，还需要传递汉字意义的附加信息。由于汉语是具有表意功能的孤立语，英语是具有表音意义的屈折语，古汉语向英语转换不仅是简单的语义传递，更是古汉字“音、形、义”三维性特点的跨文化传通。具体到文本构建中，三维性原则既体现在正文英译中，也体现在译文注释中。之所以选择《释亲》作为源语文本，是因为其中一些字词表现出的历时音变、语音讹变现象和音符特点，有助于说明音韵考证的必要性和以音正义的重要性；同时也是因为《释亲》的被释项中单字词和多字词并存，更能体现先秦至两汉期间古汉语过渡时期的形态变化特点，从而有助于说明以形补义的有效性和必要性；在释义结构上，该篇包含了不同种类的训诂术语和当下罕见的被释亲属词，英译文对这些训诂方式和现象的进一步解读就显得十分必要。通过《释亲》英译的译例呈现可以看出，本着三维性原则展开的古汉语辞书英译，有利于更好地帮助外国读者理解古汉语辞书的价值和功能，充分实现辞书典籍外译的意义。三维性原则作为古汉语辞书英译的重要原则，不仅适用于《尔雅》其他章卷的英译，还可以为其他类型的汉语辞书英译提供借鉴和参考。

参考文献

［1］ Chen，T. S. & J. K. Shryock. Chinese Kinship Terms ［J］. *American Anthropologist*, 1932, 34 (4): 623 – 669.

［2］ Robins, R. H. *A Short History of Linguistics* ［M］. London: Longman Group ltd. 1967.

［3］［明］陈第著、康瑞琮点校．毛诗古音考·屈宋古音义［M］．北京：中华书局，2011.

［4］陈炜湛，唐钰明．古文字学纲要［M］．广州：中山大学出版社，2009.

［5］邓启铜．尔雅［M］．南京：东南大学出版社，2010.

［6］冯玉涛．《说文解字》“省形”分析［J］．宁夏大学学报（人文社会科学版），2005，(2)：12 – 18.

［7］耘田．英语中的威妥玛式汉语拼音［M］．北京：文字改革出版社，1958.

［8］顾廷龙，王世伟．尔雅导读［M］．北京：中国国际广播出版社，2008.

［9］谷衍奎．汉字源流字典［M］．北京：华夏出版社，2003.

［10］［晋］郭璞，［宋］邢昺．尔雅注疏［M］．上海：上海古籍出版社，2010.

［11］郭在贻．训诂学［M］．北京：中华书局，2005.

［12］何九盈．中国古代语言学史·前言［A］．中国古代语言学史［M］．广州：广东教育出版社，1995：2.

［13］［德］洪堡特．洪堡特语言哲学文集［M］．湖南：湖南教育出版社，2001.

［14］胡奇光，方环海．尔雅译注［M］．上海：上海古籍出版社，2004.

［15］黄侃，黄焯．文字声韵训诂笔记［M］．上海：上海古籍出版社，1983.

［16］黄易青，王宁，曹述敬．传统古音学论著选注［M］．北京：商务印书馆，2018.

［17］李志强，冯智强．基于注疏正文本化的辞书深度翻译——以《尔雅·释诂》英译为例［J］．外国语，2020，43（6）：107 – 115.

［18］李志强，方祺祎．古汉语辞书英译的文章学路径——谈《尔雅》英译文本构建［J］．外语教学与研究，2021，53（5）：769 – 781.

［19］罗竹风．《汉语大词典》第五卷［Z］．上海：上海辞书出版社，2011a.

［20］罗竹风．《汉语大词典》第六卷［Z］．上海：上海辞书出版社，2011b.

［21］罗竹风．《汉语大词典》第七卷［Z］．上海：上海辞书出版社，2011c.

［22］罗竹风．《汉语大词典》第八卷［Z］．上海：上海辞书出版社，2011d.

[23] 吕叔湘，丁声树.《现代汉语词典》第5版［Z］. 北京：商务印书馆，2005.

[24] 孟琢，张祎昀. 何谓训诂：论黄侃先生的训诂界定与理论自觉［J］. 民俗典籍文字研究，2020，(2)：1－9.

[25] 潘文国. 汉英对比研究一百年［J］. 世界汉语教学，2002，(1)：60－86.

[26] 潘文国. 汉英语言对比概论［M］. 北京：商务印书馆，2010.

[27] 潘文国. 序［A］. 李志强.《尔雅》和《读写术》对比研究［M］. 北京：学苑出版社，2016：1－4.

[28] 潘文国. 翻译研究的中国特色与中国特色的翻译研究［J］. 国际汉学，2020，(S1)：5－37.

[29] 潘悟云，张洪明. 汉语中古音［J］. 语言研究，2013，33 (2)：1－7.

[30] 濮之珍. 中国语言学史［M］. 上海：上海古籍出版社，2017.

[31] 裘锡圭. 文字学概要［M］. 北京：商务印书馆，2017.

[32]［汉］许慎，［宋］徐铉. 说文解字 附音序、笔画检字［M］. 北京：中华书局，2013.

[33] 徐朝华. 尔雅今注［M］. 天津：南开大学出版社，1987.

[34] 徐朝华.《尔雅》中的训诂术语［J］. 南开语言学刊，2009，(2)：131－137.

[35] 唐作藩. 汉语音韵学常识［M］. 香港：中华书局香港分局，1972.

[36] 万业馨. 谈汉字形声化与汉语词汇双音化［J］. 古汉语研究，2021，(3)：67－127.

[37] 王力. 汉语史稿［M］. 北京：中华书局，1980.

[38] 王力. 中国语言学史［M］. 太原：山西人民出版社，1981.

[39] 王力. 汉语音韵学［M］. 北京：中华书局，2014.

[40] 吴越. 了不起的汉字，迎来"最好的时代"［N］. 解放日报，2021－09－03.

[41] 徐通锵. 语言论：语义型语言的结构原理和研究方法［M］. 北京：商务印书馆，2014.

[42]［古希腊］亚里士多德. 范畴篇·解释篇［M］. 方书春，译. 上海：上海三联书店，2011.

[43] 赵克勤. 古代汉语词汇学［M］. 北京：商务印书馆，2017.

[44] 赵振铎. 辞书学纲要［M］. 成都：四川辞书出版社，2020.

[45] 张吉生. 从汉字的偏旁部首和英语的词根词缀看不同的思维形式［J］. 汉语学习，2000，(2)：33－37.

[46] 周有光. 汉语拼音方案基础知识［M］. 北京：语文出版社，1995.

国际传播视域下“文化折扣”与《庄子》英译研究

张子宪*

【摘要】 在国际传播备受关注的背景下，如何讲好中国故事、塑造中华民族国际形象备受关注；本研究着眼于国际传播中的“文化折扣”现象，从《庄子·逍遥游》英译出发，提出解决“文化折扣”的策略。基于乔治·斯坦纳的诠释流程提出如何“补偿”“文化折扣”带来的信息缺失：从“高语境文化名词”和“低语境文化名词”入手采取相应的异化或归化策略，从而彰显译者主体性，消除中西文化差异带来的“文化折扣”。最终实现作者和译入语读者在差异基础上的“视界融合”，塑造国际传播中的中国形象。

【关键词】国际传播　《庄子》英译　主体性　视界融合

一、引言

国际传播（International Communication）是在民族、国家或其他国际行为主体之间进行的、由政治所规定的、跨文化的信息交流与沟通。中国文化尤其是中国传统文化是国际传播的重要内容，中国文化走出去，需要提高“中国文化影响力生成”的效率（王欣，2019），使中国文化成为人类社会发展进程中的一种共有价值，从而讲好中国故事，传播好中国声音，展示真实、立体、全面的中国。“文化折扣”（Cultural Discount）由霍斯金斯（Colin Hoskins）和米卢斯（R. Mirus）于1988年提出，具体指由于文化背景的差异，

---

* 张子宪，男，聊城大学外国语学院/北冰洋研究中心讲师，研究方向为国别语料库构建、术语翻译等。

扎根于一种文化的文学或艺术产品（如影视剧、电视节目等）不被扎根于其他文化的受众认同或理解而导致其价值的相对减低。“文化折扣”是影响国际传播中国家形象塑造的重要因素。

《庄子》是一本扎根于中国传统的文化产品，反映中国的历史传统和审美，对国内受众很具吸引力，因为国内受众受中国传统文化的熏陶，拥有相同的常识和生活方式；《庄子》在国外的译介和传播中，因为文化差异和文化认知程度的不同，受众在接受不熟悉的文本内涵时，其兴趣、理解能力等方面都会大打折扣，导致《庄子》在国际传播中的“文化折扣”，不利于国际传播中中国形象的塑造。在长达130多年的《庄子》外译史中，英译本20余种，多数由国外汉学家翻译（殷燕，2021）。《庄子·逍遥游》是其哲学总纲，展现庄子思想的境界与理想，其中文化蕴含词语义丰富、为数众多。文章选取英国汉学家修中诚和林语堂的译文进行对比，立足于中西译者在处理中国典籍中文化蕴含词的策略、方法，揭示不同翻译策略对两种语境文化的阐释能力以及对《庄子》国际传播的影响。

二、国际传播与《庄子》英译相关研究

“中国典籍”主要指中国古代文献，其文本是文化的载体。在国家提出中国文化“走出去”和“一带一路”构想的形势下，面向国际传播的典籍英译聚焦于建立和塑造国家形象，相关研究分为两种范式：基于文本的研究和基于多模态的研究。

在基于文本的研究中，学者一般从受众层面去思考国际传播。典籍文本中的语言表达是一种文化中表达思想、观念和情感的“媒介”之一，在跨文化的语境中，译文意义域的建构主要体现在对文化符号的选择与解释上，受众采用归化、类比的译介策略，将他者文明中具备多元意义的文化符号“化归”“转化”为符合自身认知倾向的文化文本，产生类似于原语读者的体验。这种意义的再生产借助文本的转换，“不是简单的反映（reflective）或意图（intentional）的直接作用，而是一种建构（constructionist）的机制”（常江、王晓培，2015）。如中国学者对古典文化名人杜甫的译介。“杜甫”作为一种

文化符号并不是一座剥离原有文化语境的孤岛，而是成为不同诠释社群进行“同情理解”（empathetic understanding）的文本场域（王鑫、黄皓宇，2021）。基于文本的研究有情感转向的趋势（黄阳坤等，2022），为大众媒体中的译文文本表达如何彰显国家形象提供了启示。

基于多模态的研究从图片等非语言手段入手分析传播中的信息传递。如对中国典籍进行改写后，译文以漫画形式呈现给受众，漫画中的修辞效果（刘涛，2012）从原来局限于线性认知逻辑的语言领域转向以多维性、动态性、复杂性为特征的视觉领域，视觉修辞成为译文话语空间构建的主要手段。基于中国典籍的电影是图片的组合，其外译是多模态的国际传播行为，有效推动内蕴着“中国故事”的对外传播；与此相同，根基于中国古典文化的中国电视剧作为一种艺术载体（杜莹杰、贾晓萌，2021），讲述着中国人的中国故事，其外译和传播需要多模态的话语建构，从而彰显承载丰富国族符号的中国影视文化内涵。

《庄子》是东方文明的经典之作，其译介历程已远超一般文学翻译的历史意义，成为一件影响深远的文化事件。从1889年英国汉学教授翟理思第一个全译本开始，大致分为3种类型：传教士的学术性译本，诸如亚瑟韦利的“经院派翻译”和现代的“致用型翻译”或“任务驱动型翻译”（殷燕，2021）；翻译视角包括文学、文化、哲学等（朱舒然，2019）。但现阶段国内外学界对其译本的研究主要着眼于译介策略、译本评价、译文质量等维度，但缺乏对其译本生成的语境要素与译介传播接受效果的描写性研究（林嘉新、徐坤培，2022）。中国在国际传播中的形象塑造需要中国典籍的译介，这就需要克服典籍译介中的“文化折扣”，使用正确的措辞，消除国外受众对中国的误解，塑造积极的国家形象（胡开宝、张晨夏，2019）。

三、《庄子》英译中“文化折扣”消解与补偿

（一）“诠释流程”与译者主体性

典籍英译中的“文化折扣”消解有赖于译者主体性（subjectivity）的发

挥，这就需要译者走进原文和原语文化，对此进行有效释解。翻译与阐释学有着密切的联系，语言是理解本身得以进行的媒介，理解的方式就是解释，翻译是两种语言之间的转换。歌德（Goethe）提出翻译的两种取向，一种是将国外的作者带回国，使他看起来就像我们中的一员；另一种是我们走出国门，去体验异域的风物人情、言语方式、独特韵味。后来歌德将其扩展为翻译三阶段论：归化、改写、对等。基于以上理论，1975 年英国著名学者乔治·斯坦纳在《通天塔之后：语言与翻译面面观》中提出翻译的四层次说，即“诠释流程”：信任、侵入、吸收、补偿（Steiner，1998：312—319）。

补偿（restitution）是把原有的东西“物归原主”，使打破平衡之后的原文语言、风格、句法等不可译因素得到某种形式的补偿，使原文和译文在形式和内容上达到一定的平衡。补偿需要适度，过分补偿会打破基本平衡，原作也在无形中受到损害。“完美”的翻译就是与原文完全平衡的译作。适当补偿的翻译是增强原文文本力量、影响的行为，通过翻译，原来可能不为人知的著作，经翻译后可能成为经典。

（二）“文化折扣”消解与补偿中的译者主体性彰显

1.《庄子》中文化蕴含词分类及“补偿”策略

据章炳麟《訄书·订文》，“语言必先名词，次及动词，又次及助动词。”《庄子》中的名词多为文化蕴含词，因此研究把《逍遥游》中的名词分为 4 类：人名、抽象概念、动物、植物。此外，美国人类学家爱德华·霍尔（Edward T. Hall）把名词分为两种：高语境文化名词（high-context culture noun）和低语境文化名词（low-context culture noun）。高语境文化是信息传播较高依赖环境的文化，其意义寓于传播环境和传播参与者之间的关系中，等同于联想意义（connotation）；低语境文化是信息传播较低依赖环境的文化，信息的意义通过语言可以表达得很清楚，等同于指称意义（denotation）。因此，《庄子》中的 4 种文化蕴含名词可再细分为 2 类：高语境文化名词和低语境文化名词，具体分类见表 1。

表 1 《庄子 · 逍遥游》所含文化蕴含词分类

类别	高语境文化名词		低语境文化名词	
名词	人名	抽象概念	动物	植物

典籍中的"人名"和"抽象概念"形成于中国丰厚的古典文化和传统，富含文化特色，属于高语境文化名词。此类词所指代的事物为该民族所特有，其在目的语的民族文化背景中并不存在，缺乏对等的概念，也就是"此无故"。典籍中的"动物"和"植物"所指代的事物也为该民族所特有，但是在目的语的文化中有对等物，可归于"低语境文化名词"。两类名词的译介既保留中国的特色文化，又要考虑目的受众的接受能力，从而达到有效的国际传播效果。在具体的翻译过程中，译者经历乔治 · 斯坦纳提出的"诠释流程"："信任""侵入""吸收""补偿"。其中的"补偿"即对原文中特有的因素进行还原。在前 3 步的翻译过程中，译者对原文的侵略性挪用和意义合并无可避免地造成原文各个方面的损失，语言、文化差异和翻译策略都可能导致原文的信息缺失。因此，译者需要发挥主观能动性，对信息缺失现象进行有效补偿，以"恢复原作和译作之间的平衡"，有效处理两类名词。论文采用英国汉学家修中诚（Ernest Richard Hughes，1883—1996）的译文进行分析，辅以林语堂的译文作为对比，分析译者对于"文化折扣"的处理方式，以实现有效的信息传递和国际传播。

2. 高/低语境文化名词英译与译者主体性彰显

首先，高语境文化名词展示中国古典文化的丰厚底蕴，对典籍的国际传播起关键作用。此类词可分为两类：人名和抽象概念名词。针对这类名词的对外翻译需要保留中国元素展现的异域特色，不能肆意删除原文的特色。"诠释流程"的前 3 步会造成原文信息的缺失，需要对此进行必要的补偿，即信息增益。部分人名属于高语境文化名词，如表 2。其中，"彭祖"是史前长寿之人，曾受尧封于彭城，年享高寿，其道堪祖，故后世尊称为"彭祖"，奉为神仙。修中诚将其译为 Grandfather Peng，grandfather 具有"始祖"的意思，所以该译文将原文的关键信息"始祖"传递出去，具有一定可行性。表中的第二个名词"尧"是传说中的父系氏族社会部落联盟领袖。修中诚将其译为 the Sage-king Yao，音译保留原文的特色，修饰成分进行信息增益，是对信息损失的弥补，进行有效的信息传递和国际传播，彰显了译者的主观能动性。“肩吾”和“许由”的译文采取了类似的信息增益策略以传递中国特色的古典文化。

表2 《庄子·逍遥游》中高语境文化名词（人名）及英译（修中诚译）

彭祖	尧	肩吾	许由
Grandfather P'eng	the Sage-king Yao	Chien Wu [an inquirer...]	the recluse Hsu Yu

林语堂的译文异化痕迹显著，没有进行信息增益，仅采用拼音译法，如“彭祖”（P'eng Tsu）、“肩吾”（Chien Wu）、“许由”（Hsu Yu）等，保留了原文的丰富内涵。“尧”的地位特殊，林语堂进行了特殊处理，沿用翟理思的译文，将其译为 the Emperor Yao。“尧”虽然不是字面意义上的 Emperor（皇帝），但其伟大之处和在中华民族的地位可用 Emperor（皇帝）来表示，因此林语堂的译文将伟大的中华文化传递到西方，体现了译者的民族自信、语言自信和文化自信，彰显了译者的主体性和主观能动性。

高语境文化名词是表示动作、状态、品质或其他抽象概念的名词。这类名词富含中国文化特色，其表达的概念在译文语境中没有对等的概念，如“天地之正”“六气之辨”等，此类名词宜采用直译。修中诚将“天地之正”译为 the normality of the heavens and earth，属于直译的翻译方法。译入语没有这类实物，音译不能表达抽象的概念，所以只能采用直译，传达原文中关键信息。有的采用直译加信息增益的方式，如“飞龙”译为 a team of flying dragons，可以传达“乘云气，御飞龙，而游乎四海之外”所传递的意境，增加了部分信息，有助于译入语读者理解原文信息。

第二，《庄子》中低语境文化名词众多，在典籍的国际传播中起重要作用。经分析，《庄子·逍遥游》中使用动物和植物表达复杂的概念，此类名词意义固定，以本义为主，联想意义不多，但是它们多为中国特有的物种，译为英文会出现“此无故”的原因而造成“文化折扣”或无法翻译。分析修中诚的译文发现，译者采用这类低语境文化名词在译入语语言中的同类（coordinate terms，cohyponym）作为译文，译入语读者从同类词可以体验原文的特征，从而克服“文化折扣”，实现原语文化在译入语语境中的传播。如表3中的“蟪蛄”，名为“知了”，是一种昆虫，直译为 cicada，但是修中诚将其译为 chrysalis（蛹），因为 chrysalis（蛹）和“知了”有相似的特征，在英语世界更为常见，故选此相似词作为译文，以让受众正确理解中国的古典文化，表3中其他词的译文与此相似。

表3 《庄子·逍遥游》中低语境文化名词及英译1（修中诚译）

学鸠	大瓠	鷦鷯	斄牛	蟪蛄
a young dove	a great gourd	tit	yak	chrysalis

相似词的使用既保留原语特色，又能有效传递信息。除“相似词”之外，亦可采用上位词（hypernym，superordinate））或下位词（hyponym，subordinate）进行词语转换，见表4。表中“朝菌”的译文采用下位词，其他采用上位词。“朝菌”是指“菌类植物”，修中诚将其译为 mushroom（蘑菇），采用了下位词，更贴近人们的生活，易于被受众接受。采用上位词，意义会变得笼统、抽象，可补充修饰成分进行适当的信息增益，已达到信息传播的目的。

表4 《庄子·逍遥游》中低语境文化名词及英译2（修中诚译）

樗	蓬蒿	冥灵	狸狌	朝菌
a huge tree	reeds	a Ming-ling tree	a wild cat	mushroom with a brief morning's existence

综上所述，高/低语境文化名词英译略有不同，高语境文化名词宜以音译等异化策略为主，同时译者需发挥主体性和创造性，适当进行信息增益，在不损害中国特色文化因素的前提下让译文适当靠近译入语读者，实现有效的信息传递和中国形象塑造。低语境文化名词英译采用归化策略，寻找译入语中的对等词作为译文，比如相似词、上位词、下位词等，同时进行适当的信息增益，以补偿归化带来的信息缺失，实现有效的信息传递和国际传播中的中国形象塑造。

四、结语

形象是指“人们所持有的关于某一事物的信念、观念与印象”（Kotler，2001）。近年来，中国政府高度重视中国文化软实力的提升，典籍英译和中国形象研究愈来愈受到学界的关注。在翻译活动中，尤其是针对文化蕴含词丰富的中国典籍英译，译者、作者、读者主体间的冲突时常发生，译者应具备应有的修养，充分发挥自己的主观能动性，达到中西沟通交流的目的。在《庄子·逍遥游》的英译中，修中诚和林语堂的译文很好地发挥了主观能动性，有效地“补偿”了“诠释过程”中的信息丢失，消解了“文化折扣”，达到了原语读者和目的语受众的“视界融合”（fusion of horizons）（许钧，2003）。视界融合视域下的翻译才能实现国际传播中中国国家形象的塑造，更体现中国文化特色，彰显典籍英译过程中的语言自信、文化自信和民族自信，从而成功塑造国际传播中的中国形象。

诚然，修中诚和林语堂的译文堪称典籍英译的典范，有效塑造了国际传播中的中国形象，然而时代语境不断变化，受众要求不断提升，两例译文均有不妥之处。如译文均使用威妥玛式拼音法（Wade-Giles romanization），该拼法于1867年始由英国人威妥玛（Thomas Francis Wade，1818—1895）等人合编，拼写规则丢失了中国语言的文化特色。目前，“维基百科”（wikipedia. org）、“大英百科全书”（Britannica. com）等国外媒体都采用了现代汉语拼音，这是中国国家实力和国际形象的彰显，宜推广使用。将来的典籍外译实践中，应关注时代变迁和受众变化，如目的语受众对文本的情感取向（Weismueller et al.，2022）等，以更好地服务于国际传播中的中国国家形象塑造和国际交往。

参考文献

［1］常江，王晓培．龙的翅膀与爪牙：西方主流电视纪录片对“中国崛起”的形象建构［J］．现代传播（中国传媒大学学报），2015（4）：102.

［2］杜莹杰，贾晓萌．电视剧的中国故事与国族符号的国际传播［J］．现代传播（中国传媒大学学报），2021（09）：75－80.

［3］胡开宝，张晨夏．基于语料库的“中国梦”英译在英美等国的传播与接受研究［J］．外语教学理论与实践，2019（01）：89－97.

［4］黄阳坤，袁雨晴，陈昌凤．人机情绪的趋同、循环与溢出——基于Twitter涉中议题的数据分析［J］．新闻记者，2022（09）：29－44.

［5］林嘉新，徐坤培．副文本与形象重构：华兹生《庄子》英译的深度翻译策略研究

［J］. 外国语，2022（02）：111－120.

［6］刘涛．图像政治：环境议题再现的公共修辞视角［J］. 当代传播，2012（2）：23－24.

［7］王欣．古老与新生会通以超胜——“当代与传统：中国文化国际影响力生成”暨中国文化国际传播研究院第九届年会综述［J］. 文艺研究，2019（02）：162－164.

［8］王鑫，黄皓宇．中国传统文化符号跨文化叙事研究——基于杜甫在英文世界传播的考察［J］. 新闻与传播评论，2021（05）：121－128。

［9］许钧．翻译的主体间性与视界融合［J］. 外语教学与研究，2003（04）：290－295.

［10］殷燕．哲学家视野和致用型翻译——冯友兰英译《庄子》的副文本考察［J］. 中国翻译，2021（1）：120－130.

［11］朱舒然．论《庄子》的哲学翻译——以《齐物论》为例［J］. 外语教学与研究，2019（1）：96－108.

［12］Kotler，P. A Framework for Marketing Management［M］. Upper Saddle River：Prentice-Hall，2001.

［13］Steiner，G. After Babel：Aspects of Language and Translation［M］. 1998.

［14］Weismueller，J.，Harrigan，P.，Coussement，K.，Tessitore，T. What makes people share political content on social media? The role of emotion，authority and ideology［J］. Computers in Human Behavior，2022（129）：107－150.

文学翻译

“天人合一”哲学观下《鸟鸣涧》的诗学认知与海外传播*

熊 欣 侍文轩**

【摘要】“天人合一”中所蕴含的“真”“善”“美”三位一体的哲学思想是儒释道三家哲学流派的理论基石，也为中国古典诗歌的研究提供了历久弥新的理论支撑。唐朝山水诗派王维的《鸟鸣涧》，短短20字，深藏着诗人对天人关系的思考和感悟。通过对《鸟鸣涧》原语文本及许渊冲译本的对比研究，从“天人合一”的视角审视原语文本的美学价值，探讨“天人合一”思想下许渊冲译本中的“三美”，分析中国古典诗歌海外传播中在“形式”、“音韵”和“意境”三个层面对原作的还原效果。

【关键词】《鸟鸣涧》 天人合一 海外传播 翻译美学

一、引言

战国典籍《尸子》有云，“天地四方曰宇，往古来今曰宙”（尸佼，2006：47）。宇宙是时间与空间的统一体，宇宙论关注和研究一切在无限时空中产生变化的现象，中国传统宇宙观的基本内核是天与人之间的关系。天人关系不是一种对立关系，而是一种对话关系。人与世界统一性的基础在于人

* 基金项目：国家社科基金年度项目“对外传播中的译语话语权研究”（项目编号：16BXW052）。

** 熊欣，男，教授，博士，广西科技大学外国语学院研究生导师。研究方向为比较文学、对外传播及翻译研究。侍文轩，男，文学学士，广西科技大学外国语学院翻译硕士在读。研究方向为中国诗词、对外传播及翻译研究。

能通过实践活动回归于天，实现天人合一。天人合一是天与人之间互相成就而臻达的境界，它既是天之为天的本然状态，也是人之为人的理想状态（张进，1998：52）。

美的本质就是和谐。“天人合一”思想拥有“真”“善”“美”三位一体的宏大视野，它对宇宙人生本质的揭示体现了“真”；它对天地宇宙、万物八荒的深情与仁爱体现了“善”；它让人类在无尽时空里体味和谐的永恒魅力体现了“美”。天人合一思想致力于实现人与人、人与众生、人与天地之间和谐关系的建立，蕴涵着对宇宙万物的本质与人的生命价值的终极追求，其求真、向善与崇美的价值导向有助于我们在人类命运休戚与共的时代里实现“诗意地栖居”（徐春根，2008：39）。

唐代山水诗派集大成者王维（号摩诘居士）的诗歌中，蕴含着他对天人关系的洞察与思考。他常常将丰富深沉的情感化入恬静柔美的湖光山色之中，身寄天地间，神游九霄外，诗里的宇宙万物无不流淌着诗人独具慧识的生命体验，“天”在中国文学普泛的宇宙情结中作为宇宙本体的耀眼光环悄然褪色（贺根民，2013：04），成为具备共情能力的另一种存在，更多了一份人格化的质朴和温暖。有限的生命与无限的宇宙相互融合的诗歌范式获得了历代文人的集体认同，成为了中国诗歌史上影响深远、流传至今的终极关怀。格律诗自唐宋兴起之后一直是中国古典诗歌的主流体式，拥有工整对仗的形式、平仄相间的音韵与平淡深远的意境，而其中蕴含着的中国古典哲学思想与天人合一的美学情怀，更使中国古典诗歌具有了强大的民族文化承载力和国际传播影响力。

二、“天人合一”的诗学认知

王维深受当时禅宗文化的熏陶，他在《鸟鸣涧》里描摹秀美山川这种外化审美体验的同时，有意识地融入自身对天地自然、宇宙人生的内化哲学感悟，从而形成了全诗天与人和谐统一的至高意境。有限与无限、时间与空间、众生与世界在王维诗歌中刹那而永恒的瞬间里完成了意境的构建。意境的生成是意象逐层深化与意义逐层产生的过程，原有的意象群经过延伸和扩大化之后，由具体的意象生发出蕴含空间想象、具有美学意味的神韵与情思。《鸟鸣涧》一诗中，王维并没有将各种意象进行简单糅合和静态生成，而是在意象的重组和融合之后，把落桂、山鸟、月、春涧、春山交织在一起，展示给读者一幅动静相偕、意境深远的山水画。

（一）“真”

“天人合一”思想认为，人心为上天所赋予，人性与天道相通，认识本心可以领悟人性，从而触摸天道，达到人心与天地一体、上下与天地同流的境界。“天人合一”将天与人、天道与人道紧密相连，将宇宙万物与芸芸众生视为一个相互影响、彼此协调的整体，从世界的维度观察和思考人生，进而探索宇宙的本原面貌（邹瑄，2007：05）。《鸟鸣涧》的空间构建如同一个小宇宙，诗中的意象彼此辉映，和谐共存。诗中意象可分为以闲人、落桂、山鸟为代表的众生和以月、春山、春涧为代表的天地两种，天地与众生相互影响，彼此成就。《鸟鸣涧》的创作时期正处于唐朝安定统一的开元盛世，在和谐安宁的时代里，王维怀着闲适的心情夜游春山，静观桂花纷落、月光出没、惊鸟欢鸣的生命演绎，字里行间无不令读者如临其境，与作者共享其真，感受春山中众生与天地之间的完美演绎。此时的众生与天地同体，演化成一个生机盎然的大我，二者齐鸣共振，合而为一，实现了“天人合一”的完美融合。

（二）“善”

真正的君子懂得尊重世界万道，富有仁爱情怀，将人与万物视为与自己一样值得肯定与尊敬的存在，设身处地地给予仁爱，视天地与众生的共和、共生、共赢、共荣为至高理想。《鸟鸣涧》里的闲人（作者自喻），夜游春山之时本可无须顾及春山夜之“静”，而他却生怕惊扰了纷落的桂花、潺潺的涧水和熟睡的山鸟，选择了静静地见证这天地万物从应然到实然的衍变，叹息着离去者的离去，欢欣着喧嚣者的喧嚣，静观着月光的隐现，倾听着春涧里生命的隐约。作者用静默将自己融入诗的“小宇宙”中，化身为天地众生的见证者、歌颂者与同行者。正是这份静默，蕴含了作者对春山春涧等天地众生最崇高的敬重和最深沉的善意。

（三）“美”

正是因为差异，才有对比和美的产生。“天人合一”承认“天”与“人”之间存在着的客观差异性，但并不强调天与人的实体性，更不突出二者的对立性，而是追求差异基础上的和谐，实现天与人即大宇宙和小宇宙的和谐共鸣（江渝、王正容，2004：32）。时空交织理论认为，一定的时间联系着一定的空间，然而为了谋求在最短篇幅里创造出最为动人的意境，作者往往会在时空意识方面做出改变，或从空间意义上描写时间意识；或从时间意义上表达空间意识（敖思芬，2003：19）；又或将古今不断更迭的时空交织一体，锻造出岁月变迁、空间变换的回环起伏之美。叙写同一时间内出现不同空间的时间空间化主要体现在作者游历春山的夜晚，天上月隐月现，山中物荣物衰，树间鸟啁鸟啾和涧里水起水落。空间的时间化是呈现同一空间中的时间流逝或不同的时间段，《鸟鸣涧》将空间定格在云溪别墅周围的山林和天空，在这片天地间，高悬的明月常常在夜晚出现，山林经历着四季的变迁，溪水的流淌日夜不曾停歇，桂花告别了短暂的生命和美丽的春天，鸟儿以时断时续的欢鸣去描摹半梦半醒的春夜，作者赏玩于山林之间，与天地万物达成了和谐。中国古代宇宙论认为，时间与空间是构成宇宙的两个朴素而辩证的哲学维度，有限与无限、时间与空间在诗中纵横交会，融为一体，释放出和谐而深邃的时空之美。

三、“三美论”的译学审视

中国文化的海外传播离不开适切的译文，译诗不仅要像诗，还要能够准确传达诗歌中的哲学思辨及境，即确保诗歌中的意象传达。中国著名翻译家许渊冲（1921—2021）先生早在西南联大求学期间就已经对“天与天道”这个永恒的哲学命题有所感悟，并在对外英译中将《论语》中孔子的千古之叹“天何言哉”的指向定位为“自然之道”，后来又从《庄子·大宗师》中得到启发，对“天道”“自然之道”又有了进一步的思考，认为“只有把一切都藏在自然中，才永远不会失掉，这就是回归自然，天人合一的思想”（许渊冲，2020：449）。

基于对“天人合一”中“真”“善”“美”三个维度的理性认知和对《论语》中求道三境界“知之”“乐之”“好之”的感性理解，许渊冲认为文学创作、社会现实与文学翻译三者都是真善美的化身，文学创作是为世界创造美，社会现实是为世界孕育美，文学翻译是为世界传递美，所以都是好事、善事和美事，读书治学与翻译都要追求真善美（许渊冲，2020：467）。与此同时，“知之者不如好之者，好之者不如乐之者”贯穿了许渊冲的翻译生涯，他将这句话扩展到对于“真善美”的求索上：知之就是求真，这是客观需要；好之就是求善，善既是客观需要，又是主观需求；乐之就是求美。求真可以使人知之，求善可以使人好之，求美可以使人乐之，所以求真是低标准，求善是中标准，求美是高标准（许渊冲，2014：11）。因此，《鸟鸣涧》的海外传播，要求译文从音、形、意之美的角度予以充分考量。

（一）“三美论”的译学源起

因为汉语在形音意上的特殊性、中外语言在形合与意合层面的分歧和、同一意象在不同文化中的受众观感（祝一舒，2018：58），中国格律诗的海外传播译文很难再现与原文最为贴近的意象效果，这要求译者以高度的敏感性，通过诗学归化、韵律转化等方式，将蕴含中国本土儒释道哲学文化元素的古典诗歌纳入现有英诗诗体之框架中，同时保存一定的中国他者特质。许渊冲创造性地将鲁迅关于中国文学创作的三美论移植到翻译理论中来，提出了译诗的“三美”翻译理论，即形美、音美和意美（王启伟、王翔，2015：76）。原诗意境美在译诗中的重现对从事诗歌翻译的译者提出了极高的要求，不仅需要具备贯通原语、译语两种语言诗歌创作的思维体系和诗学特征，确保译文既能展现外国诗歌（尤指欧美诗歌）严密的逻辑性和语法关系，又能传达中国古典诗歌中情景浑融、含蓄隽永的优美意境；而且能够在译语中找到与原语相同或相近的物象，充分调动自身形象思维以最大限度地还原中文格律诗中极具美学内涵的意象，从而展示中国古典诗歌独特的风格气韵，争取达成“美人之美，美己之美，美美与共”的传播效果。

（二）“三美论”下的译文构建

1. 形式美的保全与创新

形美即译诗要重现原诗的形式之美，尽量在字、行、句、篇上与原诗一致，在有限的格律框架里尽可能多地移植原诗的内容与思感。

鸟鸣涧	The Dale of Singing Birds
人闲桂花落，	Sweet laurel blooms fall unenjoyed;
夜静春山空。	Vague hills dissolve into night void.
月出惊山鸟，	The moonrise startles birds to sing;
时鸣春涧中。	Their twitters fill the dale with spring.
——出自《王维诗集》	——许渊冲译

许译本在字数上与原诗相仿，原诗全文 20 字，译诗共 29 词（含 7 个虚词）。在行数上，原诗和译诗均为 4 行。在句式上，原诗的首联与颔联对仗工整，行文流畅，而译诗也采用了对偶的手法，两两相对，名词对名词，动词对动词，宾语补足语对宾语补足语，如 blooms-hills、fall-dissolve、hear-come，前后呼应，协调匀称。在篇式上，原诗为五言绝句，译诗分别为六言、八言、七言、八言，参差错落，与原诗保持了一定的相似度，这种不尽相同又基本相近的形式美突破了原始格律的藩篱，赋予译诗以更加灵活自由的句式表达，为译诗增添了一种在守律与出律之间游走的灵动感和分寸感，更好地传达了原作者对春山春夜疏离而又亲近的参与感和“心凝形释，与万化冥合”的至高境界。

2. 音韵美的对照

音美即译诗复现原诗的韵律美和节奏美，主要由韵律、抑扬格与节奏三部分组成，译诗在用韵上选择与原文相同或相似的韵脚，在轻重音上运用英语中的抑扬格来代替汉语中的平仄以实现功能对等，在节奏上运用双声、叠韵、断行、重复等策略巧妙地重现原诗的节奏感。

原诗第二句尾字的“空”与第四句的末字“中”系鼻腔韵母，发音时舌稍下压唇作椭圆形，发音方法是字头由小到宽，达到字头之准，字腹之正，然后缓缓收入鼻腔，其音绵长，口型逐渐合拢，给人以悠长辽远、意象阔大之感。本诗里的中东韵在口腔开阖之间吞吐出雄浑厚重的音节，恰似壮美寂寥的山谷在春夜中孤独地自语。原诗的格律为“平平仄平仄，仄仄仄平平。仄仄平平仄，平平仄仄平”，平仄相间，抑扬顿挫，铿锵有力，回环起伏。原诗的节奏为：人闲/桂花/落，夜静/春山/空。月出/惊/山鸟，时鸣/春涧/中。

译诗音韵美主要通过用韵、抑扬格和节奏来呈现，全诗韵式为 aabb，一二行押/oid/，三四行押/ŋ/，一二行的韵脚/oid/与原诗的韵脚/ong/发音相似：闭口双元音/oi/，发音时值较长，而紧跟其后的辅音音节/d/音短而轻，整个韵脚声如洪钟，沉稳厚重，很好地传达了原诗中春山夜寂的空灵意境。“unenjoyed”和“void”以“d”结尾，给人一种动作结束后迅速进入静止状态的感觉，而原诗前两行也是描写春山在桂花纷落之后陷入寂静的空灵唯美。译诗后两句中的“sing”和“spring”押鼻辅音/ŋ/，属软腭音及浊辅音，气流从鼻腔泄出，震动声带而发音，另辟蹊径地再现了原诗中“ong”韵空谷回音之效与韵律美（刘利艾，2017：132）。译诗的韵式为抑扬格五音步十音节，轻重相连，使译语读者能够感同身受地进入原诗平仄相间的音韵美学之中。译诗的节奏为：Sweet laurel blooms/ fall/ unenjoyed; Vague hills/ dissolve into/ night void. The moonrise/ startles/ birds/ to sing; Their twitters/ fill/ the dale/ with spring，基本对应了原诗的节奏划分，停顿转折，与原诗合。

3. 意境美的重现

意美即在译语文化圈中寻找等效的意象，以创补失，再凭借形式美与音韵美的助力来再现原诗的意境美，使诗人创造出的具有空间美学韵致的意象世界以另一种语言的形态转世归来。

原诗第一句中的“闲”字奠定了整首诗宁静安详的基调，诗人在春山中漫游，聆听着桂花的黯然飘落，与空寂的山谷融为一体，当月光悄无声息地升起，山谷缓缓由暗转明，半梦半醒的鸟儿在春涧中欢快地鸣啼。春山、溪涧与月夜，闲人、落桂与鸟鸣，清晰地勾画出一幅天人合一的山水画作：从落花飞鸟到潺潺溪涧，再到无言春山与广袤宇宙，由小而大，由近及远，思与境偕，意境高远。

译诗主要通过精妙选词创造性地再现原诗意象，进而重现原诗动静相偕的和谐意境（朱志平，2009：10），使译语读者清晰地感受到原诗那种有形无形、虚实动静对立统一的哲学思辨色彩。前两句中动词“dissolve”的选用，不仅将“hills”与“night”两个静态的物象紧密相连，而且还惟妙惟肖地再现了两者之间相互“融入”的动态意象之美，“into night void”一语双关，由实入虚，传神地刻画出原诗春夜春山的寂静空灵与天地宇宙的浩瀚雄奇，由具体写实的环境描写升华为具有空间想象意蕴的美学场域，“Vague”、“dissolve”、“night”和“void”充分展示了中国古代诗歌时间与空间交织融合、具象与抽象和合共生的艺术魅力。译诗后两句的喧嚣吵闹与前两句的宁静安详形成鲜明对比，以一种含蓄克制的诉说方式为读者展现了一幅月出以后山鸟欢愉、春涧传响的美丽画卷，宁静与喧嚣相互渗透，同质同化，静亦为动，动也是静，由静而动又归于寂静，使得“静”与“动”矛盾而和谐地呈现在译语读者的视野中。“moonrise startles”的出场立刻激活了之前宁静的画面，传神地道出了月亮在夜色里由暗而明的动态变化，又让读者领略到月光的明暗交替与“惊山鸟”和“时鸣”的密切关联，使译诗蓬勃的张力和想象力呼之欲出。前两句的“unenjoyed”与“void”和后两句的“sing”与“spring”，由动而静，不仅暗合全诗由静而动最后归于寂静的动静关系，而且完成一种由悲入喜的转换，这是许渊冲先生对原诗作者情绪的分割和重组，与原诗作者淡淡的参与和疏离感不同，译者在译文中融入了自己对桂花的审美期待，重新构建了一种由悲入喜、由死入生、歌颂生命、向往美好的和谐意境。

四、《鸟鸣涧》海外传播的价值考量

作为中国文学最凝练的表达，诗歌记录了自上古至如今无数哲人文士的思想与情感，具有典型的文化承载意义和极佳的对外传播价值。《鸟鸣涧》成于盛唐，全诗语言平白但又蕴含着大国的恢宏气象，反映着中国古代先哲“和”“合”的哲学思辨精神。人与人的和睦相处、人与自然的合而为一、人与社会的和谐共处都淋漓尽致地体现在王维《鸟鸣涧》的诗里行间。

（一）促进文化交流，构建有利的国际发展环境

“和”即和谐，中国的和文化自古有之，“和”字始见于战国金文，本义指声音应和，后引申为平和温和，最后升华为和谐之义，历朝历代都倡导和谐，唯有和谐才能风调雨顺、国泰民安。和文化的当代价值更加显著，其一，和文化有利于我国对内构建发展和对外展示中国特色社会主义和谐社会；其二，和文化的对外传播与我国国家语言战略息息相关，促使本土语言文化在译入语语境中强势主动地再现或润物细无声地移植（熊欣，2018：94），从而加强外国受众对中国文化的存异而求同；其三，和文化有助于我国国际传播能力建设与对外话语体系构建，对外塑造和传播中国友好和谐的国家形象，消除西方世界强行赋予我国“国强必霸”发展逻辑的误解误读。

“合”即共同，许慎在《说文 · 人部》中指出，“合，合口也”（许慎2016：166）。合的本义为闭合、合拢，后来衍生为聚集、共同之意，来自不同地方、不同方向的事物聚在一起为“合”，乃有“天人合一”“和合共生”等伟大思想的生成。在当代，合思想也焕发出别样的生机与活力，在高度互联互通的当今世界，合思想创造性地发展出“人类命运共同体”思想来指导人类和睦相处与合作共赢。

（二）中国诗学的对外传播

《鸟鸣涧》中时间与空间的流逝与交织、动态与静态的融合与再生、生命与非生命的入场与退场都传递着我国博大精深的诗学思想。中国诗学的核心观点是“诗言志”与“诗缘情”，诗歌的本质是表达志向、抒发情感，言说诗人忠君爱国之志、在时代洪流中争渡之志、修身齐家治国平天下之志；抒发作者对天地众生之博爱、对当朝政事之谏言、对所见所闻之思感、对宇宙人生之体悟。中国古典诗歌的对外传播为译语受众提供了一个更好地了解和认知中国的机会，也为推动和促进中华文明与世界文明的友好对话与融合会通做出了积极的贡献。

五、结语

“天人合一”哲学思想潜移默化地影响了中国古代哲学、诗学、美学体系的塑造，直到今天依然葆有鲜活的生命力和研究价值，“天人合一”思想在当代发展出的“人类命运共同体”理念对于提升中国国际影响力和塑造友好负责的国家形象而言意义深远（欧庭宇，2020：29）。许渊冲文学翻译中确保译文的音美、形美和意美，为中国古典诗歌英译时实现译文在形式还原、音韵传达与意境重构上提供了行之有效的解决思路，有利于中国古典诗歌海外传播时的传播效果提升。中国古典诗歌作为世界文化的一部分，其海外传播亦可为人类文化共同体的衍化与生成做出应有的贡献。

参考文献

[1] 尸佼著，汪继培辑，朱海雷撰．尸子译注［M］．上海：上海古籍出版社，2006.

[2] 张进．中国古代文学本质观的范式审视［J］．宁夏大学学报（哲学社会科学版），1998（01）：50－55＋124.

[3] 徐春根．论中国古代作为世界观的“天人合一”思想［J］．广西师范大学学报（哲学社会科学版），2008（05）：36－40.

[4] 贺根民．天人合一：古代文学与道德的契合之基［J］．河池学院学报，2013，33（04）：1－5.

[5] 邹瑄．以人为本：构建社会主义和谐社会的哲学基础［D］．苏州大学，2007.

[6] 江渝，王正容．中国对话辩证法观：从战国对话体赋的视点出发［J］．菏泽师范专科学校学报，2004（03）：31－33＋100. DOI：10.16393/j.cnki.37－1436/z.2004.03.009.

[7] 敖思芬．论唐宋诗词中的时空意识与意境创造［J］．南昌教育学院学报，2003（04）：18－19.

[8] 许渊冲．西南联大求学日记［M］．中译出版社．2020.

[9] 许渊冲．文学翻译与中国文化梦［J］．中国外语，2014，11（05）：1＋12－18.

[10] 祝一舒．试论许渊冲翻译的文化立场与使命担当［J］．外语研究，2018，35（05）：57－61.

［11］王启伟，王翔．“三美”译论观照下许渊冲《诗经》翻译的艺术之美［J］．长江大学学报（社科版），2015，38（04）：76－78．

［12］王维著，赵殿成笺注，白鹤校点．王维诗集［M］．上海：上海古籍出版社，2017．

［13］许渊冲译．中国古诗精品三百首（汉英对照）［M］．北京：北京大学出版社，2004．

［14］刘利艾．从诗到诗：中国古典诗歌英译研究［J］．海外英语，2017（09）：131－132＋143．

［15］朱志平．论中国古诗翻译中意象的再现［D］．上海外国语大学，2009．

［16］熊欣．中外人文交流中的媒介、译者和海外人员的家国意识研究［J］．社会科学动态，2018（04）：93－95．

［17］许慎著．说文解字［M］．杭州：浙江古籍出版社，2016．

［18］欧庭宇．论人类命运共同体理念的基本内涵、内在逻辑及时代价值［J］．广西民族研究，2020（01）：23－31．

从《浮生六记》英译本探究林语堂翻译的美学观

索新轶

【摘要】林语堂是学贯中西、享誉中外的作家、翻译家，作品不仅可读，又颇具美感。作为一名翻译家，林语堂不仅对外翻译了大量的中国古典文学作品，如《浮生六记》《庄子》等，而且还写了很多有关翻译的文章，如《论翻译》《论译诗》等。在《论翻译》这篇文章中，他创造性地提出"翻译是一种艺术"，并提出了翻译应该要遵循三条标准，即"忠实标准""通顺标准""美的标准"。其中林语堂先生英译的《浮生六记》，译文遣词精练，富有表现力，意境生动清新，完整地再现了原文的神韵。本文是以林语堂先生英译沈复的《浮生六记》为研究文本，分析林语堂翻译观中的美的标准和翻译手法，发现其再现文字的声音之美，意义之美，传神之美，文气文体形式之美的主要方式，为译者将来从事文学翻译提供有益的借鉴。

【关键词】林语堂　《浮生六记》　美的标准　文学翻译

一、引言

林语堂是享誉海内外的著名学者、作家、翻译家。他学贯中西，博古通今，兼用中文和英文进行写作，把深奥难懂的中国儒道经典文化传播到西方世界，使西方读者了解中国的传统文化，是中西方文化和语言的集大成者。林语堂一生译著丰富，在中国文学和翻译史上都占有重要的一席之地。他认为"翻译于用之外，还有美一方面须兼顾的。理想的翻译家应当将其工作做一种艺术。以爱艺术之心爱它，以对艺术谨慎不苟之心对它，使翻译成为美术之一种”。尤其是文学翻译作品，更“不可不注意与文字之美的问题”。由此可见，翻译工作针对的并不仅仅是文字，而是翻译著作的灵魂。文学翻译不仅要通顺达意，还要将原作完美再现，才能让西方读者体会到中国文字的魅力。《浮生六记》被认为是林语堂先生最见功力的译作，完美地印证了其以美为最高境界的翻译思想。因此本文选择此译作为研究对象，以期能为林译研究添砖加瓦，从而为译者将来从事文学翻译工作提供有益的借鉴。

二、沈复与《浮生六记》

《浮生六记》是一部自传性质的小说，实质上则是清代著名文人沈复简述其与妻子生活经验的方方面面及对生活的感悟，文风自然清新，风趣幽默，情感至真至切，又富含人生哲理，表现出作者的自然天性和本真心灵，也体现了中国传统的知识分子知足常乐、恬淡自然、与世无争的人生态度。此书深得林语堂的喜爱，他在英译本后记中写道：“余深爱其书，故前后易稿不下十次。”正因为这样的反复推敲、修改，英译本完美再现了中文原著的魅力、风格，甚至更有韵味，而深受海内外读者的青睐。

三、林语堂的翻译观

作为一位学贯中西的翻译家，林语堂一生翻译近30部文学作品，同时还有大量短篇作品，有着丰富的文学翻译的经验，对翻译的贡献不可估量。尤其是在翻译美学方面，他是中国历史上第一个从翻译的角度论“美”的翻译家，他的翻译美学思想，在中国翻译研究领域有着重大的影响。林语堂认为“美”是指要对艺术负责，而且翻译文学作品的人，“须把翻译自身事业也当作一种艺术”。1932年初，林语堂发表了长篇论文《论翻译》，这是他全面阐述翻译理论的一部著作。在该著作的开篇，林语堂提出：“谈翻译的人首先要觉悟的事情，就是翻译是一门艺术。凡艺术的成功，必赖个人相当之艺术及其对于艺术相当之训练”。

关于翻译标准的问题，林语堂继承前人译论的精华，提出翻译的三条标准："第一是忠实标准，第二是通顺标准，第三是美的标准。""忠实"是对原著及原著作者负责任，"通顺"是对译文读者负责，"美"是对艺术的责任。他认为理想的翻译家应当"将其工作当作一种艺术。以爱艺术之心爱它，以对艺术谨慎不苟之心对它，使翻译成为美术之一种"。尤其是翻译作品，译者不但须求达意，并且须以传神为目的。他明确地把美的标准定为翻译的一个标准，谈道"凡文字有声音之美，有意义之美，有传神之美，有文气文体形式之美。"在林语堂看来，文字有音美、意美、神美、气美、形美，从不同层次明确了翻译中美的标准。林语堂关于翻译美学的论述是中国传统翻译理论中重要的组成部分，对于后来的翻译理论家有重要的启示作用。而翻译美学将美学引入翻译研究，无论从理论上还是实践上，美学都对翻译研究有着重要的意义。

四、林语堂的翻译观在《浮生六记》英译中的体现

（一）音美

例1：每当风生竹院，月上蕉窗，对景怀人，梦魂颠倒。

林译：Whenever the breeze blew past my bamboo courtyard or the moon shone upon my window behind the green banana leaves, I thought of her and was carried away into a region of dreams.

首先，从句式结构上看，原文使用排比句式和四个字的词语结构，描绘了一幅风生竹院与月上蕉窗相映成趣的画面，读来节奏鲜明，简洁明快。而林先生的译文则采用了句式相对自由的散文式的句式，格调简洁清新，通俗闲适。虽然原文那种紧凑的、铿锵有致的节奏感好像在散文式的译文中消失了，但是细读起来，可以感受到译文舒缓的韵律。在译文中，林先生通过对称分句的使用营造了节拍感，而且音韵和谐，在音乐美上具有很强的艺术感染力。其次，从内容上来看，在第一个分句中，接连使用了"breeze""blew""bamboo"押头韵。在第二个分句中"shone""upon""window"押尾韵，对称分句在音韵上非常协调，译文的音乐美丝毫不输原文。

例2：其癖好，与余同；且能察眼意，懂眉语，一举一动，示之以色，无

不头头是道。

林译： She had the same tastes and habits as myself, and besides had the talent of reading my wishes by a mere glance or moment of the eyebrow, doing things without being told and doing them to my perfect satisfaction.

在句式结构上，林先生放弃了一味追求匀称的节奏感而强调译句形式上的严格划一，而是选择了貌似松散，但是适度长短句的搭配从而呈现一种内在的自然节拍。译文中长短句的恰当错列对应了原文的齐整结构，各个句子结构相对简单，读起来轻松顺口，在长长短短错列中呈现了起伏的韵律感，透露了自然的音乐美。

（二）意美

例3： 是夜月色颇佳，俯视河中，波光如练，轻罗小扇，并坐水窗，仰见飞云过天，变态万状。

林译： The night, the moon was shining beautifully and when I looked down at the creek, the ripples shone like silvery chains. We were wearing light silk dresses and sitting together with a small fan in our hands, before the window overlooking the creek. Looking up at the sky, we saw the clouds sailing through the heavens, changing at every moment into myriad forms.

这段话描写了沈复夫妇七夕赏月的情景，寥寥数语营造了一种惬意、闲适氛围，流露出一种平凡质朴的淡淡幸福。原文中“波光”“轻罗”“水窗”“飞云”等一系列词语营造出一个惬意悠然的绝美意境，而译文中“creek”“ripples”“silvery chains”这些名词都恰如其分地再现了这一意境。而且“shining”和“sailing through”这两个分词分别用来修饰莹莹皎洁的月光和形态万千的飞云，特点鲜明，烘托出七夕夜晚的静谧和谐之美，如此质朴，却包含韵味。

例4： 过石桥，进门，折东曲迳而入，叠石成山，树木葱翠。亭在土山之巅；循级至亭心，周望极目可数里，炊烟四起，晚霞烂然。

林译： We passed a bridge, entered a gate, turned eastwards and followed a zigzag path into the place, where we saw huge grottoes and abundant green trees. The Pavilion stood on the top of a hill. Going up by the steps to the top, one could look around for miles, where in the distance chimney smoke arose from the cottages against the background of clouds of rainbow hues.

这段话描写的是中秋节沈复夫妇与小妹一同赴沧浪亭游玩的情景。沧浪亭幽静清雅，绿树葱葱。这句话写出了清新、幽静、恬淡、优美的山中秋季的黄昏美景。其中“chimney smoke”和“clouds of rainbow hues”写出了时近黄昏，日落月出，清幽安闲，充满了意境。林先生接连使用了四个动词“passed”“entered”“turned”“followed”，仿佛带领读者跟随沈复的步伐移步换景，能让读者感受到一种身临其境的美。

例 5：少焉，一轮明月已上林梢，渐觉风生袖底，月到波心。

林译：After a while, the moon had already arisen from behind the forest, and the breeze was playing about our sleeves, while the moon's image sparkled in the rippling water, and all worldly cares were banished from our breasts

这句话描写了沈复夫妇携小妹赴沧浪亭游玩，沧浪亭优雅清丽而鲜有人至，夜间明月东升，阵阵微风自湖上吹来，使人心旷神怡，湖水中荡开的涟漪倒映着皎洁的月光。林先生将“风生袖底”译为“the breeze was playing about our sleeves”，把无形的微风拟人化，使原文变得更生动活泼，读者仿佛可以感受到林先生热爱自然，喜爱恬淡而又富有情趣的生活。

（三）神美

例 6：芸揽镜自照，狂笑不已。

林译：Yun then had such fun looking at herself in the mirror.

这句话出自闺房记了一章，写的是芸在沈复的怂恿下女扮男装赴会观“花照”。“揽镜狂笑”，即芸被自己滑稽的装束所逗乐。林先生的父亲是传教士，母亲是基督教信徒，所以他虽然是一个土生土长的中国人，但是接受的教育却深受西方文化的影响。在这样的条件下，林先生的文化背景在他从事翻译过程中的语言选择产生了深远影响。比如在此句中，“狂笑”若直译为“guffaw”或“laugh loudly”，恐会有损芸受过良好教育的优雅美好的形象，引起读者的曲解。林先生在翻译时，突出“狂笑”不在声高，而在趣浓，因而翻译为了“fun”。林先生的译文中在变通中寻求中西方文化的共鸣。

例 7： 汝母命苦，兼亦情痴，故遭此颠沛。

林译： Mama was born under an evil star and is, besides, sentimentally passionate. That is why we've come to this.

这句话写的是沈复之妻芸在重病之中对女儿青君的嘱托。原文中的“命苦”是指芸感叹自己时运不好，命运不佳，得此重病，无法眼见幼子成人，无法陪伴在家人身侧。林先生在这里借助修辞“born under an evil star”，能够让读者感同身受，仿佛能够感受到芸对自己凄苦命运的无奈与愤懑。

例 8： 当是时，孤灯一盏，举目无亲，两手空拳，寸心欲碎。

林译： A solitary lamp was shining then in the room, and a sense of utter forlornness overcome me. In my heart opened a wound that shall be healed nevermore.

这句话描写的是芸去世时沈复悲痛欲绝的心情。林先生在这里将“孤灯”译为“solitary lamp”，“solitary”不仅指灯，也指此时的沈复形影相吊，孤独困苦，同时也与“forlornness”相呼应，把沈复内心的痛苦绝望描写得淋漓尽致。

（四）形美

例 9： 兽云吞落日，弓月弹流星

林译： Beast-clouds swallow the sinking sun,

and the bow-moon shoots the falling stars.

这是沈复与芸在日落时一起观看晚霞夕照随意联吟的佳句。原诗新颖别致，精巧绝妙。原诗描述的是自然现象，所以林先生选择了一般现在时。这两句诗中，“swallow the sinking sun”押头韵，而且“swallow”和“sinking”形象生动。林先生的译文基本对仗，而且两句诗中“beast”与“bow”，“swallow”与“shoots”，“sun”与“stars”都是首字母相同，有对称整齐的美感。

例 10： 秋侵人影瘦，霜染菊花肥。

林译： Touched by autumn, one's figure grows slender,

Soaked in frost, the chrysanthemum blooms full.

原诗生动地描画出一幅深秋时节清瘦的人影与鲜美的菊花相伴的图画，

花肥人瘦更衬托出一种悲凉来。林先生将其中的“瘦”和“肥”分别意为“slender”和“full”，而不是直接译为“thin”和“fat”，赋予了与原作相同的感情色彩，再现了原文作者沈复对人物的欣赏和对菊花的喜爱之情。林先生将两句诗都译为相同的“状语 + 主系表”结构，句式整齐。其中“秋侵”和“霜染”分别用过去分词短语“touched by autumn”和“soaked in frost”译出，显得整个句子非常简洁。从整体上看，译诗与原作一样，十分工整。

（五）气美

例 11：三日所进，不敷一日所出，焦劳困苦，竭蹶时形。隆冬无裘，挺身而出。

林译：The income of the shop for three days was hardly sufficient to meet one day's expenses, and I was hard pressed for money and worried all the time. I went through the severe winter without a padded gown.

原文写出了在芸重病时，沈复一家人窘迫的经济状况，生计维艰。林先生在这里只用了“hard pressed”和“worried”就把“焦劳”，“困苦”，“竭蹶”，“时形”都详细解释清楚了，读者不仅可以感受到沈复家中资财枯竭匮乏，经济状况十分窘迫，也可以感受到沈复的无计可施、手足无措。两个词，淡化了悲苦的气氛，更衬托出在逆境中坚强、坚毅的品质。这句译文充分体现了林先生的精神气质，也是这篇译文风格形成的因素。林先生赞同这种善处忧患，逆境逢生的精神品格。

例 12：时但见满室鲜衣，唯独通体素淡，仅新其鞋而已。

林译：At this time the guests in the house all wore bright dresses, but Yun alone was clad in a dress of quiet color, and had on a new pair of shoes.

这句话中“满室鲜衣”与“通体素淡”形成强烈的对比。译者将“素”译为“quiet color”，译出了原文的神韵，也体现出了译者对芸恬淡的性格的喜爱与欣赏。林先生在《生活的艺术》中说：“他须有丰富的心灵，有简朴生活的爱好，对于生财之道不大在心，这样的人，才有资格享受悠闲的生活”。译文体现了林先生乐于恬淡的境界，他的翻译美学思想与其性格气质、生活态度是和谐统一的。

五、结论

文学翻译要求译者做到形神兼备，既要为译文读者提供优美的语言环境，更要为译文读者营造出良好的审美环境。林语堂先生充分利用和发挥译入语的优势进行创造性翻译，译文很好地保持了原作的风格，表达简洁晓畅，富有魅力，从而使译文达到了音美、意美、神美、形美、气美的统一，在让外国读者了解中国及中国文化方面，林语堂先生对翻译做出的贡献不可估量，尤其在翻译美学方面，他的翻译美学为中国的翻译理论和实践提供了指导，也为译者将来从事文学翻译提供了有益的借鉴。

正如泰特勒所言“好的翻译是把原作的优点完全移注到另一种语言，使得译文语言所属国家的人们能够清晰地领悟、强烈地感受，正像使用原作语言的人们所领悟、感受的一样”。林语堂先生所译的《浮生六记》不仅传神，而且达意，正是此类译作的经典佳作。对于将来要从事文学翻译的译者来说，要再现文学作品的音美、意美、神美、形美、气美，必须重塑文学作品的高度审美价值，而这需要译者不断努力深入钻研，持续攀登。

参考文献

[1] Alexander Fraser, Tytler. *Essay on the Principles of Translation* [M]. Beijing: Foreign Language Teaching and Research Press, 2007.

[2] 陈福康. 中国译学理论史稿（修订版）[M]. 上海：上海外语教育出版社，2000.

[3] 林语堂. 论翻译 [J]. 载罗新璋编. 翻译论集 [C]. 北京：商务印书馆，1984.

[4] 林语堂. 生活的艺术 [M]. 西安：陕西师范大学出版社，2003.

[5] 陆洋. 论“美译”——林语堂翻译研究 [J]. 中国翻译，2005 (9).

[6] 沈复著，林语堂译. 浮生六记/*Six Chapters of a Floating Life* [M]. 北京：外语教学与研究出版社，1999.

应用翻译

从交际示意性功能透视公示语翻译结症

王雪莹*

【摘要】公示语文体是社会用语的重要组成部分，其社会交际功能不言而喻。公示语翻译作为一种跨语言、跨文化的社会交际活动，翻译过程中一旦内涵信息被缺省，原意被歪曲，或者译文的语气使用不当，使得文本中隐含的交际功能和示意功能无法传递，必然造成误译。文本拟从功能理论视角下，剖析公示语误译的症结，提出译文须重视传达原文本的交际功能和示意功能，以达到公示语翻译的有效传递。

【关键词】公示语翻译　交际功能　示意功能　等效传递

一、引言

公示语是一种特定功能的文字形式，具有悠久的历史，在世界各民族的社会、文化、经济发展进程中都发挥着规范、协调、保障、稳定的功能机制（吕和发，2002：32）。百度百科给出定义，公示语（Public Signs）是公众场合看的文字语言，一种公开和面对公众的，以达到某种交际目的的特殊文体。在全球化发展与文明共鉴的进程下，公示语已成为一个城市文明的标志，路标、广告牌、商店招牌、公共场所的宣传语体现出国际化都市的语言环境和人文环境。作为社会用语的重要标志，公示语通常含有四大功能：指示性、提示性、限制性和强制性，旨在传达提示、提醒、警告、请求等意图（冯克

* 王雪莹，女，天津外国语大学副教授。研究方向为语用与文化翻译、西方翻译理论。

江，2011：56）。在公示语翻译中，四种功能意义的任何歧义、误解、滥用都会导致不良后果，影响一个国家或城市的形象和对外交流。鉴于此，本研究拟从公示语文本的交际和示意两大功能，剖析误译案例中对语言、文化、思维差异的认知不足，导致翻译的交际混乱和示意错误，指出中西方语言差异、习俗文化和思维方式差异制约了交际功能的传达，译者必须选择适合的翻译策略使交际信息等效传递。

二、公示语英译研究回顾（1990s—2020s）

自20世纪90年代以来，国内学者从功能对等理论、目的论、翻译规范论、选择适应理论、跨文化交际、语用关联理论、语境转换、模因论等多视角展开了公示语翻译研究。向阳（1994）在谈到中国街道名称的英译时指出，英译名是给不会汉语的外国人看的，翻译时要为他们着想，要换成他们的角度考察译名是否妥当。吴伟雄（1998）针对标语口号的英译，从语句特点和可接受性的角度分析了当时的翻译通病。陈新仁（2001）从言语行为理论入手，从语言顺应维度探讨了公示语以言行事的语言特点以及相关语用策略的使用状况。栗长江（2003）分析了警示语的英译特点，并从翻译规范角度提出了英译时可遵循的几种模式，如采用大写，多用名词和动名词，使用祈使句等正式文体。卞正东（2005）探讨标牌类标示语、口号类标示语、标识类标示语、说明类标示语四类标示语在译法上的得失，总结译者必须通盘考虑，方能做出可接受性强、宣传效果好的标示语译文。贺学耘（2006）从汉英公示语翻译文化角度探讨交际翻译策略。袁红艳（2008）从功能对等角度探讨了公示语的翻译策略即语义对等和语用对等的具体应用。徐慧晶（2009），王芳（2009）等从语用学视角探讨了公示语翻译的提示性、指示性、限制性、和强制性功能。张娜娜（2011）结合 Leech 的礼貌原则和 Brown Levinson 的面子策略，分析礼貌策略在校园告示语中的运用。何航，王银泉（2018），贾佳星等（2018）从公示语的文本类型与语用功能、翻译理论与方法、误译的归类与归因、译写规范与管理方面进行论述。刘友全（2019），高薇（2019），李欣桐（2019）从语言符号的功能性归纳总结公示语英译的问题，并反思解决问题的对策。公示语英译区别于其他应用文体翻译，尤其体现于它的交际语境和示意功能意义，上述论文研究成果为后期的公示语研究和公共服务领域英文译写规范提供了可行性建议。

三、公示语翻译的交际功能

Austin 认为，语言研究的目的应该是澄清所有言语交际情境中的所有言语行为，说话人旨在通过话语实施某个交际目的或者执行某个特定功能的行为，并在受话人身上产生的效果或结果（2002：27）。从交际的角度看，一则告示语就是一个交际语境。在这个过程中，公示语文本就是发话人，被告知的对象即是受话人，在这种单向交际下，发话人只发出信息，受话人只接收信息。因此，作为双方交际载体的公示语具有交际意图，文字以强制性方式来阻止或预防特定行为、事件的发生。如，禁止性告示语的语言特点表现为祈使句式，使用“禁止”“不得”等字眼，英文一般使用“no”“don't”等。因此，公示语的交际功能主要体现在文本的情景语境和文化语境中。

（一）情景语境

情景语境（contextual situation）这一概念由英国功能学派创始人之一马林诺夫斯基首次提出，根据语言交际中的实际情况，任何话语的含义都不能脱离其相应的情景语境。举例说，划独木船的人把船桨叫作“wood”，如果不与当时的情景结合，很难理解该词的所指意义，因此不能仅仅依靠语言语境来辨析话语的意义（冯志伟，1987：158—159）。因此与公示的情景语境所有相关的人物、场合、时间等因素在翻译中具有重要交际意义。例如国内所有机场标出的“航站楼”都使用国际通用的英语表达方式“terminal”，而非“station building”。因为“terminal”一词在英语中表示“终点站”之义，如果脱离了情景语境，便无法理解航站楼一词的确切意义。又例如，进入进场办理登机手续时会发现公示语“值机”一词，如果缺少相关情境信息时，很难理解其意义，它是检录机票之义，在英语中表达为“check in”。在这个过程中，要根据话语的情景语境选用恰当的言语表达方式，传达话语信息实现交际的目的。

（二）文化语境

理解公示语的话语意义含义需要参照特定的文化，对文本中的词汇功能进行分析之后才能推测出来，文化语境必不可少。所谓文化语境，是指说话人所在的言语，社团的文化背景，其在跨文化交际中起着重要作用，并以最深刻微妙的方式影响着人们的行为，常常极大影响句子的意义。文化语境的意义是依赖于人们思想预先设定的、先入为主的程序来传达的。就公示语翻译而言，由于中英思维方式不同，文化语境更具有约束和限制作用。

公示语翻译过程中，文化语境对公示语文字所传达的信息产生影响，并对理解信息有制约性。比如“请讲普通话，请写规范字”，这里所指的规范字，“字”是指中国的汉字，在英语文化语境中不能与“word”相对应，如果“write with standard word”便忽略了中国的文化内涵，造成不精确。译文需要添加缺省的文化信息，译为“write standard Chinese character”更为妥当。显然，原语与译语的文化语境在性质和内容上存在差异，公示语翻译需要关注双语的文化内涵的传递与阐释，把语言的转换应纳入语言所属的整个文化体系。在文化的维度下进行适应与选择，以实现文化的转换，准确传递原语的语用意义。

四、公示语翻译的示意功能

公示语示意功能一般为指示性、限制性和强制性，是为满足公众的社会行为和心理需要，提供的一种服务信息（戴宗显，2005：39），具有实用性。如果从公示语翻译的角度分类，可分为信息功能和人际功能。

（一）信息功能

公示语中最为常见的是信息功能，旨在传达某种指示或是建议，此类信息功能注重于所服务的内容（崔学新，2010：2）。比如，“公用电话”（Public Telephone）、“租车服务”（Car Rental）、“问询服务”（Information）等。

此外具有建议性和警示性的信息，如，“油漆未干”（wet paint）、“楼内不得携带食物和饮料”（no food or drink in building）、“闲人免进”（staff only）、“请右侧行驶”（keep right）等。但是有些具有强制性信息的公示语，会直截了当地给出命令，允许或是禁止公众做某事，比如，“禁止吐痰”（No Spitting）、“此处禁止钓鱼”（No Fishing Here），这些公示语以陈述句的形式展示信息内容，令公众迅速明了其信息传递的意义。

（二）人际功能

人际功能就指人们用语言来表现、并影响对方的行为（张美芳，2006：16），人们在使用语言来影响他人行为的过程中，形成了人际功能，公示语文本尤为突出。在公示语的翻译中，多表现为信息发出者的情感和态度原则，属于人际态度的文本，一般直接明朗，易于被信息接收者理解并接受。比如北京国际机场一条公示语，“请保管好您的随身物品”（Please take care of all your belongings），信息提示性功能之余，文本还使用“请”和“您”，增加了人际功能意义，礼貌地表达了原语发出者的要求，以拉近与语言受众群的距离，具有很强的感染功能。该公示语英译不仅表达出机场对旅客财产安全的关心，委婉的语气也使得译文的交际目的和人际功能得以实现。可见，语言结构简洁、语式强势有力的公示语，对营造人际的情感语境具有重要意义，发话者的情感态度能有效地传达给了交际环境中的受话者。

五、公示语误译结症分析

在中国，公示语大多采用中英两种语言，但公示语英译多流于形式，不被重视，翻译质量存在较多的问题。造成这一误译结症，主要为忽视文本的交际功能和示意功能，使公示语信息不能有效传递。

（一）交际信息被缺省

在实际的翻译过程中，一些公示语在英译过程中缺省了一些必要的信息，从而导致英译文本的信息不足，造成交际传递失误。例如，动物园经常见到不同的动物馆，像虎馆、狮馆、熊猫馆等，其英文翻译大多都是“tiger, lion, panda”。译文中因为少了一个必要的“馆”字，使交际语境产生变化，结合情景语境，译语读者很容易联想到“小心老虎，此处有虎”之义，从而曲解公示语真正的语境意义。

此外，公示语“游客止步”在很多景点中随处可见，其中一则公示语“游客止步”的英文指示牌为“Passengers, Stop here”，（也有的英译为“Tourists don't enter”），若是外国游客看到后按照指令行事，后果会如何呢？会不会真的老老实实地站在指示牌下停下等候？因此，这样的译文违背了公示语本有的交际语境，导致指示性功能不明确，信息无法传递，正确的译文应该是“bound off”，该表达套用了本土英语用语，符合本土英语读者的情景语境和文化语境，使交际功能等效传递。因此，公示语的翻译中必须注重公共标识的指示功能，如果交流的信息被译者有意无意地缺省，或违反约定俗成的译文，将造成社交语用失误，交际信息失灵，严重误导受众的行为。

（二）示意功能被歪曲

公众场合中诸多公示语的信息在翻译中，示意功能被歪曲，例如：禁止乱扔垃圾（No littering is allowed）；关爱生命，爱护花草（Protect flowers and grass, love our life）；办公重地，游人止步（Place for office affair, no visitors）；售卖窗口（selling the window）；小心掉到河里（carefully fall down to the river!），均为语用误译。

当“禁止乱扔垃圾”被误译为“No littering is allowed”后，原文清晰的指示功能信息被扭曲为“禁止乱扔垃圾这一文明行为是被允许的”，造成国外游客对文明规范信息的不解，“No littering”是该公示语示意功能意义所在，而译文画蛇添足，造成了语用信息失误。“关爱生命，爱护花草”是一则草坪等公共场所中常见的公示语，属于典型的汉语修辞结构，表达含蓄，富有美感功能，示意功能是提醒游客“不要践踏花草”，而译文舍本逐末，追求字面意义“protect flowers and grass, love our life”没有表达其背后的隐含信息，忽略了原文的示意功能，即“keep off grass”信息重点。“办公重地，游人止步”误译成“Place for office affair, no visitors”是典型的示意功能意义的扭曲，首先该译文语义逻辑混乱，译文读者无法获得“office affair”与“no visitors”之间的任何关联意义，其次无效的译文信息导致该公示语的示意功能消失，正确的译法应为“business only”。“售卖窗口”一般为公园或娱乐场所常见的指示性公示语，被误译为“selling the window”，难道是把窗子卖掉不成？公园的湖畔经常标有“小心掉到河里”的警示语，带有强烈的限制性功能，但是其英译“carefully fall down to the river!”示意功能的意义与原文完全相悖，原文公示语是在提醒游人当心，别掉进河里，而译文的示意功能变成了建议游客应小心翼翼地掉进河里。此外，在城市的公共设施周围，随处可以看到“小心碰头、小心地滑”等公示语，这些公示语被英译为“Take care of your head，Take care of your foot”，原文本中所体现人际间的关心和善意的提醒功能，在译文未能得以体现，英译中却带有命令的语气功能，违背了最初示意功能目的。读者读到这些英译后，必然产生紧张感，而且不能理解为什么要照顾好自己的头和脚。

公示语误译结症分析可见，英汉两种语言在公示语的使用和表达上具有较大差异，汉语公示语多使用祈使句，简洁凝练，兼具修辞效果，而英语公示语较多使用物称的表达和陈述方式。汉语倾向于多用动词，叙述呈动态，英语倾向于多用动名词，叙述呈静态。因此，公示语翻译除了考虑公示语的语言特点和文化交际差异，还需要考虑国外读者的接受度，在表达上尽量贴近目标读者的认知语境，采取借用、仿译等翻译策略，此外，翻译策略的选择上，要侧重公示语的交际语境和示意功能意义，避免无效信息的导入，译文尽可能顺应目标语的语言习惯，遵循目标语的固定表达，使英译文精简，符合目标语读者的阅读习惯，以达到交际信息的有效传递。

六、结语

综上，公示语的翻译错误结症折射出中式英语的思维意识，虽然汉语公示语的表达引起汉语读者的共鸣，但照搬到英语中，对于不熟悉中国文化的西方人来说，就有可能造成迷惑不解。公示语作为沟通交流重要的渠道和方式，遣词用字必须要谨慎。一旦译者忽视交际双方的社会、文化语境和交际规约的差异，就会出现翻译的语用失误（王青，2009：73）。鉴于公示语的用语比较特殊，在规范公式语的翻译同时，只有认知公示语的交际功能和示意功能，才能真正发挥公示语的翻译作用。

参考文献

［1］Austin，J. L. *How to do Things with Words*［M］. Beijing：Foreign Language Teaching and Research Press. 2002：27.

［2］卞正东．论标示语的翻译［J］．上海翻译，2005（1）：39.

［3］陈新仁．汉语告示语的语用研究［J］．暨南大学华文学院学报，2001（4）：58.

［4］崔学新．公共场所英文译写规范研究［M］．杭州：浙江大学出版社，2010：2.

［5］戴宗显．公示语汉英翻译研究［J］．中国翻译，2005（6）：38－42.

［6］冯克江．公示语英译综述［J］．牡丹江教育学院学报，2011（2）：56.

［7］冯志伟．现代语言学流派［M］．西安：陕西人民出版社，1987.

［8］高薇，张丹．中英公示语语言使用对比与研究［J］．现代交际，2019（10）：73－75.

［9］何航，王银泉．公示语英译研究可视化分析与思考［J］，外国语言与文化，2018（3）：5.

［10］贺学耘．汉英公示语翻译的现状及其交际翻译策略［J］．外语与外语教学，2006（3）：57－59.

［11］贾佳星，王晓静．我国近五年公示语研究综述［J］．现代交际，2018（7）：62.

［12］栗长江．公共标示语和警示语的英译［J］．中国翻译，2003（3）：30.

［13］李欣桐．汉语公示语英译纠错及翻译探究［J］．当代教育实践与教学研究，2018（12）：55－57.

［14］刘友全，季奕．公示语语言特点及翻译策略［J］．科学咨询，2019（1）：61－62.

［15］吕和发．谈公示语的语言特点与汉英翻译［J］．北京第二外国语学院学报，2002（5）：32.

［16］王青．公示语的功能特征与英译［J］．安徽工业大学学报（社会科学版），2009（3）：73－74.

［17］王芳，孙志祥．从语用学角度探讨公示语的汉英翻译［J］．内蒙古农业大学学

报，2009（1）：346.

［18］吴伟雄．中文标语英译浅谈［J］．中国翻译 1998（1）：18.

［19］向阳．谈我国街道名称的英译［J］．中国翻译，1994（3）：25.

［20］徐慧晶．公示语英译之我见［J］．太原大学科技学报，2009（2）：139－142.

［21］袁红艳，邹虹萍．从功能对等谈旅游公示语的英译［J］．宜春学院学报，2008（3）：65－67.

［22］张美芳．翻译研究的功能途径［M］．上海：外语教育出版社，2006.

［23］张娜娜．校园告示语的语用学研究［J］．考试周刊，2011（6）：46.

我国博物馆公示语及其英译研究

郝雁南*

【摘要】博物馆已成为我国文化建设、继承传统、民族记忆、传承文明等的重要场所，随着我国各方面的发展，博物馆的作用会越来越大。然而博物馆内公示语及其内部展品等的翻译还存在不少问题，很多错误百出，直接影响博物馆的交流作用。本文就此指出错误，并提出一些改正意见。

【关键词】博物馆　公示语　翻译　交流

一、引言

博物馆在我国经济社会发展中的作用持续显现，给人民群众带来的获得感、幸福感不断增强，已经成为人民向往的美好生活的一部分。近年来，我国博物馆事业飞速发展，去年 5 月，中央宣传部、国家发改委等 9 部门联合印发《关于推进博物馆改革发展的指导意见》。据了解，“十三五”期间，全国博物馆数量由 4692 家增长至 5788 家，平均每两天就有一家博物馆建成开放，博物馆的种类越来越多，分布越来越广，建设得越来越好、越来越气派，内涵和功能越来越丰富，对人民的各种影响和作用越来越大，对文化的保护传承越来越重要。博物馆年度参观人数由 7 亿人次增长至 12 亿人次，而且外国人来参观的也越来越多，为我国走向世界发挥着显著的作用，构成我国软实力的重要组成部分。对博物馆的研究已形成了“博物馆学”，并有人大代表

* 郝雁南，男，河海大学常州校区教授、硕导，省翻译学会理事。研究方向为大学英语教学、翻译等。

提出将博物馆列入义务教育教学体系。

如何提高博物馆高质量发展是个值得研究的话题，其中博物馆内的英文介绍和翻译应引起足够重视。笔者常到各地博物馆参观学习，深感这方面存在严重问题，尤其一些小博物馆，不少翻译“惨不忍睹”。

我们相当一部分不算是博物馆，有些摆了些照片、实物等，也称作博物馆。须知博物馆的含义和定义，博物馆的概念应是来自西方，英语 museum 的定义是：a building in which objects of artistic，cultural，historical or scientific interest are kept and shown to the public. 所以那些只能称作陈列馆、纪念馆等。

二、博物馆内的公示语的翻译

公示语翻译一直是我们各种场合公示语的大问题，很多是瞎译乱译，不负责任的翻译，这样的例子全国各地到处都有，很多专家纷纷指出，并开过许多次这样的翻译会议，很多城市还专门制定过这方面的标准。但文件归文件，难以贯彻执行。

博物馆这方面问题主要出现在大厅、卫生间等公共场合。比如卫生间，很多博物馆在这方面没有统一的英译标准，写成 toilet、restroom、men、women、gentlemen、ladies 等。toilet 一般指盥洗室，多用在农村地区；restroom 一般用于公共场合；博物馆这种高雅的场所最好用 gentlemen's、ladies's，通常不能写成 gentlemen、ladies。卫生间内很多公示语翻译也要注意，很多部分属于“零翻译”，也就是不能译。比如“大便请对准粪坑”（Please aim at the cesspool.）、“向前一小步，文明一大步”（One small step forward，a major civilized stride. Near the convenient，close to civilization. Push the Civilization One Big Step. 这里要翻译，也只能译成 Step Closer.）、“为了您的安全，请规范使用马桶”（For your safety，please use the closestool correctly.）、还有“来也匆匆，去也匆匆”（Come in rush，Go to rush. 令人费解，应译成 Flush after Use）等。这样的机械硬性翻译我想外国人只会“莫名其妙”，难以理解，明白后“哑然失笑”。

卫生间内由于地面潮湿、地滑，很多翻译成 carefully slide，Be careful

slip，完全错误！只需译成 Be careful。有家博物馆楼梯通道写着“小心碰头”，翻译成英语竟成为 Be careful of your head. 真是“小心你的头了！”其实有现成的翻译 Watch（Mind）your head。

还有家地方博物馆有条公示语“火情发生时，禁止乘坐电梯”，英语竟译成：When the Fire Feeling Take Place，Forbid to Multiply by to Use Elevator. 真是叫人喷饭！

博物馆内电梯应译作 Elevator，扶梯译作 Escalator，步行楼梯译作 Stairs，电动步道译作 Moving Walkway，无障碍电梯译作 Accessible Elevator 或 Barrier Free Elevator。

博物馆内的解说词都有“前言”，几乎都翻译成 foreword，preface 等，这两个词都表示“书”的前言，foreword 英语意思是：a short introduction at the beginning of a book，preface 英语意思是：an introduction to a book，especially one that explains the author's aims. 可见博物馆不是书，用这个词不对，应该用 introduction，因为就是起个介绍作用。

有个博物馆写有“军人优先”，翻译成 Soldiers First。就有些不妥了。首先这里不该翻译成英文，这条只是给国人看的，这里的军人应是指的“中国人民解放军和武警部队”现役军人，不是对外国军人的，如硬要翻译，也应该翻成 PLA First. 还有家博物馆翻译得更是叫人纳闷，竟译成 Military Priority，变成军事第一、军事优先！让人以为我们好战。还有“爱国主义”的翻译，很多博物馆想当然地翻译成 patriotism，可英语这个词与汉语不是完全对应的，西方媒体用这个词，是突出宣扬“民族主义”，是负面意思，这个翻译应该为：love of the country.

有个别博物馆可能为了显示规格级别，竟翻译成：Grand Museum，可能以衬托其为“博物院”，显示其与“馆”的区别，比馆级别高。殊不知国外只有博物馆，英文只能表达博物馆，没有什么博物院。还有家民族博物馆，竟翻译成 Racist Museum，变成了“种族博物馆”。正确翻译应为：Ethnics Museum. 自然博物馆不能翻译成：Natural 或 Nature Museum，而应是 Natural History Museum.

上海地铁前些年曾有条警示：不要跳到地铁轨道下！翻成英语：Jumping

into the tunnel is forbidden. 有位外国人对我说：真不知是什么意思！哪个人会傻到往下跳！此处一个 Be Careful！就足够了。

有的公示语翻译成外语会造成负面影响，比如“谨防扒窃”，译成英语 Beware of pickpockets. 对内公示尚可，对外就不妥了，会给外国人留下“中国社会治安不好，扒手很多”的印象，甚至引起恐慌。

三、博物馆内介绍语的翻译

博物馆内物件、展览品、事件等的介绍词翻译非常重要，这是使国外参观者能正确了解和理解我们的博物馆内的展品、历史事件等，继而了解我们的国家。要注意，外语翻译是给外国人看的，不是给中国人看的，是对外交流和传播的。特别在处理汉语中是“抽象”而在英语中是“具体”的词语时。

南昌起义博物馆内解释为什么要进行南昌起义，中文解释词是：国民党左派和共产党合作。中文没错，当时就是这种情况，“左派”在中文中意味着进步、革命。可英文一翻译就出大差错了。国民党左派翻译成：Kuomintang leftists。这个 leftist 在英语中的意思跟汉语可大相径庭，在英语和西方政治中它通常表示：“左倾”、激进、捣乱；不正确等。其实这里应翻译成：progressive，因为我们想要表达，并向外国人介绍的是：国民党进步分子。

还有的在介绍 49 年前根据地革命政权，将政权翻译成 regime，殊不知这个 regime 在英语中常常具有贬义的意思，a method or system of government，especially one that has not been elected in a fair way/a particular system of government or management，especially one you disapprove.（比如 a fascist/totalitarian/military，etc. regime 法西斯、极权主义、军事等政权），现在英美报刊在谈到我国政府时，常用这个词，我们要特别加以注意。这里的政权应该用 authorities。

有家博物馆在介绍一本我们革命烈士书籍《王若飞在狱中》，竟翻译成 Wang Ruofei in Prison！真是字字对应，但意思大为相反。外国参观者看到这，第一个想法就是“这位烈士犯了罪，所以才被关在监狱里。”他们不了解我国的历史和国情。此处应该借助英语文学作品，翻译成：Iron Bars but Not a

Cage.

在翻译日本侵华老兵时，竟译成 Japanese veteran！殊不知这个词 veteran 在英语中是个褒义词，意思为：有经验的、老资格的，someone who has had a lot of experience of a particular activity. 美国为纪念参加过一次、二次世界大战的老兵，专门设有国家节日 Veteran Day，以示尊重，把侵华日军老兵译成 Japanese veteran 岂不是美化了日本侵华战争！一般外国人对我国和历史是不太了解的，这样的翻译只能加深他们的“不了解”。

还有的在翻译“某某介绍”时，竟说：An introduction of…明显的语法错误，使外国参观者觉得，后面还会有英文错误，这里这个介词一定要用 to。还有介绍我国为大国，要译为 major country，这个词比较中性，不应为 great power，那样会让人认为你妄自尊大。

在介绍我国一些文化遗产、历史时，要注意受众者的接受、认同感。比如“守株待兔”，不能直接译为 Waiting for a Hare to Turn up. 要译为：The Farmer and the Hare. 这样与西方著名故事《农夫与蛇》的标题 The Farmer and the Snake 文化对等，引起同感。还有“霸王别姬”，如照字面翻译成 The Lord Says Farewell to Yuji His Concubine. 就远不如 Tragedy of the Beauty and the Hero. 这样外国人会想起他们度读过的 Beauty and the Beast 和 Sleeping Beauty. 在介绍我国文学名著《水浒》中吴用为“智多星”，博物馆大多译成：He is very intelligent and resourceful. 这里完全应该用西方国家具有同样寓意的历史人物来翻译，译成：He is as wise as Solomon.“世外桃源”翻译成 Land of Idyllic Beauty。就比 Land of Peach Blossoms 好，外国参观者会产生共鸣，更便于记忆。还有在介绍当地是“物产丰富、鱼米之乡”时，翻译用的是 The Land of Fish and Rice. 这不符合英语习惯，英语中有现成的对应：The Land Flowing with Milk and Honey. 在表达“风马牛不相及”，有家博物馆真是按字面翻译：wind、horse、ox. 其实英语中也有现成的：apples and oranges. 在介绍城市为“投资热点”译成 a hot spot for investment. 不知 hot spot 在英语中的意思是 a place where there is likely to be fighting or a particular problem. 这样的翻译谁敢来投资！此处应该翻译成 a popular spot for investment.

在介绍中国民主党派时，很多场馆的翻译都很不合适，往往翻译成 democratic parties，这给人造成错觉：这八个民主党派是民主的，共产党是不民主的。其实根据我国的具体政党情况和民主党派现状、地位、发挥的作用等，完全可以译成 minor parties，minor 有“小、辅助”（small and not very important or serious，especially compared with other things.）的意思，跟我国民主党派相处地位很相似。

还有的在介绍我们的中医时，把中医翻译成 traditional Chinese medicine，字面对字面似乎一点也没错，但据说，在英国，我们用这样的翻译招牌开设中医馆，一度看病的人不多，原因就是这个 traditional，这个词在英语中有些贬义，常有“传统的、因袭的、守旧的”意思。（sometimes disapproving/following older methods and ideas rather than modern or different ideas.）英国人看到这个词，认为中国的医学“落后，未经当代医学验证为有效的疾病疗法”，谁还愿意到这里看病。其实只要翻译成 Chinese medicine 就可以了。

有些中国人名的翻译是“约定俗成”，有家博物馆竟将“孙中山”按照拼音译成 Sun Zhongshan，他们不知“孙中山”已有 Sun Yatsen 这个国际上早已接受的翻译。蒋介石翻译为 Chiang Kaishek 等。

在介绍钱钟书是“国宝”，有译成 A Treasure of the State，这里的 state 就不妥了，此词的政治意味重，钱老并不是政治人物，应改为 nation。

有家博物馆在介绍西藏，提到达赖喇嘛，竟将达赖的政权翻译成 Dalai government，这是政治大错！这里倒应该翻译成 Dalai regime。在讲到大陆与台湾时，英文“大陆” Mainland 前一定要加上定冠词 the，反之会出政治错误。

博物馆的很多翻译，其实不是单纯的翻译 translation，而是一种交流 communication，是一种“传播” publicity。

四、结语

博物馆具有国家和地方特色，是当地的名片，国家的名片，民族的集体记忆，发挥不可替代的作用。它的介绍词更是一个地区或国家的缩影，在文化传播中扮演着举足轻重的角色，它的用语应该标准、规范，特别是有中国特色和内涵的话语，其翻译更要注意，英文当要地道标准，合乎外国人接受和正确理解，要使外国人懂，“博物馆介绍词的翻译应很好地服务那些并不了解汉语和中国文化的国际游客”。

参考文献

[1] 魏向清，赵连振．术语翻译研究导引［M］．南京：南京大学出版社，2012.

[2] 刘满芸．共生翻译学建构［M］．上海：复旦大学出版社，2015.

[3] 张慧琴．翻译协调新论［M］．北京：外文出版社，2017.

[4] 梁林歆．中国“走出去”背景下外译的传播学路径研究——以《习近平谈治国理政》为例［M］．武汉：武汉大学出版社，2018.

[5] 黎信．英语对外新闻报道指南［M］．北京：外文出版社，2009.

[6] 谢国先．学术翻译批评［M］．北京：社会科学文献出版社，2018.

[7]《中华思想文化术语》编委会．中国传统文化关键词［Z］．北京：外语教学与研究出版社，2019.

[8] 朱义华．外宣翻译的政治性剖析及其翻译策略研究［M］．苏州：苏州大学出版社，2017.

[9] 张传彪．诗笔 译笔 钝笔——英汉语翻译与比较纵谈［M］．北京：国防工业出版社，2005.

[10] 郝雁南．英汉两种文化翻译中的字对应关系［J］．江苏外语教学研究，2015(3)：61-63.

[11] 孙毅．博物馆介绍词英语概念的英译——以《陕博日历》为例［J］．上海翻译，2020(3)：34-39.

[12] 范勇．新汉英翻译教程［M］．南京：南京大学出版社，2006.

翻译纵横

21世纪以来国内翻译单位研究综述*

周宇雯　吴碧宇**

【摘要】21世纪以来国内译学界对翻译单位这一概念有诸多探讨，本文以中国知网（CNKI）文献库检索出的文献为基础，利用可视化分析和指数检索产生的图表，总结出21世纪以来国内翻译单位研究现状和学术影响力，发现翻译单位理论的关注度日益提高，但发文趋势仍不稳定。分析出研究热点在于将翻译单位与计算机、教育学相结合，未来学者将会更创新地把其他各学科的知识应用于翻译单位研究。同时，对所有文章中的观点进行分类梳理，分为常规翻译单位和非常规翻译单位，并整理出常规翻译单位的优缺点，包括句子、句群、段落、语篇。肯定前人的研究贡献，指出未来要加强计算机技术和翻译单位结合领域的研究深度，对翻译单位的探讨要更注重多学科结合和创新性。

【关键词】翻译单位　研究热点　研究现状　21世纪

一、引言

2021年5月31日，在中央加强我国国际传播能力建设学习中，习近平总书记强调，我们要讲好中国故事，传播好中国声音，高度重视对外传播工作，

* 基金项目：本文系2021年华东理工大学大学生创新创业训练计划国家级项目“儿童英语学习公众号”的阶段性研究成果，项目编号为X202110251385X。

** 周宇雯，女，华东理工大学外国语学院英语系2019级，CATTI二级笔译持有者，研究方向为翻译。吴碧宇，女，博士，译审，上海理工大学外国语学院教授，研究方向为英汉对比与翻译。

努力塑造可信、可爱、可敬的中国形象。翻译工作是中国对外传播工作的基础，致力于将中国思想文化转述给世界，精准明确的翻译能让国际社会人民更好地理解中国方针政策和文化传统。翻译单位是翻译过程的重要一环，正确使用翻译单位能有效提高译文质量，便于读者阅读，从而提高中国政治、思想文化的传播能力，明确表明中国在国际事务中的态度，构建大国形象，实现强国目标。

翻译单位的概念最早由 Vinay 和 Darbelnet（1958）正式提出，他们认为翻译单位是“最小的话语片段，其全部符号结合如此紧密以至于不可能分开翻译。”截至 2021 年 8 月 2 日，在中国知网文献库以“翻译单位”为篇名进行学术期刊高级检索，能检索到论文 197 篇，其中学术论文 189 篇，核心及以上论文仅 40 篇，综述论文 8 篇，核心及以上论文 3 篇。（见表 1，截至 2021 年 8 月 2 日）

表 1　相关文献整理

文章类型 \ 发文数量		20 世纪	21 世纪	合计
学术论文	核心及以上	5	35	40
	非核心	21	128	149
综述论文	核心	0	3	3
	非核心	0	5	5
合计		26	171	197

综上，翻译单位的研究发展在 21 世纪突飞猛进，而综述类论文却不多。众所周知，综述论文的功能是给未来研究者提供某领域的研究成果及未来研究方向。自中国文化“走出去”战略提出以后，如何更好地利用国际语言演绎、展现当代优秀中华文化、进行国际化叙述和表达对翻译提出了新的挑战。因此，翻译单位的研究十分有必要。据此，本文旨在对 21 世纪以来国内翻译单位研究进行整理和总结，拟解决以下两个问题：

（1）梳理 21 世纪以来国内翻译单位研究现状和研究热点。

（2）归类 21 世纪以来国内翻译单位研究成果，总结出现有研究的不足。

二、21 世纪以来国内翻译单位研究现状

借用中国知网数据库，对 21 世纪以来国内翻译单位的研究成果进行更全面的梳理，对已选定的 38 篇发表在北大核心和 CSSCI 期刊上翻译单位论文进行可视化分析，并在高级检索的知识元检索中选择指数检索，输入“翻译单位”，得出更明确的图表数据，以此总结研究现状和热点。

（一）研究成果发表趋势

根据中国知网计量可视化总体趋势分析（图 1），与 20 世纪相比，21 世纪以来国内译学界对翻译单位的研究发文量明显增加，每年都会出现新的研究成果。最早一篇是刘士聪和余东于 2000 年在《上海外国语大学报》发表的“试论以主/述位作翻译单位”，提出了关于翻译单位的新理论，2004—2009 年发文数量明显增加，2015 年达到顶峰，共有 4 篇相关论文发表，较之 20 世纪已有了明显发展。

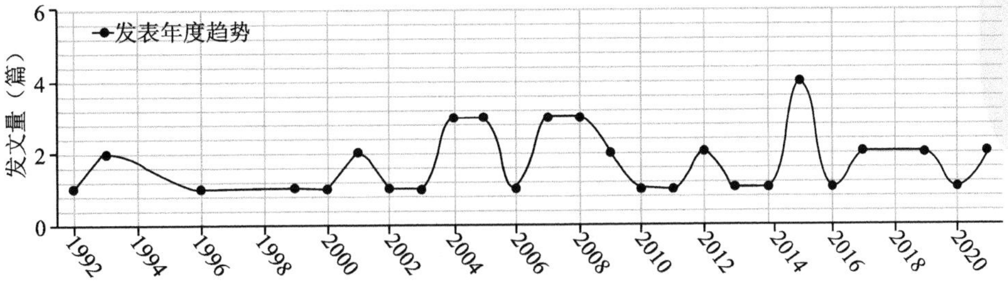

图 1　国内翻译单位研究成果发表趋势图

综上所述，从国内翻译单位研究成果发文的数量和趋势来看，21 世纪开始国内译学界对翻译单位的关注度日益提高，翻译单位理论的影响力不断增加，但发文趋势并未实现稳定增长。

为了研究 21 世纪以来国内翻译单位研究的期刊分布特点，首先要明确相关文献发表于哪些期刊，即文献来源。通过中国知网可视化分析提供的 38 篇文献的来源分布（图 2），发现期刊分布可以分为两大类，一类是外语类专业

期刊和学报，另一类是社会科学类期刊和学报。相关论文主要发表于外语研究和翻译类期刊，集中在《外语研究》《中国翻译》等知名期刊，另有数篇发表在外语教学类期刊，可见译学界已经有意识地将翻译单位的研究融入外语教育和翻译教育过程中，把翻译单位理论付诸实践，以寻求完善和发展。另外，近几年共有 4 篇文章发表在社会科学类期刊上，其中包括李明喜于 2015 年《在华南师范大学学报》（社会科学版）发表的“翻译单位新理论及其语言表现形式——基于格式塔心理学的视角”，这说明新世纪研究者开始将社会科学相关理论和翻译单位结合，进行创新性研究。

总体来说，相关文章主要分布在外语类和社会科学类期刊，其中外语类期刊以 76% 的绝对优势成为翻译单位相关文献的主战场。

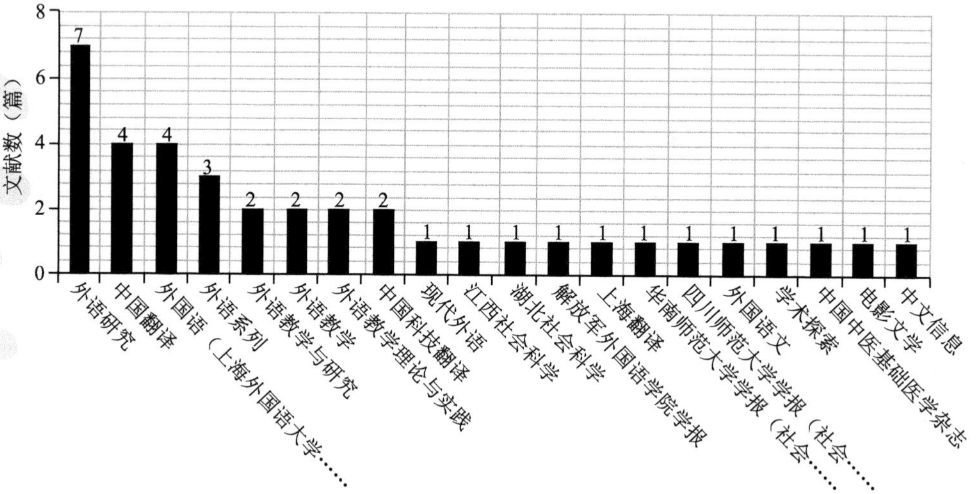

图 2　21 世纪以来国内翻译单位相关文献来源分布

根据中国知网可视化分析提供的学科分布柱状图（图 3），可知绝大多数文章都与中国语言文学和外国语言文学，由此可见，国内译学界以汉语为基础，主要研究外语和汉语互译过程中对翻译单位的选择。有一篇涉及文艺理论学科，即刘彬和何庆庆于 2019 年在《上海翻译》发表的“翻译单位的理论意义与实践意义——意向性视域下翻译单位的研究”，利用心智哲学讨论翻译单位的实体维度和虚拟维度，促进了跨学科研究翻译单位的发展。另外，宋柔和葛诗利的“面向篇章机器翻译的英汉翻译单位和翻译模型研究”利用计算机软件及计算机应用学科的知识，用计算机辅助研究翻译单位，得出更加科学精准的成果。

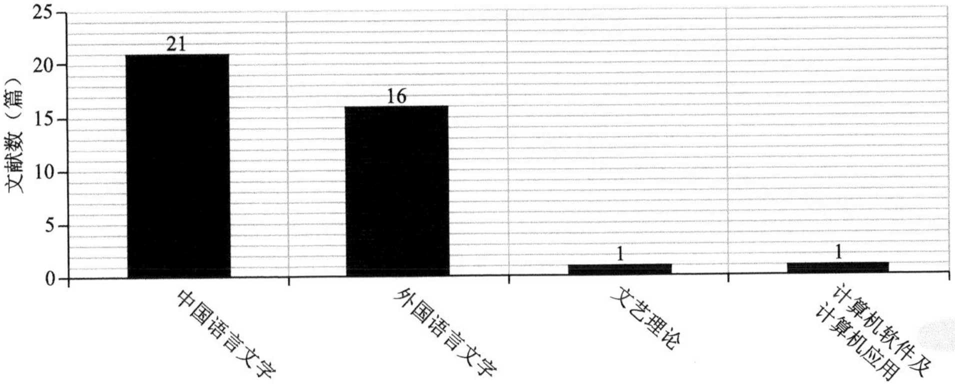

图 3　21 世纪以来国内翻译单位相关文献学科分布

（二）21 世纪以来国内翻译单位研究的学术影响力

基金分布可以体现翻译单位研究的学术影响力。根据中国知网计量可视化基金统计（图 4），国家社会科学基金占总量的 50%，课题类型包括国家社会科学基金项目、国家自然科学基金项目及各省项目等，共计 12 项。2014 年以前，翻译单位研究的基金项目数量为 0；2014 年以后，国家社会科学基金对研究的支持逐年稳步增加，其他省级基金也开始关注翻译单位研究。由此可见，2014 年是翻译单位研究获得基金支持的开始，自此以后翻译单位的学术影响力不断增加，研究的开展和成果得到了一定的保障（见图 5）。

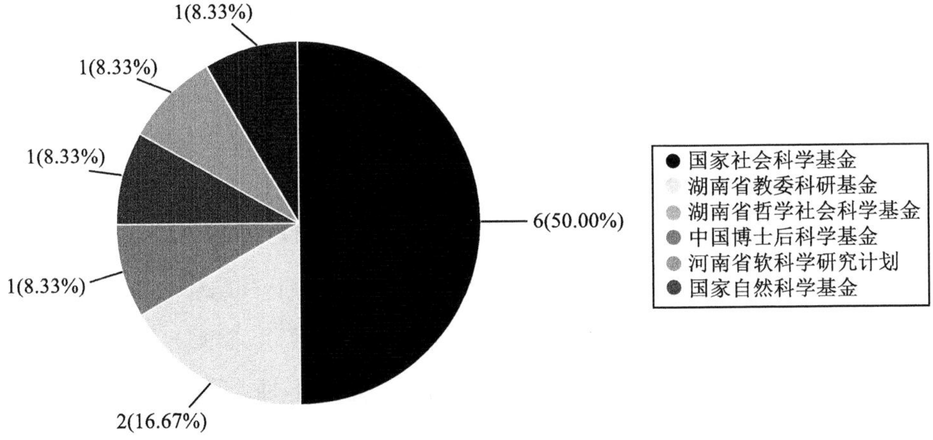

图 4　21 世纪以来国内翻译单位相关文献基金分布

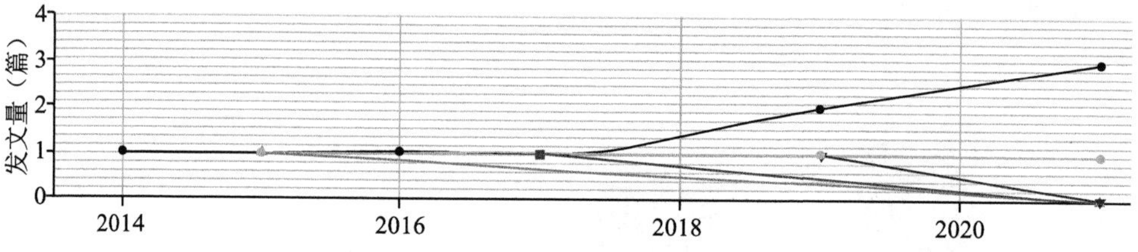

图 5　基金趋势

根据中国知网可视化指标分析（表 2），在北大核心和 CSSCI 期刊发表的 38 篇翻译单位论文学术影响力较大，总下载数达 35244，平均每篇被下载 927.47 次，总被引数达 1180，平均每篇被引 31.05 次。若取消选定北大核心和 CSSCI 期刊，并只选择中文期刊（如表 2），虽然文献总数极大增加，但篇均被引数和下载数远远不如核心期刊。由此可知，核心期刊的文章在精不在多，更受后续研究人员青睐。

表 2　核心期刊指标分析

文献数	总参考数	总被引数	总下载数	篇均参考数	篇均被引数	篇均下载数	下载被引比
38	405	1180	35244	10.66	31.05	927.47	0.03

表 3　非核心期刊指标分析

文献数	总参考数	总被引数	总下载数	篇均参考数	篇均被引数	篇均下载数	下载被引比
144	904	1698	60003	6.28	11.79	416.69	0.03

在中国知网高级检索—知识元检索中输入“翻译单位”，进行指数检索，可根据曲线图窥知翻译单位研究的关注度。21 世纪以来学术界对翻译单位文献的关注度总体稳定（图 6），2000 年至 2010 年有明显增加，但从 2018 年开始又出现下滑。而国内研究成果的学术传播度总体呈上升趋势，与 20 世纪相比，21 世纪发表的相关论文传播程度更高，这与计算机科学技术的发展也有一定关系。但 2018 年开始，学术传播度出现一定的下降，可能是 2018—2020 年只有 2 篇相关文献发表导致的。

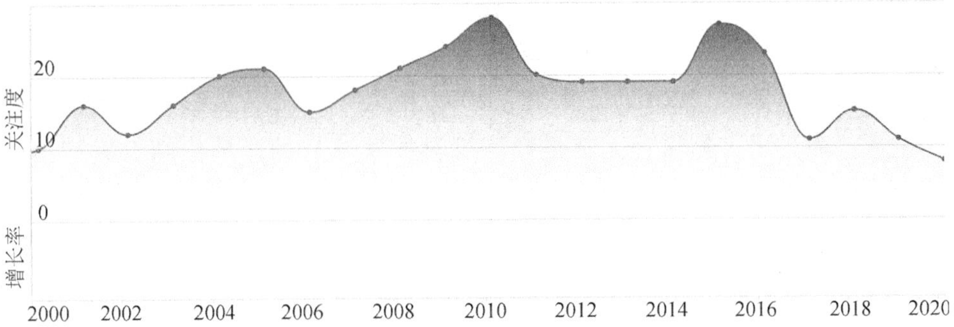

图 6　学术关注度

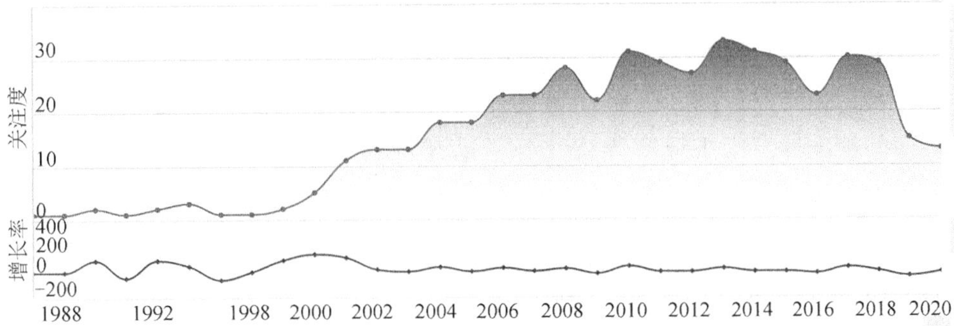

图 7　学术传播度

（三）21 世纪以来国内翻译单位研究的研究热点及未来趋势

21 世纪以来国内对翻译单位的研究大致可以分为两个阶段。第一个阶段是 2000 年至 2008 年，研究热点主要是用主/述位、句段意识、句法对比论等外语相关类理论来确定翻译单位的选择（刘士聪、余东，2000；高芳，2003；翁义明、王金平，2005 等），同时开始关注译者主体性对翻译单位动态变化的影响（曾利沙，2004；赵冬梅，2007），仍处于在外语领域的自我研究阶段，尝试用外语理论和翻译实证研究翻译单位。第二个阶段是 2009 年至 2021 年，苏明阳和丁山于 2009 年发表“翻译单位研究对计算机辅助翻译的启示”，首次跳出外语单一领域，将翻译单位与计算机相结合。而后译学界开始将其他非外语领域的理论应用于翻译单位研究，取得诸多成果：江进林和文秋芳比较了 N 元组和翻译单位对英译汉自动评分作用的差别（2010），李明喜基于格式塔心理学研究翻译单位的新理论及语言表现形式（2015），宋柔和葛诗利做了面向篇章机器翻译的翻译单位模型（2015），甄凤超尝试用配价结构探索英汉翻译单位（2016）。因此，2009 年至今的研究热点并不集中于某一领域，而是诸多领域，尤其是计算机科技领域与翻译单位结合碰撞出的新结论。

纵观 21 世纪以来国内对翻译单位的研究，可以发现翻译教育也是一大热点，译学界逐渐将已成熟的翻译单位结论应用于翻译教学实践，大量文章发表在外语教育类期刊上，例如杨榕（2009）使用有声思维法，探讨英语专业大三学生翻译文本时主客观翻译单位的不同，提出期望实验结果对大学本科翻译教学的课程设置及课堂操作带来一些启示。

随着计算机技术和人工智能的不断发展，翻译必然会与科学技术深度融合，人工智能也可能会代替译者进行中低层次文本的翻译。为了确保机器翻译的精准性，未来译学界将充分借助计算机，延续前人篇章机器翻译的模型建设（宋柔、葛诗利，2015），建立一套适合机器翻译的翻译单位模式。此类研究成果也可用于翻译教学，用计算机来检验学生翻译结果的不足之处。

基于 20 年以来越来越多不同领域的理论开始同翻译单位相结合，可预测未来研究者将更大胆、更创新地尝试将其他各学科的知识应用于翻译单位，在计算机领域、翻译教育领域蓬勃发展的同时，让翻译单位研究博采众长，吸收其他领域理论知识并进行实践验证。

21 世纪以来，中国对外开放深入发展，文化“引进来”和“走出去”战略不断深化，为了在促进中国人民吸收外来优秀文化的同时积极对外传播中国文化，各类文本、文艺作品的翻译重要性只增不减，而翻译单位在翻译过程中又充当着重要角色。因此，未来译学界将更加关注翻译单位研究的实践作用，探讨如何正确运用翻译单位进行恰当翻译，如何把握好各类文本，如何实现文化的成功输入和输出。

三、21 世纪以来国内翻译单位研究成果

在 35 篇翻译单位（排除综述文章）相关文章中，有 3 篇仅探讨了翻译单

位的定义，高宁以逻辑素理论为基础，提出翻译单位本质上是分析单位（高宁，2017），徐莉娜认为逻辑素是翻译单位的界定要素（徐莉娜，2004），张云则认为翻译单位是译者心智单位（张云，2005）。

另有32篇通过多种理论研究和实验探讨了翻译单位的选用问题，不仅涉及语言学、心理学、修辞学等理论，也采用了有声思维法、键盘记录等方式进行实证研究。其中有5篇研究口译或除英语之外的小语种互译，本文只探讨27篇研究英汉翻译单位的研究成果。据统计，国内译学界对翻译单位的选用大致分为两类，一类是常规翻译单位，如小句、段落等，另一类是非常规翻译单位，包括主/述位、法律文本中的法律语言行为、英汉翻译中英语的主谓结构等。

（一）常规翻译单位

1. 句子

表4　以句子为翻译单位

作者	年份	观点
支持		
赵冬梅	2007	一个带句号的句子能表达一个相对完整的意义，翻译单位应以句子为基础。
袁晓宁	2006	通过汉语读者对英语语言风格的单向接受可知，英译汉时通常应以句子为翻译单位。
冯全功	2021	翻译单位分为理论单位和操作单位，句子是最适宜的操作单位。
反对		
郭建中	2001	以句子为翻译单位会造成衔接不顺的问题。
李明喜	2015	基于格式塔心理学，有时句子无法表达出完整意思，语境不同，句子表达的意思就不同。

在明确语境的情况下，句子具有完整的意义，以句子为翻译单位大小适宜，可以较好地传达原文的意思，但也要注意句与句之间、段与段之间的衔接。

2. 句群/句段/语段

表 5　以句群为翻译单位

作者	年份	观点
支持		
高　芳	2003	大小适宜，包含适量意义，便于衔接，易于操控。
李明喜	2015	在意义上较为独立完整，符合格式塔心理学。
韩孟奇	2017	汉译英时以句群为翻译单位有四大优势。
反对		
高　芳	2003	句群划分没有严密的语法规定，会影响翻译的最终质量。

句群、句段、语段属于同一概念，是指介于句子和段落之间的一种语言单位。句群是处于中间大小的翻译单位，包含的意义独立完整又大小适宜，能更好地与全文各段衔接，但要注意以划分恰当的句群为翻译单位，以免影响翻译传达原文意义的效果。

3. 段落

表 6　以段落为翻译单位

作者	年份	观点
支持		
郭建中	2001	段落是最理想的翻译单位，总结出五条优越性。
李明喜	2015	能整体把握译文，避免断章取义。
反对		
高　芳	2003	汉译英时段落单位过大，不易操作。

段落是一个承上启下的关键的话语单位，一般是由明确主题句构成的，具有主题统一、结构稳定、语义完整的特点。段落主题明确、逻辑明显，可以将各句段之间的连接都考虑在内，以段落为翻译单位可以很好地把握整个结构，以更大的意义单位来掌握全文。但是汉语段落意义较为松散，在汉译英时以段落为翻译单位可能会加大处理的难度。

4. 语篇

表 7　以语篇为翻译单位

作者	年份	观点
支持		
李　佳	2013	分析了周星驰电影片名的英译，认为以语篇为翻译单位可以实现传递主体思想的目的。
李明喜	2015	更符合格式塔心理学，能够从原文的背景和整体意义出发，把握全局。
冯全功	2021	把语篇作为翻译的理论单位，侧重于发挥语篇作为翻译单位的分析作用。
反对		
袁晓宁	2006	单位过大，不易操作。

语篇是意义的综合，是一个更大的整体概念。语篇单位更大，能让译者更全面地把握文章的中心思想和内容，尤其是在汉译英时，能帮助译者在了解文章背景的前提下更精准地传达原文意义。但在以语篇为翻译单位时，要注意选择长短适宜的语篇内容，适时进行调整。

翻译单位的选择是动态变化的，诸多因素会影响译者的选择，包括译者短期记忆长度、翻译熟练程度、文本理解难度等，所以译者可以根据具体的文本进行灵活调整。（赵冬梅，2007；郑冰寒、谭慧敏，2007；冯全功，2021）2020 年以来，有研究人员通过实验对比专业译者和非专业译者选用翻译单位的不同，指出翻译单位的选用与译者主体水平密切相关，翻译单位的长度与译者水平呈正相关性，水平高的译者倾向于选择更大的翻译单位（齐熠、李晓莉、都立澜，2020；袁辉、徐剑，2021）。

（二）非常规翻译单位

表 8　非常规翻译单位

作者	年份	翻译单位	观点
刘士聪 余　东	2000	主/述位	处理较长语篇时可用，有利于分析句子和语篇的衔接，帮助译者更好地把握原文。
杨坚定 钟莉莉	2004	结构段	对理论和实践来说都较为理想且易于操作的动态翻译单位。

（续表）

作者	年份	翻译单位	观点
翁义明 王金平	2005	英语主谓结构	汉语是主题显著性语言，英语是主语显著性语言，在汉译英时可用。
姜琳琳 袁莉莉	2008	法律言语行为	法律文本应使用法律言语行为作为翻译单位

四、成就与不足

（一）文本类型不全面

21 世纪以来国内译学界在研究翻译单位时选用了不同类型的常用文本，郑冰寒和谭慧敏（2007）专门对比了科普文和演说词翻译单位选取的不同，杨榕（2009）通过有声思维法进行实验，对比了科技和文学文本翻译单位的选用，发现翻译科技文本多使用句以下的翻译单位，而翻译文学类文本时偶尔要使用句以上翻译单位来把握中心思想。当然，也有少量研究涉及一些小众文本，例如刘肖岩（2002）讨论了戏剧对白的翻译单位，姜琳琳和袁莉莉（2008）重点研究了法律文本翻译时选用的特殊翻译单位——法律言语行为，李佳（2013）基于翻译单位研究探讨了周星驰电影名的英译，齐熠、李晓莉和都立澜（2020）基于有声思维法对中医文本汉英翻译中翻译单位实证研究。

但总体来说，这 20 年来国内翻译单位研究所涉及的文本类型并不全面，发文数量不够，研究内容也不够有深度。对单一文本类型缺乏深层次探讨，并未将一种类型完全吃透，另外，在两种文本进行对比时，只是通过译者实验数据分析进行浅层分析，并未将理论与实践结合，也没有展现出两种文本采用不同翻译单位的真正原因。

（二）缺乏真正的新成果

21 世纪以来，随着社会科学的不断发展，国内译学界将很多新理论、新工具应用于翻译单位研究，为研究注入了新的活力。非外语类理论和技术的引入使研究方法变得更加科学、更加全面，计算机辅助翻译、篇章机器翻译模型研究、配价结构探索翻译单位等方法丰富了翻译单位研究的形式和内容，是译学界各学科融合探索的一大创举。

但是，大多只是给原有的旧结论披上了一层新检验方法的外衣，并未得出实质性的新成果。例如，袁辉和徐剑于2021年发表的“基于键盘记录的翻译单位和语言单位与译者水平关系的研究”，虽然利用了键盘记录技术，但实际上仍然是借助实验探讨汉译英过程中翻译单位与语言单位、译者水平的关系，得出的结论也与以往的研究相同。再比如，心智单位、格式塔心理学、意向性理论虽然是不同的术语（张云，2002；李明喜，2015；刘彬、何庆庆，2019），但最终表达的都是翻译过程中译者主体性的问题，研究的也是译者主观能动对翻译单位选择的影响。总的来说，21世纪研究者积极采用社科领域新理论新技术的尝试值得肯定，但仍需注意“换汤不换药”的问题，充分发挥创新性和创造力，力争得出有关翻译单位的新成果。

五、结论

21世纪以来国内译学界对翻译单位的研究已经有了较大发展，借助知网可视化技术，分析并总结研究趋势和理论成果，得出以下结论：

（1）研究内容涵盖外语研究、教育学、计算机科学等多个领域，学术关注度和学术影响力一路攀升，但发文趋势仍不算稳定。

（2）研究者在选取研究方法时另辟蹊径，采用了很多其他学科的理论和实验技巧，将翻译单位分为常规翻译单位和非常规翻译单位，发现各常规翻译单位均有各自的优点和不足。在未来翻译单位研究过程中，文本类型的选择和研究深度和广度有待进一步的完善。

正确理解各类翻译单位的优缺点，将翻译单位与各学科交叉融合，努力丰富翻译单位研究的内容，提升研究质量，不仅有利于翻译单位学术研究的不断发展，而且符合习近平总书记新时代“构建对外话语体系，提高传播艺术，推进中国故事和中国声音的全球化表达、区域化表达、分众化表达”的要求。将日益成熟的翻译单位理论付诸翻译实践，将推动中国声音译为世界语言的步伐，促进国际社会对中国国情、政治文化和立场态度的理解，在建设现代化强国中发挥重要作用。

参考文献

[1] Vinay, J. P, Darbelnet, J. Comparative Stylistics of French and English: A Methodology for Translation [M]. Amsterdam: John Benjamins, 1958.

[2] 罗进德. 翻译单位——现代翻译学的一个研究课题 [J]. 中国翻译, 1984 (12): 40 – 43.

[3] 吕俊. 谈语段作为翻译单位 [J]. 山东外语教学, 1992 (Z1): 32 – 35.

[4] 司显柱. 对近二十年中国译学界对翻译单位命题研究的述评 [J]. 外语学刊, 2001 (01): 96 – 101.

[5] 袁辉, 徐剑. 基于键盘记录的翻译单位和语言单位与译者水平关系的研究 [J]. 外语研究, 2021, 38 (02): 76 – 83 + 112.

[6] 冯全功. 原型理论观照下的翻译单位辨析 [J]. 中国翻译, 2021, 42 (01): 21 – 29 + 190.

[7] 齐熠, 李晓莉, 都立澜. 基于有声思维法的中医文本汉英翻译中翻译单位实证研究 [J]. 中国中医基础医学杂志, 2020, 26 (06): 834 – 837.

[8] 刘彬, 何庆庆. 翻译单位的理论意义与实践意义——意向性视域下翻译单位的研究 [J]. 上海翻译, 2019, (06): 18 – 23.

[9] 王福祥, 郑冰寒. 60 年翻译单位研究述评 [J]. 外语学刊, 2019, (02): 99 – 105.

[10] 韩孟奇. 句群作为 C/E 翻译单位的探讨 [J]. 外国语文, 2017, 33 (06): 124 – 128.

[11] 高宁. 逻辑素与翻译单位研究 [J]. 外语教学理论与实践, 2017, (03): 72 – 79.

[12] 甄凤超. 从配价结构探索英汉翻译单位——基于语料库的考察 [J]. 外语教学与研究, 2016, 48 (03): 442 – 454 + 480.

[13] 宋柔, 葛诗利. 面向篇章机器翻译的英汉翻译单位和翻译模型研究 [J]. 中文信息学报, 2015, 29 (05): 125 – 135.

[14] 李明喜. 翻译单位新理论及其语言表现形式——基于格式塔心理学的视角 [J]. 华南师范大学学报 (社会科学版), 2015, (04): 88 – 95 + 192.

[15] 王娟. 巴西学者 Fabio Alves 翻译单位过程导向实证研究评析 [J]. 外国语 (上

海外国语大学学报)，2015，38（04）：68－76.

［16］陶源．基于俄汉平行语料库的翻译单位研究［J］．外语教学，2015，36（01）：108－113.

［17］濮建忠．语料库驱动的翻译研究：意义单位、翻译单位和对应单位［J］．解放军外国语学院学报，2014，37（01）：53－63＋159－160.

［18］李佳．从周星驰电影看港片名的英译——基于翻译单位的思考［J］．电影文学，2013，(24)：150－151.

［19］毛志文．从俄语界翻译单位的研究分类看秋列涅夫对翻译单位研究的贡献［J］．外语教学理论与实践，2012，(04)：93－97.

［20］李康熙．翻译单位研究综述与反思［J］．学术探索，2012，(06)：155－158.

［21］孙瑶．论语言符号学的翻译单位［J］．湖北社会科学，2011，(08)：140－142.

［22］江进林，文秋芳．N 元组和翻译单位对英译汉自动评分作用的比较研究［J］．现代外语，2010，33（02）：177－184＋219－220.

［23］苏明阳，丁山．翻译单位研究对计算机辅助翻译的启示［J］．外语研究，2009，(06)：84－89.

［24］杨榕．科技与文学语篇英译汉翻译单位实证研究［J］．外语研究，2009，(06)：79－83.

［25］姜琳琳，袁莉莉．从言语行为理论看法律语篇的翻译单位［J］．江西社会科学，2008，(11)：240－244.

［26］朴哲浩．论影视作品的翻译单位［J］．外语研究，2008，(04)：66－70.

［27］袁筱一，邹东来．意义单位与翻译单位［J］．外语研究，2008，(02)：90－92.

［28］郑冰寒，谭慧敏．英译汉过程中翻译单位的实证研究［J］．外语教学与研究，2007，(02)：145－154＋161.

［29］赵冬梅．译者主体性观照下的翻译单位研究［J］．四川师范大学学报（社会科学版)，2007，(02)：111－115.

［30］陈洁．俄语界对翻译单位研究综述［J］．中国科技翻译，2007，(01)：46－48.

［31］袁晓宁．也谈 E/C 和 C/E 翻译单位的确定［J］．中国翻译，2006，27（03）：43－46.

［32］张云．系统论观照下的“翻译单位”概念范畴［J］．外语研究，2005，(06)：54－56＋80.

［33］翁义明，王金平．从英汉句法对比论汉译英的翻译单位［J］．外语研究，2005，(06)：57－60.

［34］赵军峰．论口译的翻译单位［J］．中国科技翻译，2005，（02）：25－27＋56．

［35］徐莉娜．认知与翻译单位［J］．中国翻译，2004，（06）：17－21．

［36］杨坚定，钟莉莉．动态翻译单位探讨［J］．中国翻译，2004，（05）：22－26．

［37］曾利沙．论“翻译单位”研究的动态观——兼论译学理论的继承与发展［J］．外语教学，2004，（01）：47－52．

［38］高芳．句段意识与翻译单位［J］．外国语（上海外国语大学学报），2003，（04）：75－80．

［39］刘肖岩．试论戏剧对白的翻译单位［J］．外语学刊，2002，（04）：104－106．

［40］郭建中．汉译英的翻译单位问题［J］．外国语（上海外国语大学学报），2001，（06）：49－56．

［41］司显柱．对近二十年中国译学界对翻译单位命题研究的述评［J］．外语学刊，2001，（01）：96－101．

［42］刘士聪，余东．试论以主/述位作翻译单位［J］．外国语（上海外国语大学学报），2000，（03）：61－66．

《射雕英雄传》英译本对中国古代数学的体现

陆思婕*

【摘要】金庸的《射雕英雄传》堪称中国武侠小说之经典，其中蕴含的中国古代数学思想在其英译本中得到了很好的体现。本文主要借助诺德的功能翻译理论来探究译者在翻译时是如何向西方读者展示中国古代数学的。通过对比原文与译文发现，译者在忠诚与忠实的前提下，对原文内容与形式稍作增删调整，并于附录中添加辅助信息，以便西方读者领略中国古代数学算法化的特点、应用数学的色彩，以及其悠久的历史与卓越的贡献。这对中国武侠小说的海外传播具有一定的启示意义。

【关键词】《射雕英雄传》　中国古代数学　诺德的功能翻译理论

一、引言

在金庸先生的所有作品中，《射雕英雄传》（以下简称《射雕》）是影响力最大、读者最喜爱的作品之一，也是被公认为开创了武侠小说新模式、新格局与新时代的一部作品。该书英译本分 4 卷由英国麦克莱霍斯出版社（MacLehose Press）于 2018 年至 2021 年陆续面向全球出版发行，传播效果良好。全书四十回近一百万字，由三位译者共同完成：第 1 卷 *A Hero Born* 的译者为郝玉青（Anna Holmwood）；第 2 卷 *A Bond Undone* 的译者为张菁（Gigi Chang）；第 3 卷 *A Snake Lies Waiting* 由郝玉青与张菁合作完成；第 4 卷 *A Heart*

---

* 陆思婕，女，华中科技大学外国语学院硕士研究生，主要研究方向为英美文学。

Divided 则由张菁与 Shelly Bryant 合作译成。许多金庸迷期望《射雕》这部风靡亚洲的武侠经典能够走进英语世界，让西方读者一睹中国侠文化风采，过一把“武侠瘾”。而作者金庸先生作为地地道道的中国文化与艺术的传承者，其作品中不仅流露出“侠之大者”的情怀，也蕴含着博大精深的中国古代数学思想。

20 世纪 50 年代开始，语言学主导着西方翻译理论研究，而 20 世纪 70 年代出现的德国功能学派翻译理论则独树一帜，首先摆脱了当时盛行的对等翻译理论的束缚并明确提出仅靠语言学是不能解决问题的，并且拓宽了翻译理论研究领域，赋予了翻译更丰富的含义。作为德国功能学派第二代代表人物，诺德是功能翻译理论的集大成者与主要倡导者，于 1997 年出版的著作《翻译作为具有目的性的活动》（*Translating as a Purposeful Activity*）使其成为第一位用英文系统总结功能派各种思想、详介功能派学术理论的学者。本文拟借助诺德的功能翻译理论来探究《射雕》英译本对中国古代数学的体现。

二、算法化特点

西方数学思想起源于古希腊，偏重逻辑演绎，形成了公理化的特点。我们学习的现代数学则主要基于西方的数学体系。而中国传统数学以计算见长，形成了算法化的特色。也就是说，中国古代数学的核心是算数之术，多可用于解决日常生活中遇到的问题，更具实用性。《射雕》中涉及中国古代数学思想的部分主要集中在第 4 卷的第一章《黑沼隐女》。

> 黄蓉坐了片刻，精神稍复，见地上那些竹片都是长约四寸，阔约二分，知是计数用的算子。再看那些算子排成商、实、法、借算四行①，暗点算子数目，知她正在计算五万五千二百二十五的平方根，这时“商”位上已计算到二百三十，……
>
> The bamboo slips that so captivated the woman were all about the same size, each roughly four inches long and one-fifth of an inch wide. They were counting rods, arranged in four rows to calculate—Lotus scanned the groupings—the square root of fifty-five thousand, two

① 下划线为本文作者所加，下同。

hundred and twenty-five. She could see that the women had already worked out the first two numbers of the answer, two and three, …

郭靖带着黄蓉与瑛姑初遇时，瑛姑正在计算 55225 的平方根。这道题实则出自《九章算术》的第四章《少广》，其中给出了世界上最早的开平方和立方的程序。译者在译文中只译出“算子排成四行”，却并未译出源语文本中各行的名字——“商、实、法、借算”，附录中也未提及。然而，每行的名字都表示着古筹算法的步骤程序，若不译出，恐难以完整体现筹算的算法思想，也就难以表现中国古代数学的核心。

根据诺德（Christiane Nord）的功能翻译理论，翻译的目的不是追求译文与原文的对等，而是强调译文应在分析源语文本的基础之上，以目标文本预期功能为目的，选取最佳处理方案。源语文本分析可以帮助译者决定原文中哪些信息与译文功能相关，以及采取何种翻译策略可以使译文符合翻译目的（Nord，1994：39—48）。译者虽未按照原文译出各算行名字，但“had already worked out the first two numbers of the answer”读来与我们所学的现代数学中除法求商的过程相似，均从高位算至低位，从百位算至个位。借此，西方读者可依据自己的数学知识大致明白瑛姑用算子（counting rods）所作的运算。如若说目标文本的预期功能之一是向西方读者介绍中国古代计算方法，此处译者有意将原文中关于古筹算法的术语省略不译，而是采用归化的翻译策略，令受众运用自身数学知识来初步涉猎中国的筹算法，一方面更易于其理解，另一方面由浅至深地引出下文探讨算题的故事情节。正如张菁本人所主张的，“我更倾向于忠诚于原文的精神（sense-for-sense translation），而不是忠诚原文所用的字词（word-for-word translation）”（徐雪英、张菁，2020：45）。

在功能翻译理论受到一些质疑后，诺德在功能（function）的基础上附加了“忠诚”（loyalty）原则作为对目的理论的补充。忠诚原则属于人与人之间的社会关系范畴，认为译者在翻译互动行为中需保持与作者、翻译发起者，以及译文读者等多方关系一致，以达到多方的互相信任（Nord，1991：91—109）。忠诚原则限制了某一原文的译文功能范围，增加了译者与客户等之间对翻译任务的商议（张美芳，2005：60）。张和 Bryant 对黄蓉提及的“九宫之法”（The Nine Halls Method）的翻译，在一定程度上体现了忠诚原则：

九宫之义，法以灵龟，二四为肩，六八为足，左三右七，戴九履一，五居中央。

The significance of the Nine Halls,

The method in the Hallowed Turtle.

…

Four and two as shoulders, eight and six are feet.

Three on the left, seven on the right,

Nine as crown and one as shoe,

In thecentre five sits tight.

黄蓉念诵的“九宫之法”中每四字一逗，如同我们从小背诵的运算口诀。但这是我们中文的习惯，西方读者未必接受。鉴于诺德的忠诚原则，译者既要对原作者忠诚，又需对读者负责，因此张菁与另一位译者 Shelly Bryant 商榷决定在不改变原意的前提下，将这些四字口诀以诗节的形式进行呈现，并且运用了押尾韵（下划线处）的修辞手法。虽无法体现出四字口诀的特点，但更贴合西方读者的阅读乃至诵读习惯。

“九宫之法”借用人体部位与穿着来代表每个数字的位置，而这些数字的位置都是对于中央的“五”而言的。“五”通“吾”，即“我”的意思，体现出中国古代数学在记忆算法程序时，以“人”为核心、以自身为标准的特点。译者虽将“肩”“足”“戴”“履”等都原封不动地译出，却遗漏了“五”通“吾”这一点。除却这一点，译文很大程度上忠实于原文中的数学思维方法，并在附录中对“九宫之法”起源于《洛书》《河图》等信息做了详细介绍，还将最终结果附以图片（读者在阅读时可依法照做，便会得出相同的结果），体现出中国数学的“数形结合”，可谓颇费了一番心思：

4	9	2
3	5	7
8	1	6

（Chang，Bryant，2021：580）

通过以上两例，我们可以看出，张与 Bryant 的译文虽没有将某些关于中国数学的细微之处译出，但对算法步骤还原度仍然非常高。除了符合忠诚原则外，《射雕》英译本更体现了文学翻译的应有之义——忠实（陈顺意，2021：165）。

就说四四图罢，以十六字依次作四行排列，先以四角对换，一换十六，四换十三，后以内四角对换，六换十一，七换十。这般横直上下斜角相加，皆是三十四。

Take the four by four as an example. First, you write down the numbers in four columns, then you start swapping positions, beginning with the four corners. One is moved to sixteen, four is switched with thirteen. Then the four numbers in the middle trade places: six with eleven, seven with ten. The sum of each row, column or diagonal line is always thirty-four.

在英国翻译理论家泰勒提出的翻译三原则中，其一、二原则分别为：翻译应完整传递原作的思想；译作的风格和方式应与原作一致（Tyler，1791：7）。这两项原则与对文学翻译的要求十分契合，正如肖明翰所说的那样，文学翻译的忠实不仅表现在对原文意思的准确理解，而且表现在对原作风格的再现（肖明翰，1992：38—42）。译者对“四四图”程序步骤的翻译既做到了对原文内容的完美复刻，又呼应了原文的形式风格。例如，原文中“六换十一”“七换十”等干脆利落的短句，译者在翻译时同样使用了“six with eleven”与“seven with ten”这样短促且对称的形式与之对应。

在功能翻译理论中，文本接收者一向占据至关重要的地位。其社会角色和阅读期待决定着文本翻译的目的和侧重点，左右着译者的翻译策略。因此，为了适度迎合英译本读者的习惯，张菁与 Bryant 在忠实于原文的基础上，有时也会在形式上稍作调整。

那九宫每宫又可化为一个八卦，八九七十二数，以从一至七十二之数，环绕九宫成圈，每圈八字，交界之处又有四圈，一共一十三圈，每圈数字相加，均为二百九十二。

We can also replace the squares of the Nine Halls with the octagons of the Eight Trigrams, so eight times nine is seventy-two. We start by writing a number from one to seventy-two on each side of the octagon. ...Done right, the total of each individual Eight Trigram will always be two hundred and ninety-two. And there'll be thirteen octagons together—the original nine converted from each square of the Nine Halls, plus four more that sit in-between.

以上已论及诗节形式的改编，此处则是对句序的调整。对比原文与译文后，我们发现，译文对原文在内容上的忠实程度几近百分百，但是原文中先计算了圈数后说明数字的和，然译文中先告诉了读者每圈数字之和后才阐明圈数。由于小说前文提及的“九宫之法”等均旨在使数字之和相等，此处亦不例外，所以数字之和是较为重要的信息。中文的表达习惯将重要信息后置，而在英语表达习惯中一般会将重要信息提前。因此，译者将说明圈数与数字之和的顺序对调，是为了使译文更加符合西方读者的阅读习惯，以便读者理解小说中算题的旨趣。

总体而言，《射雕》英译本虽然在能体现中国古代数学思想的细微之处做出了稍许舍弃，但是对算法化这一特色的还原与解释做得很是到位与详尽。在忠诚于翻译行为中各方、忠实于原文精神的前提下，灵活调整译文形式，使之更易于被英语世界的读者所接纳。

三、源远流长的应用数学

黄蓉在离开之前留予瑛姑 3 道算题。对这 3 道题的翻译展现出了中国古代数学思想的其他重要特点。

第一道是包括日、月、水、火、木、金、土、罗、计都的“七曜九执天竺笔算”

The first was: ‘The Sindhu written calculation of the seven brilliances and nine luminaries’, which included the sun, the moon and the stars—Water, Fire, Wood, Metal, Earth, Rahu and Ketu.

译者在翻译“七曜九执”时，特意将日、月与水、火、木、金、土、罗（罗睺）、计都用“and the stars”隔开，大概是考虑到西方读者对日与月无疑十分熟悉，但对水、火、木、金、土、罗（罗睺）和计都（罗睺与计都对很多中国读者都甚为陌生）为何物可能并不知晓。所以，译文中的“and the stars”是为了向西方读者解释水、火、木等并非取其原意，而是均为天上的星体。

译者此处的增益一方面给读者提供背景知识，另一方面也可令读者直观地了解到中国古代数学[①]与天文学的紧密联系。中国古代数学带有浓厚的应用数学风格，这一点从第二道算题的命名中也可看出（“立方招兵支银给米题”显然是将数学应用于招兵等现实问题的例子）。但是，其中最重要的应用领域还属天文学。古时候许多数学家孜孜以求的数学研究其实大都是为了解决天文问题，或是修改和制定历法。除此以外，译者还在附录中告诉读者“Water”“Fire”等分别对应“Mercury”“Mars”等，将新知识与读者的旧知识关联起来，从而使读者更准确地了解到：这道算题涉及太阳系中各行星之间的关系，而各行星又与“五行”等中国古代哲学思想相关。诺德在《翻译作为具有目的性的活动》一书中介绍了翻译文本的四种功能：指称、表达、呼唤和交际。此处译者所译体现出了其中的指称功能（referential function），目的在于向目标语读者提供相关信息以改变其认知状态，将源语文本中数学与哲学思想翻译、介绍给他们。

除却服务于天文学的应用性特点，中国古代数学的源远流长在翻译中也得以彰显。中国的数学思想最早起源于两部数学典籍——《周髀算经》与《九章算术》。在中国数学典籍英译过程中，注释是一个关键步骤（韩祥临、汪晓勤，2001：192）。《射雕》中的数学问题多出自中国数学典籍，因此注释对于翻译《射雕》中算题不可或缺。从译者对第二、三道算题的注释也可见一斑。

> 第二道是“立方招兵支银给米题”<u>（按：即西洋数学中的级数论）</u>
>
> APPENDIX：P. 22 THE PROBLEM OF DISTRIBUTION SILVER，ETC.
>
> <u>In modern mathematical terms，this question relates to the study of higher order arithmetic series</u>—adding infinitely to a given starting quantity—which is a major field of calcu-

① 第一题其实不是一道具体的算题，也并非起源于中国，而是一门从印度传入中国的历法、占星与择吉推卜之术。

lus. This problem and its solution were first published in 1303, in a book called *Siyuan yujian*, or *Jade Mirror of the Four Unknowns*, by the Yuan Dynasty mathematician Zhu Shijie (1249 – 1314), one of the most important figures in the history of mathematics.

第三道是道“鬼谷算题”：今有物不知其数，三三数之剩二，五五数之剩三，七七数之剩二，问物几何？(按：这属于高等数学中的数论，我国宋代学者对这关题目钻研已颇精深)

APPENDIX：P. 22 THE PROBLEM OF THE GHOST VALLEY SAGE

The mathematical questions and concepts mentioned in this chapter were worked on and developed by Chinese scholars roughly contemporary to the setting of the story. This example is an exploration of number theory in pure mathematics, an area in which Song dynasty mathematicians attained an in-depth knowledge, and is now commonly known as the Chinese remainder theorem.

译者并未将括号内容直接翻译在小说译文中，而是以“附录 + 额外信息”的形式呈现。在附录中，译者先按照原文翻译出括号中对应西方数学的部分（下划线处），让读者大致知晓该题所涉及的现代数学理论。然后，译者又根据自己搜集的相关信息，在附录中写明该题的历史与出处等，例如：第二题出自元代数学家朱世杰的《四元玉鉴》；第三题的精髓实则为著名的“孙子剩余定理”，中国在宋代就已对此类问题颇有研究。诸如此类的历史年代信息可以说明现今西方所称道的数学算法理论等中国古已有之，在附录中加以指明也是文化自信的一种表现。

又比如，金庸先生在小说中提及“天元术”（the Heaven Unknown technique）时，在文中添加了夹注“(按：即今日代数中多元多次方程式，我国古代算经中早记其法，天、地、人、物四字即西方代数中 X、Y、Z、W 四未知数)”。但是，译者将夹注内容的英译转移至附录中，并补充了另外的相关信息：注释说明黄蓉提及的“算经一十九元”其实出自元代数学家李冶（1192—1279）的著作，展现出中国历史上早有解多元高次方程之法，中国古代的数学思想实则领先于西方数百年之久。西方读者若能仔细阅读附录，便会钦佩中国数学对世界数学发展的伟大贡献，而《射雕》英译本就再次有效发挥了其指称功能。

四、结语

本文认为，《射雕》英译本（尤其第4卷）在遵循忠诚与忠实原则的基础上，对原文的稍加改动、略施增删以便英语世界读者理解，但仍然充分体现了中国古代数学算法化及应用性强的特点。英译本附录中针对那些数学问题进行的解释与信息补充，能够向西方读者展示中国数学思想体系的历史之悠久与贡献之巨大。译者在翻译时采用的各种翻译策略等实则有利于西方读者更好地走进中国文学，进而领会具有中国特色的数学理论体系，同时也有利于中国文学更好地“走出去”。

在如今这个中国走近世界舞台中心的时代，建立属于自己的理论体系从而掌握国际话语权可谓当务之急。通过翻译文学作品等向世界传播、让世界了解中国的理论体系不失为一条有效途径。在现当代的中国文化海外传播中，武侠文化占了非常重要的份额。如果能够将武侠小说中渗透的中国数学思想译好、译出彩，便可使中国数学理论体系的传播不至于太乏味，更好地为世界各国的读者所接受。对此，《射雕》英译本为我们提供了一个优秀的范例。

参考文献

[1] Chang, Gigi, and Shelly Bryant. *Legends of the Condor Heroes* [M]. London: MacLehose Press, 2021.

[2] Nord, Christiane. Scopos, loyalty and translational conventions [J]. *Target*, 1991, 3 (1): 91 – 109.

[3] Nord, Christiane. *Text Analysis in Translation: Theory, Methodology, and Didactic Application of a Model for Translation-riented Text Analysis* [M]. Amsterdam-Atlanta: Rodopi, 1991.

[4] Nord, Christiane. Text analysis in translator training [A]. Cay Dollerup and Anne Loddegaard. *Teaching Translation and Interpreting. Selected Papers of the First Language International Conference, Elsinore* [C]. Amsterdam & Philadelphia: Benjamins, 1994: 39 – 48.

[5] Nord, Christiane. *Translating as a Purposeful Activity: Functionalist Approaches Explained* [M]. Manchester: St. Jerome Publishing, 1997.

［6］ Tyler, F. *Essay on the Principles of Translation* [M]. London: J. M. Dent & Sons Limited, 1790/1912.

［7］ 陈顺意．文学翻译的忠实：以《荷塘月色》七译本为例［J］．中国翻译，2021，(5)：158－165.

［8］ 韩祥临，汪晓勤．沈康身等著《英译〈九章算术〉及其历代注疏》［J］．中国科技史料，2001，22（2）：192.

［9］ 金庸．射雕英雄传［M］．上海：三联书店，1999.

［10］ 肖明翰．文学作品翻译的忠实问题——谈《喧嚣与骚动》的李译本中的明晰化倾向［J］．中国翻译，1992，(3)：38－42.

［11］ 徐雪英，张菁．从金庸《射雕英雄传》英译看中国文化如何走向世界［J］．浙江学刊，2020，(3)：42－53.

［12］ 张美芳．功能加忠诚——介评克里丝汀·诺德的功能翻译理论［J］．外国语，2005，(1)：60.

拉斯韦尔传播模型下地方戏曲对外译介模式探索

——以《河北戏曲名剧选译》为例

高　博*

【摘要】 对地方戏曲的译介是对地方文化的保护与传承，也是让世界走进中国、了解中国的重要途径。然而，就目前而言，我国学界对地方戏曲的实践与研究工作明显滞后。鉴于此，本文拟利用拉斯韦尔提出的“5W”传播模型对李正栓教授的译作《河北戏曲名剧选译》一书进行系统考察，以期能够为中国地方戏曲的对外译介模式提供有益参考。

【关键词】拉斯韦尔传播模型　地方戏曲　对外译介　《河北戏曲名剧选译》

一、引言

戏曲是中华文化的瑰宝，也是传承和弘扬中国优秀传统文化、丰富提升人们精神生活的重要载体。戏曲作为中华民族几千年来孕育出的独特艺术形式，有着深厚的历史底蕴和文化内涵。正因如此，戏曲越来越成为外国友人青睐的艺术形式，唱念做打舞、手眼身法步，戏曲艺术一板一眼的唱腔，一招一式的动作，都体现出一种文明、一种艺术的独特魅力，让越来越多的外国友人为之着迷。随着全球化的发展，翻译、出版、发行经典戏曲剧目到世界各国，让更多外国朋友了解、熟悉中国戏曲艺术，对于推动中国文化“走

* 高博，男，南开大学滨海学院公共外语教研室讲师，硕士，研究方向为比较文学译介学、文化传播。

出去”具有重要意义。

河北省是我国的戏曲大省，现有河北梆子、评剧、丝弦、老调、秧歌、乱弹、哈哈腔等剧种36个，拥有一大批经典剧目，各级各类戏曲艺术院团700余家，从业人员8000多名，现有中国戏剧梅花奖获得者29人。河北戏曲资源如此丰富，但对其所做的向外翻译推介却不甚理想，由此窥见我国地方戏曲译介研究工作的不足。而也正是在这样的背景下，由河北师范大学外国语学院李正栓教授翻译的《河北戏曲名剧选译》应运而生。本文的研究目的即在于利用拉斯韦尔提出的“5W”传播模型对《河北戏曲名剧选译》一书进行系统考察，以期能为中国地方戏曲的对外译介模式提供有益参考。

二、拉斯韦尔传播模型简述

“5W”传播模型也被称为“拉斯韦尔传播模型”，它是由美国政治学家哈罗德·拉斯韦尔（Harold Lasswell）在《社会传播的结构与功能》一文中提出的传播模型。在该文中，拉氏指出传播过程通常是由五个“W”构成，即谁（Who）、说什么（What）、对谁说（to Whom）、通过什么渠道（in What channel）、取得什么效果（with What effect）。在这其中，“谁”指的是传播者，在传播过程中承担着信息的收集、加工与传递的任务，传播者既可以是人，也可以是集体或专门机构；“说什么”是指传播的内容，它是由意义符号组成的信息组合，符号包括语言符号和非语言符号；“渠道”是信息传递所必须经过的中介或借助的物质载体，它可以是诸如邮件、通信等人与人之间的媒介，也可以是像网络、电视、广播等大众传媒；“对谁”指的是传播受众，如听众、读者、观众等，它是传播的最终对象和目的地；“效果”是指信息到达受众后在其认知情感、行为各层面所引起的反映，即对信息的接收情况，它是检验传播活动是否成功的重要尺度（鲍晓英，2015：32）。拉斯韦尔的“5W”传播模型奠定了传播学研究的五大基本内容，如果把它运用到戏曲文本译介的跨文化传播领域，我们可以得到包含“译介主体”、“译介内容”、“译介受众”、“译介途径”与“译介效果”五大要素组成的对外译介模式，其对应关系如下表所示：

表1 跨文化传播视域下的"5W"戏曲文本译介模式

谁（Who）	译介主体
说什么（What）	译介内容
对谁说（to Whom）	译介受众
通过什么渠道（in What channel）	译介途径
取得什么效果（with What effect）	译介效果

三、"5W"传播模型下《河北戏曲名剧选译》译介模式探索

戏曲剧本的对外译介是地方戏曲"走出国门"的必要途径。将包含五大要素在内的拉斯韦尔传播模型运用其中加以研究有助于帮助我们探索最佳的译介模式。然而，这里需要指出的是，由于《河北戏曲名剧选译》出版时间不长，能反映其译介效果的关键指标，如国内外图书馆的馆藏数据、电子阅览库的浏览数据以及各大图书网站的销售数据等尚未健全，因此笔者在下文中将以分析译者的译介原则代替探讨译作的译介效果。

（一）译介主体

中国文学译介的发起人目前主要是国家机构，译介主体也大多是国内本土译者。这是因为，"长期以来能够掌握汉语并通晓中国文化的外国人十分有限，同时国内媒体与公众对外国译者在翻译过程中能多大程度再现文学作品中'原汁原味'的中国元素一直心存芥蒂，他们寄予了土生土长的中国译者以厚望，希望他们在中国文学'走出去'中充当关键角色（胡安江，2010）。"而对于地方戏曲文本译介来说，更是如此。具体就《河北戏曲名剧选译》而言，该书的译者为河北师范大学外国语学院的李正栓教授，他出生于河北保定，自幼喜爱戏曲艺术，且观看过很多传统老戏。"他青少年时就能背诵几个现代京剧戏的台词、能唱许多名段，还可以唱一些黄梅戏和豫剧的片段。上大学后，他还是经常去看戏。另外，青年时他还喜欢看《大舞台》杂志，阅读了上面刊登的许多戏剧（李正栓，2020：11）。"由上可见，译著

戏曲是李正栓教授运筹帷幄多年的一项工作。根据他的想法，此次翻译出版可以鼓励其他语种的教师把一些河北戏曲译成英语之外的语言。李教授的努力必将提高河北对外的知名度，推进河北戏曲“走出去”的步伐。

至于李正栓教授的学术背景，他博士毕业于北京大学比较文学专业，之后一直从事英语教学，并进行诗歌及戏剧研究。具体来说，他曾跟随美国教授伯恩·哈特学习过希腊悲剧；跟随吴伟仁教授和郭继德教授学习过莎士比亚戏剧与美国戏剧。李正栓教授的博士课题主攻 16 世纪和 17 世纪的英国文学，这一时期的西方戏剧正处于巅峰时期，在此期间，他跟着外国专家阅读了许多英美戏剧原著及相关专著，积累了大量的西方戏剧知识。此外，在参加工作之后，李正栓教授“又长期致力于诗歌典籍的英译活动，有着十分丰富的翻译实践经验。他先后翻译出版过《智慧之杖》《乐府诗选》《藏族格言诗》《汉英对照仓央嘉措诗集》等多部经典译著，取得了较为丰硕的成果（高博，2020）。”

综上可以说，李正栓教授凭借其全面的学识素养和翻译经验完全可以担当起将河北戏曲推出国门的重任。最后还需指出的是，在本书初稿完成之后，译者还专门邀请了西方本土学者对译文进行了审读。也就是说，实际上《河北戏曲名剧选译》采取的是以中国本土译者为译介主体，以精于中国文学或文化的西方学者为英文校正和翻译辅助，双方取长补短的合作模式。这种“中西合璧”的模式无论是在翻译环节还是在后续的传播领域都能最大限度地跨越差异，发挥所长，从而实现文化间的顺利沟通。

（二）译介内容

译介内容的选择是翻译文本能否得到有效传播的关键因素之一。好的译者从来都是先选择翻译什么之后再考虑如何翻译。“译者要考虑的问题首先不是如何翻译而是为什么翻译、翻译时机是否恰当、是否应该翻译该文本、是否应该翻译该作者的作品，解决了‘为什么翻译’的问题，也就解决了‘该如何翻译’以及不同情境下‘翻译什么’的问题（Pym，2012：11）。”

《河北戏曲名剧选译》这部译著是从河北地方戏曲中选取极具代表性的四个剧种作为译介对象。这四个剧种分别是河北梆子、评剧、老调和丝弦。代表作品名称是河北梆子《宝莲灯》、评剧《胡风汉月》、老调《潘杨颂》和丝弦《空印盒》。需要指出的是，这四部剧目是在原河北省戏剧家协会主席刘仲武的建议下选取出来的，而之所以选译这四部戏剧的主要原因在于“它们弘扬的都是中华民族的优良美德，展现了中华民族最核心的传统价值观（贺秀明、郭娇云，2021）。”具体来说，《宝莲灯》是河北梆子中的名剧，它创作于20世纪60年代，讲述的是沉香劈山救母，孝行天下的故事。该剧一经问世，就震动了大江南北，其高超的艺术性和思想性甚至得到过毛泽东主席的高度赞赏；评剧《胡风汉月》是2002年轰动全国的新编历史剧。这出戏使用新的视角重新演绎了蔡文姬的爱情故事。详细而言，它一改蔡文姬以往悲惨屈辱的形象，左贤王也不再粗野、蛮横。一个是汉家烈女，一个是草原英豪，两人从矛盾、碰撞到理解、交融再到相知、相爱，最后又不得不面对生死离别。显然，这样的艺术重构旨在对忠贞不渝爱情的称赞；老调《潘杨颂》是由著名剧作家刘谷和方峥共同创作的经典剧本。它主要讲述的是北宋年间杨家将镇守边陲，保卫国家的故事，其目的在于歌颂杨家将的爱国精神以及寇准、赵德芳等人的聪明智慧。《潘杨颂》首次上演便让全国梨园界都知道了保定老调。至今，该剧在河北地区仍有广泛的群众基础，是当地群众常在口头哼唱的曲调；丝弦《空印盒》是一出深受老百姓欢迎的好戏，它刻画了一个惩奸除恶、勇敢和黑恶势力作斗争的英雄主人公形象，其故事剧情曲折婉转、跌宕起伏，唱腔庄味浓郁、特色鲜明，是石家庄丝弦剧团的看家戏。

从总体上来看，《河北戏曲名剧选译》所选剧作，其主体内容或歌颂民族团结，宣传友好和谐；或宣扬孝道、歌颂爱情；或褒扬忠义、扬善惩恶。可见，这四部作品所蕴含的精神价值是普世的，它不仅是中华民族所追求的道德典范，同时也是世界各国共同倡导的正能量。“对这样的曲目进行推介，势必能够引起所有人的思想共鸣（李正栓，2020：15）。”

（三）译介原则

所谓译介原则，也就是翻译原则，“指的是译者在翻译行为中所遵循的一般性方法及准则（许钧，2009：29）。”具体到戏曲剧本的翻译上，由于剧本本身具有文学性和表演性双重属性，因此在翻译原则的选用方面要尽量做到两者兼顾。详细而言，在译介《河北戏曲名剧选译》时，李正栓教授秉持的总体原则是“忠实对等，注重交际，重视表演，对押韵的唱词翻译得尽量押韵，实际上很困难，所以更重视传递思想内容，兼顾英语读者习惯（李正栓，2020：18）。”

具体来说，“忠实对等”是李正栓在翻译河北戏曲时所依据的根本原则，而这一原则又包括了“对等的理解”、“对等的风格”和“雅化”三个方面（李正栓，2004）。

“对等的理解”要求译者具有与作者最接近的理解，这种理解除了字面意思之外，“还要去考究戏曲的演出情况，以便把握唱段的语气、演员的神态，多方面、多维度加强自身对戏曲本身的认知，这样才能准确地把握译文的遣词造句（张秀梅、张浩元，2021）。”例如，译者将《宝莲灯》中“布裙荆钗”一词翻译为“rough skirts with simple ornament”。该译将“布裙”译作“粗糙的裙子（rough skirts）”，而对于“荆钗”这一西方读者并不了解的物件，则模糊处理为“简单的装饰（simple ornament）”。这样的翻译一方面忠实地表达出原文中所蕴含的“家境清贫之意”，另一方面也照顾到剧本用词应当简洁直白、便于表演的特性。

“对等的风格”即在风格再现方面，源语和译语应该是对等的，也就是“在翻译时应当争取保留原作的风格，尽量移植原作风格以用来帮助读者了解作者作品的真正风貌（李正栓，2004）。”例如，在丝弦《空印盒》的第一场《设伏》中，孙龙在得知何文秀来杭州之时必然要经过三江渡口，于是便对陈坚说，“待俺前去杀了这个狗官，也就是了！”李正栓将这句话翻译为“I will go there and kill him. A piece of cake”。不难看出，原文是典型的口语风格，而译文完美地再现出了这种风格，尤其是把“也就是了”处理为“A piece of cake”更是点睛之笔，它不仅还原了剧本的文体风格，而且还将剧中人物凶残粗鄙的性格特征淋漓尽致地表现出来 。

“雅化”与风格对等有些类似，它主要是指将戏曲文本中那些带有韵律、对仗等形式特征的诗词歌赋在译文中以同样风雅的形式再现的一种方法。我们来看以下一例：

原文：合：（唱）	**译文**：Chorus：（sings）
千里茫茫绝飞鸟，	For a thousand miles, no birds are in fight.
万山皑皑披素袍。	Ten thousand hills are beneath snow white.
一香冢中孤星照，	A lonely tomb is under a lonely star's light.
岁岁冰雪掩尘嚣。	Ice and snow cover the dust heavy or light.

例文是出自评剧《胡风汉月》中的一段唱词，这段唱词从内容上看非常深刻地揭露出剧中女主人公文姬孤苦无依的心境，而从成文风格上看却又十分文雅，颇具诗歌风范。译文模仿原文形式，采用押同一韵脚的英诗格律体进行对译。此外，原文前三句均以数词开头，译文也做出还原，使译文读诵起来意蕴悠长。由此可见，无论是在内容方面还是在形式风格方面，译者始终本着“忠实对等”的原则对译文加以“雅化”。可以说，“雅化”确实是重现原戏戏曲风貌的必要之举。

（四）译介受众

译介受众也即译著读者。在译介戏曲文本之前，译介主体就要对译介受众进行分析，了解他们的阅读心理和需求，并且根据他们的欣赏水平有针对性地实施译介策略，只有这样才能准确有效地传达戏曲所蕴含的内涵，更好地促进译介效果。

概括而言，《河北戏曲名剧选译》的受众群体主要由三个部分组成：一是对中国文化感兴趣并对戏曲艺术有一定好奇心的读者；二是来自学术界和艺术界的读者；三是西方普通读者。具体来说，针对第一部分读者，他们往往对中国文化抱有好感，并对戏曲艺术具有一定欣赏水平。对于这类读者，我们应该积极引导，增进他们对于中国文化的兴趣，并借此扩大戏曲艺术的影响力和影响范围；第二部分读者主要是由学者群体构成。他们大都致力于戏剧研究或中国文化研究，对译著的需求更多的是用来作为科学研究的对象或材料。根据以往中国文学“走出去”的经验，这部分群体通常也是中国文学译著的核心读者（鲍晓英，2014）；第三部分是普通读者，普通读者是戏曲译介的主要目标受众，传播信息只有到达普通大众那里才算得上是真正实现了传播目的。李正栓教授在“忠实对等”的原则下对河北戏曲进行翻译时也时刻考虑着西方读者的接受情况。例如，他在每部戏剧的开端处都用英文对剧情和剧中人物进行了详细介绍。此外，他还对剧本中一些难以理解的成语、典故等加以注释或浅化处理，其目的就是为了让更多不懂汉语的英语普通读者更加容易接受并喜欢中国的戏曲作品。

总之，就戏曲文本译介而言，要具备充分的受众意识，用外国受众能够接受的路径与方式宣传戏曲艺术，逐渐培育出乐于倾听中国戏曲的外国受众，只有如此才能使中国优秀的民族传统文化真正地“走出去”。

（五）译介途径

译介途径“是指译本通过什么样的渠道进行翻译和传播，是译介行为得以实施的物质手段。翻译作品要走向世界，译介途径越多，受众面越广，接受度越高，越容易达到译介效果（凌来芳，2017）。”

首先，《河北戏曲名剧选译》是“中国文化走出去战略下河北戏曲英译研究与实践”的课题研究成果，得到了河北省社会科学基金的大力支持。这种依托政府层面的基金支持与文化交流渠道以及地方高校外语学院的语言学科优势，是一项构建地方戏曲综合对外传播模式的全新尝试；其次，出版社作为译介途径，也是制约翻译作品译介成功与否至关重要的因素之一。就《河北戏曲名剧选译》而言，它是由河北大学出版社出版，全国新华书店负责营销。这样的发行通道覆盖面广，影响力强，但也存在一定不足之处，主要表现在“本土出版社出版的图书难以进入西方销售宣传等商业体系和传播系统（王侃，2012）。”鉴于此，笔者认为，在未来戏曲译著的推介方面，我们可以采取中外合作出版的模式，亦即让国内出版社与海外出版机构签订版权输出协议，由海外机构负责组织出版营销，通过版权代理机构市场化、专业化运作推广翻译产品。再次，网上书店作为当下最为便捷的图书销售方式，是实现译著传播的有效途径。通过查询，笔者发现，《河北戏曲名剧选译》已在“亚马逊国际网上书店”“读书网”“甲虎网”等多家网站进行销售。可以说，电商营销已经成为推广该译作的主要途径。最后，“学术期刊作为传播途径之一，其作用同样也是不可忽视的（鲍晓英，2015：98）。”根据中国知网的检索结果，目前已有多篇文章对《河北戏曲名剧选译》做出了分析和讨论。这些文章虽然深浅不一，角度各异，但对推广该著都起到了积极的促进作用。

四、结论与启示

本文以李正栓教授所译的《河北戏曲名剧选译》为个案，对其译介模式进行研究。本研究可为未来的地方戏曲译介带来如下启示：(1) 关于译介主体：中国地方戏曲译介可以采取中外合作译介主体模式，即中国学者与国外汉学家优势互补，合作翻译。其中，以了解戏曲艺术的当地译者为最佳翻译主体，以精于中国文化的西方学者为英文校对或翻译辅助；(2) 关于译介内容：地方戏曲的译介内容应该首先避免与译入语国家的戏剧意识形态发生冲突；其次，要选取那些既能体现世界戏剧普世性又能具有中国戏曲异质性的作品进行推介；(3) 关于译介原则：译者应当以"忠实对等"为总体原则，力求将地方戏曲的特色原汁原味地传达出去，而对一些细节的处理可以进行微调以适应西方读者的阅读期待；(4) 关于译介受众：地方戏曲"走出去"应以受众为中心，普通读者和专业读者并重，在一定程度上契合西方受众的审美意识，顺应西方的语言习惯等译介受众模式；(5) 关于译介途径：加强国内外出版机构的多种合作形式、增加文本翻译与影视传播相结合的多模态译介途径、大力开展国外书刊媒体的宣传以及利用国际学术平台，提高中国戏曲的知名度。

参考文献

[1] Pym, Anthony. *On Translator Ethics: Principles for Mediation bewteen Cultures* [M]. Amsterdam/Philadelphia: John Benjamins Publishing Company, 2012.

[2] 鲍晓英."中学西传"之译介模式研究——以寒山诗在美国的成功译介为例 [J]. 外国语, 2014 (1): 65.

[3] 鲍晓英. 中国文学"走出去"译介模式探索——以莫言英译作品译介为例 [M]. 青岛: 中国海洋大学出版社, 2015 - 71.

[4] 高博. 李正栓《仓央嘉措诗集》英译本的译者行为批评分析 [J]. 民族翻译,

2020（4）：26－32.

［5］贺秀明，郭娇云．河北戏曲翻译研究——兼评李正栓《河北戏曲名剧选译》［J］．戏剧之家，2021（23）：12－14.

［6］李正栓．忠实对等：汉诗英译的一条重要原则［J］．外语与外语教学，2004（8）：36－40.

［7］李正栓．河北戏曲名剧选译［M］．保定：河北大学出版社，2020.

［8］凌来芳．中国戏曲“走出去”译介模式探析——以“百部中国京剧经典剧目外译工程”丛书译介为例［J］．戏剧文学，2017（8）：117－124.

［9］胡安江．中国文学“走出去”之译者模式及翻译策略研究——以美国汉学家葛浩文为例［J］．中国翻译，2010（6）：11－15.

［10］王侃．中国当代小说在北美的译介与批评［J］．文学评论，2012（5）：166－170.

［11］许钧．翻译概论［M］．北京：外语研究与教学出版社，2009.

［12］张秀梅，张浩元．论李正栓《河北戏曲名剧选译》中“忠实对等”原则的应用［J］．廊坊师范学院学报（社会科学版），2021（2）：50－55.

书　　评

社会翻译学视阈下中国文学译介与传播模式的差异化探索

——《中国文学译介与传播模式研究》介评

皮伟男　南　潮*

【摘要】汪宝荣的新作《中国文学译介与传播模式研究》是从社会翻译学视角研究中国文学外译的新作。该书通过整合社会实践论和行动者网络理论构建中国文学译介与传播行动者网络模式，并以之为分析框架，结合具体典型案例探讨五种中国文学译介与传播模式运行机制和传播效果的差异。该书不仅深化了社会翻译学研究，拓展了中国文学译介与传播研究模式，更回应了中国文学如何"走出去"的学术期待。

【关键词】译介与传播模式　差异　社会翻译学

随着中国国际地位的提高，习近平总书记指出要"推进国际传播能力建设，讲好中国故事，提高国家文化软实力"。作为中国文化"走出去"和"讲好中国故事"必由之路的中国文学外译正在如火如荼地进行。不过，"学界形成的普遍共识是英译中国新时期文学在英美世界的接受状况并不理想"（梁红涛，2021：1），例如改革开放后我国推出的《熊猫丛书》"并未获得预期的效果。除个别译本获得英美读者的欢迎外，大部分译本并未在他们中间产生任何反响"（耿强，2010：134），新世纪推出的《大中华文库》翻译出版项目也面临相同的窘境。缘由为何？中国现当代文学译介史发轫于民国时期。从民国至今，究竟有多少种现当代文学译介与传播模式？各种模式的运

* 皮伟男，男，广东外语外贸大学研究生；研究方向为为中国文学外译、国家翻译实践；南潮，男，博士，湖北师范大学外国语学院教授，研究方向为生成语法、二语习得。

行机制和实际效果有何差异？哪几种模式最适合中国文学外译？系统性思考这些问题将助推中国文学真正“走出去”，但这些问题的答案暂付阙如。最近笔者欣喜地读到汪宝荣的新作《中国文学译介与传播模式研究：以英译现当代小说为中心》（以下简称《模式研究》）。该书2022年由浙江大学出版社出版，列入由许钧总主编的“中华译学馆 · 中华翻译研究文库”。

汪宝荣长期致力于社会翻译学和中国文学译介与传播研究，著述颇丰。该书旨在通过整合几种社会学理论，建构一个原创性的分析框架，以之考察中国现当代文学译介与传播模式的差异。全书视野开阔，个案典型，既有历史语境化的宏观关照，也有直抵译者与文本的微观考察，既对社会翻译学研究、中国文学译介与传播模式研究有理论贡献，也对中国文学“走出去”有指导意义。

一、内容概览

《模式研究》除绪论和结论外共分八章。第一章为文献综述，作者系统梳理和述评了国内外社会翻译学研究和国内文学译介与传播研究。第二章介绍了该书运用的理论工具，包括布迪厄的社会实践论、拉图尔等人的行动者网络理论、海尔布伦的国际翻译图书系统分析模式等。关键词阐释是研究的逻辑起点，第三章便对“中国文学译介与传播”“中国现当代小说翻译场域”等核心概念进行阐释，此外还就研究方法和“译介与传播行动者网络模式”这一具体分析模式进行了说明，为后面的研究做了铺垫。第四到第八章是该书的主体部分，著者运用原创的框架并结合具体案例，对五种常用的中国文学译介与传播模式的运作过程和机制进行分析，探讨了每种模式的优劣之处。在“结论”中作者探讨了其研究对中国文学“走出去”的启示，体现了其实践运用价值。总体而言，《模式研究》视野开阔，回答了作者在绪论部分提出的五个核心研究问题，深入拓展了社会翻译学和中国文学译介与传播的研究。

二、原创的分析框架：中国文学译介与传播行动者网络模式

（一）模式介绍

目前关于中国文学译介与传播模式的分类，仁者见仁，智者见智。作者就杜博妮和孔慧怡的分类进行探讨，指出其不严谨之处。作者强调译介项目发起者的重要性，因为“发起者既是翻译项目的启动者，通常也是招募其他行动者的‘初始行动者’；其作用相当于一台‘工作母机’”（汪宝荣，2022：94—95），同时指出“出版社的性质、规模、类别及运作方式很大程度上影响着文学译介与传播的效果”（汪宝荣，2022：95），于是作者提出了“由谁发起＋由谁出版”这一运作机制。根据这一机制，作者析出七种中国现当代小说译介与传播模式，并结合典型案例就前五种模式进行差异化探索，分别为“海外华裔学者发起并翻译、西方学术出版社出版模式”、“国家外宣机构发起并资助、外文出版社出版模式”、“汉学家发起并翻译、西方学术出版社出版模式”、“汉学家发起并翻译、西方商业出版社出版模式”和“中国作家发起、西方商业出版社出版模式”。

就如何分析和考察这些译介与传播模式，作者构建了“中国文学译介与传播行动者网络模式”这一原创性的分析框架。该模式整合了布迪厄的社会实践论和拉图尔的行动者网络理论的核心思想。首先作者借用布迪厄的场域理论，假设“在英语世界文学文化生产场域中，存在一个‘中国现当代小说翻译场域’”（汪宝荣，2022：75），该场域具有场域的一般特性。此外，该模式还假设“通过行动者网络构建与运作，中国文学译作才能被成功生产并进入目标国图书市场，进而发挥其传播影响力，才能被目标国的文化生产场域认可，甚至最终被世界文学场域认可”（汪宝荣，2022：315）。该网络包括项目发起、翻译生产和译作传播三个过程，分别依赖“项目发起行动者网络”、“翻译生产行动者网络”和“译作传播行动者网络”才能实施相关行动。根据模式的不同，项目发起涉及“项目发起行动者网络”、“选题策划行

动者网络”和“招募出版社行动者网络”，翻译生产涉及“释疑解惑行动者网络”、“译稿编修行动者网络”，译作传播涉及“营销流通行动者网络”、“评论推介行动者网络”和“认可行动者网络”。人类行动者带着惯习以及初始资本进入中国现当代小说翻译场域，参与翻译生产和传播。

（二）学术意义

第一，该模式的提出深化了社会翻译学研究。20世纪90年代起，人们发现翻译具有社会性，于是借用社会学理论进行翻译研究，为翻译研究带来了范式突破，“构建了翻译研究跨学科、多学科的学术话语，成为学科发展的增长点”（徐敏慧，2022：29）。不过作为翻译学分支学科的社会翻译学目前陷入了发展的瓶颈期，相关研究大多只局限于运用布迪厄的场域理论、拉图尔的“行动者网络理论”以及卢曼的“社会系统论”等，缺少理论突破和创新。就如何推动社会翻译学的发展，朱献珑在2021年7月18日举办的“社会翻译学前沿探索高层论坛”上发言指出，“社会翻译学的可持续发展有赖于不同理论之间的融通与互鉴”①。而作者对该网络模式的建构即为融通不同理论的一例。作者认为布迪厄的社会实践论可以弥补行动者网络理论的不足之处，能阐明“行动者网络”的建构机制，于是整合两种理论，具有理论上的创新，为推动社会翻译学的发展做出了学术努力。

第二，对翻译个案研究有方法论上的借鉴意义。社会翻译学属于跨学科的翻译研究。目前翻译学界跨学科研究方兴未艾，而跨学科翻译研究的一个原则就是要考虑跨学科的理论工具与研究对象的适切性。不过反观现状，不少研究从理论出发，将理论生搬硬套。以社会翻译学研究为例，“许多翻译学者和学生之所以选择布迪厄，是因为他们阅读了很多运用布迪厄相关理论的论文，却没有批判性地思考这个理论为什么以及在多大程度上适用于他们的研究案例”（徐赛颖，2022：96），忽视了“翻译研究以解决有关翻译的问题为鹄的，跨学科的翻译研究是解决翻译学术问题的重要手段，因而跨学科研究本身是途径，且只是途径之一，而并不是目的”（蓝红军，2019：165）。《模式研究》从研究对象出发，即中国现当代文学译介与传播模式，意识到研

① 该论坛详情请见 http：//news. scut. edu. cn/2021/0731/c55a44381/page. htm。

究对象是一个依靠网络运作的工程，人类行动者和非人类行动者共同参与其中，且人类行动者还带着初始资本和惯习才会参与其中，便整合运用布迪厄的“社会实践论”和拉图尔等人的“行动者网络理论”这两种合适的社会学理论搭建分析框架，最后建构出适合中国文学外译实践的原创性理论模式，研究对象和整合的理论框架具有适切性，是开展翻译学跨学科研究的范例。跨学科理论固然有其优势，但是在运用前应首先考虑其是否适用于特定的研究对象，尤其是西方跨学科翻译理论是否适合中国的翻译实践。此外，作者提出的“译介与传播行动者网络”是探索中国文学外译与传播可供借鉴的研究模式。许钧（2018：115）指出，目前不少探讨中国文学译介的论文“有一种程式化的倾向。虽然探讨的是不同作家不同作品的译介，但往往给人一种千人一面的写作套路”。原因之一就是理论视角的雷同，例如拉斯韦尔的传播学理论。而作者则跳脱出前人的局限，采用原创性分析框架，拓宽了文学外译的研究模式。笔者以“译介与传播”为主题词，在中国知网（CNKI）查阅相关文献，发现冯正斌、唐雪（2021）正是借用作者提出的“译介与传播行动者网络”考察贾平凹《高兴》的英译本。后人可以借鉴该研究模式探讨文学外译，或者结合具体案例进一步完善该模式。

作者从研究对象出发建构原创性理论模式，不仅体现了作者的原创性精神和学术素养，也为社会翻译学注入了“新鲜的血液”，加深了社会翻译学研究，丰富了现有中国文学译介与传播的研究模式，为今后的文学外译研究做出了可资借鉴的尝试。

三、探索差异化的中国文学译介与传播模式

为了改善中国英译文学少人问津的窘境，以推动中国文学真正“走出去”，翻译和比较文学学界的学者围绕译介主体（谁来译）、译介内容（译什么）、译介方式（怎么译）等问题展开研究，甚至“有越来越多的社会各界人士参与到相关问题的讨论之中”（曹丹红、许钧，2016：56）。学界逐渐意识到译介模式的重要性，不再仅仅围绕上述几个方面争论不休，例如王颖冲（2022：126）指出，“中国文学‘走出去’不必拘泥于‘中国人译’还是

‘外国人译’的两难窘境，而应该在译介传播的其他环节多下功夫”，并围绕译作出版给出了几点建议。作者也持类似观点，指出“中国文学译介与传播是一个依靠网络运作的系统工程，其效果不光取决于所谓的‘译者模式’、翻译策略或译文质量。要考量中国文学外译效果，探讨中国文学‘走出去’，可从译介与传播模式及其运作机制切入”（汪宝荣，2022：378）。

目前中国文学译介与传播模式的论文和著作大多结合某一个案探究某一模式成功或失败的经验，如耿强（2019）探讨了“熊猫丛书”在域外接受效果不佳的原因，总结出国家以外宣为目的进行文学译介这一模式的经验得失，吴赟、蒋梦莹（2015）以拉斯韦尔的“5W”传播模式探讨残雪小说译介与传播的经验。不过个案研究的实践指导价值有限。中国文学外译模式众多，体系庞大，不存在一种适用于所有文学作品的译介与传播的模式，因此我们需要“具体文学作品具体分析”，采取合适的译介与传播模式。作者没有拘泥于一种模式，而是探讨了五种不同译介与传播模式运行机制和效果的差异，有助于我们加深对每种模式特征的认识以及了解其适合的文学作品，更具实践指导意义。

（一）差异认识

首先，作者结合王际真英译《鲁迅小说选集》，探究了华裔学者发起并翻译、西方学术出版社出版模式的特点及利弊。该模式是出于学术目的的目标文化“输入型”模式，译作主要面向学界和图书馆，且由于读者固定，销售较持续稳定，因而该模式适合那些不可能在西方畅销但十分重要的文学作品，至今依有不可代替的意义。其次，作者结合杨宪益和戴乃迭英译鲁迅小说，探讨了国家外宣机构发起并资助、外文出版社出版模式。该模式是典型的“内产外销”模式，是学界讨论最多的模式之一，因为传播受阻和传播不力，有学者对其持否定态度认为其基本不能成功，如王东风（2014）。作者则认为，这是不可或缺和不可代替的模式，应在改进其运作机制上多下功夫。再次，作者结合莱尔翻译鲁迅小说这一个案，分析了汉学家发起并翻译、西方学术出版社出版模式。该模式与第一种模式类似，目标读者明确，都适合那些本身重要但不好售卖的中国文学作品，依旧具有实践意义。与第一种模式不同之处在于译者文化身份的不同。此外，作者还结合葛浩文英译莫言小说《红高粱家族》探究汉学家发起并翻译、西方商业出版社出版模式。该模式是学界讨论较多且普遍推崇的一种模式。作者则指出，译者依据个人偏好选题，可能出现译稿被拒的情况，未必能实现预期目标，因此不能一劳永逸地采取该模式。最后作者结合白亚仁翻译余华小说《第七天》分析中国作家发起、西方商业出版社出版模式。该模式和第二种模式一样都属于出发文化“输出型”模式，但是不会像第二种模式一样由于带有外宣性质而遭到抵制。作者指出，中国作家发起译作出版项目需要满足有关条件，并非易事，因此风险高，不确定性大，不是当前主流的译介与传播模式。

（二）借鉴与启示

在结论部分，《模式研究》没有流于对理论分析框架和五种译介与传播模式的总结而草草收尾，而是站在更高的角度，结合内部条件和外部环境等因素探讨了中国文学如何“走出去”。

第一，就外部环境因素而言，作者在卡萨诺瓦的世界文学场域结构与翻译类型分析模式的启发下，认识到翻译究其本质是占主导的文学场域与被主导的文学场域之间的不平等交流，而中国文学仍是被主导的文学，因此要不断累积语言文学资本。同时作者还指出要通过改善与各国的关系，提升综合国力等方式为中国文学“走出去”创造良好的外部条件。在我们国家倡导“人类命运共同体”的今天，该启示具有很强的现实意义。

第二，《模式研究》还指出要培植更好的文学“内力因素”。作者指出作家要有全球视野，吸收国际写作技巧，并结合中国的文学传统，注重题材创新，写出有传播价值的世界级作品。在倡导人类文化共同体的今天，这一点也具有现实意义。在新时代，中国作家主动积极吸纳他国先进的写作手法，使中国文学作品具有世界文学的特征。当然，具有“世界性”的世界级中国文学作品并没有消融中国的民族特性。

第三，作者认识到莫言小说《酒国》在英美传播影响力远不如《红高粱家族》，原因之一就是缺乏电影的推动力，因此指出要加大力度将文学作品改编成电影。此外，作者还从加强中外出版合作、改革国内出版制度以及培养翻译人才等方面给出了建议。

四、未来研究展望

读罢《模式研究》，笔者认为有些空白后续研究者可以弥补之。根据作者提出的“由谁发起＋由谁出版”这个运行机制可以析出七种中国文学译介与传播模式，但是书中只探讨了五种，还有两种模式，即“西方商业出版社发起并出版、招募汉学家翻译模式”以及“西方商业出版社系统策划并出版、招募汉学家翻译模式”需要学者补苴罅漏。考察剩下两种中国文学译介与传播模式运行机制和效果的差异一定会给我们带来更多的启示。

此外，作者在对比葛译《酒国》和《红高粱家族》的传播影响力后指出，前者传播影响力远逊于后者的其中一个原因是“《红高粱家族》的适销性高得多”（汪宝荣，2022：303）。同时，作者在注释中指出“‘西方读者’有不同的文学文化传统，对同一部作品的接受也会不同。莫言指出，《酒国》在法国影响最大，远大于《红高粱家族》的影响，因为法国的文化传统深厚，在艺术形式上有探索且有深刻社会批判内涵的小说较受欢迎”（汪宝荣，2022：303）。不同国家的读者有不同的文学喜好，因此后续研究者应当充分考虑地域因素，着重考察不同国家对中国文学作品接受情况的多样性，以探索出中国文学外译在不同国家的精准化和差异化模式。这需要不同语种的研究者形成合力。

《模式研究》一书综合运用多种社会学理论，构建了“中国文学译介与传播行动者网络模式”这一原创性分析框架，对五种中国文学译介与传播模式进行差异化探索，体现了作者的创新意识。《模式研究》个案丰富，论述翔实，加深了我们对不同译介模式运行机制和实际效果差异的认识。更为重要的是，作者针对当前中国文学“走出去”的窘境给出了自己的思考，彰显了作为学者的现实关怀。作为一部学术著作，虽未能面面俱到尽善尽美，但其丰厚的学术价值不容忽视。

参考文献

[1] 曹丹红，许钧．关于中国文学对外译介的若干思考［J］．小说评论，2016（1）：56－64．

[2] 冯正斌，唐雪．社会翻译学视域下中国当代文学外译机制研究——以贾平凹《高兴》英译为中心［J］．山东外语教学，2021（4）：115－126．

[3] 耿强．文学译介与中国文学“走向世界”［D］．上海外国语大学，2010．

[4] 耿强．中国文学：新时期的译介与传播——“熊猫丛书”英译中国文学研究［M］．天津：南开大学出版社，2019．

[5] 蓝红军．译学方法论研究［M］．北京：外语教学与研究出版社，2019．

[6] 梁红涛．贾平凹小说英译研究（1978—2018）［D］．西北大学，2021．

[7] 汪宝荣．中国文学译介与传播模式研究［M］．浙江：浙江大学出版社，2022．

[8] 王东风．中国典籍走向世界——谁来翻译？［J］．汉语言文学研究，2014（1）：7－8．

[9] 王颖冲．中国当代小说英译出版研究［M］．浙江：浙江大学出版社，2022．

[10] 吴赟，蒋梦莹．中国当代文学对外传播模式研究——以残雪小说译介为个案［J］．外语教学，2015（6）：104－108．

[11] 许钧．试论中国文学外译研究的理论思考与探索路径——兼评《中国现代文学在法国的译介与接受》［J］．中国比较文学，2018（1）：109－118．

[12] 徐敏慧．翻译社会学的学科间性：主题、范式、话语［J］．中国翻译，2022（1）：29－38＋187．

[13] 徐赛颖．建构社会翻译学——谢尔盖·图勒涅夫教授访谈录［J］．外语教学，2022（3）：93－98．

《中译外研究》征稿启事

来稿字数以5000—8000字为宜，长文控制在10000字以内。论文请附200字左右的中文摘要，中文关键词3—5个，作者简介（姓名、性别、职称、学历、工作单位、联系方式、研究方向）。本刊欢迎电子投稿，编辑部对来稿择优录用。

投稿邮箱：zywx@ tjfsu. edu. cn

官方网址：http：//zywx. tjfsu. edu. cn/

通信地址：天津市和平区湖北路57号A103－2